KB179447

아쉬탕가 요가의 힘 2

아쉬탕가 요가의 힘 2

키노의 인터미디어트 시리즈
완벽 가이드

가슴을 열고, 몸과 마음을 정화하는
아쉬탕가 요가의 상세한 수련 안내서

키노 맥그레거 지음

서여진 옮김

침묵의 향기

차례

감사의 말

1부 철학

2부 수련

감사의 말

아쉬탕가 요가 전통에 대한 변함없는 헌신과 나에 대한 믿음을 보여 준 스승 스리 K. 파타비 조이스와 R. 샤랏 조이스에게 이 책을 바칩니다. 진실함과 강인함으로 항상 나에게 영감을 주는 남편 팀 펠드만, 그리고 나의 부모님 키노 메리 맥그레거와 존 맥그레거에게 감사드립니다. 두 분의 지원이 없었다면 저의 요가 여정은 불가능했을 것입니다. 그리고 무엇보다 이 책을 요가 수련자인 당신에게 바칩니다. 당신의 수련에 대한 헌신 덕분에 아쉬탕가 요가의 전통이 이어지고 있습니다.

산스크리트 어를 도와주며 격려해 주고 이 책을 검토, 수정해 준 에디 스턴에게 특별히 감사드립니다. 알렉스 메디안, 아제이 토카스, 잭 포렘에게도 감사드립니다.

1부

철학
Philosophy

아쉬탕가 요가의
인터미디어트 시리즈 소개

아쉬탕가 요가는 꾸준한 수련과 헌신이 요구되는 길이다. 상당한 용기와 의지가 필요하기에 뛰어난 자질을 가진 수련자라도 오랜 수련으로 오는 깊은 평화를 누리기 전에 포기해 버리기도 한다. 수련을 매일 지속하는 것 자체를 버거워하기도 하고, 자세가 어려워서 회피해 버리기도 한다. 그런데 바로 이 어려움 속에 아쉬탕가 요가의 진정한 가치가 있다. 수련의 깊은 의미, 그리고 삶의 깊은 의미는 역경의 극복을 통해 그 모습을 드러내기 때문이다.

아쉬탕가 요가의 인터미디어트(Intermediate) 시리즈는 가장 어려운 요가 수련 중 하나다. 그러나 수련의 깊이와 어려움에 상응하는 보상이 주어질 것이다.

인터미디어트 시리즈 수련을 시작하려면, 프라이머리(Primary) 시리즈를 적어도 1년간 주 6일씩 꾸준히 수련하고, 프라이머리 시리즈의 주요 관문 자세들을 통과해야 한다. 인터미디어트 시리즈의 자세들은 상당한 힘과 유연성을 요구하며, 이를 부단히 수련하는 데 필요한 절제는 필연적으로 삶의 변화까지 가져온다.

아쉬탕가 요가 프라이머리 시리즈의 이론과 수련에 대해서는 나의 전작인 《아쉬탕가 요가의 힘》 1권에서 상세히 설명하고 있으며, 이 책은 두 번째 시리즈에 초점을 두고 있다. 아쉬탕가 요가를 처음 접하는 독자라면 반드시 프라이머리 시리즈부터 시작하기 바란다. 다른 방식의 요가에 능숙한 독자라도 곧바로 인터미디어트 시리즈로 넘어가면 무리가 따를 수 있다. 다른 방식의 요가에 아무리 숙달했더라도 새로운 방식의 요가를 시작할 때는 언제나 기초부터 시작해야 한다.

아쉬탕가 요가의 신체적 수련은 호흡(pranayama), 자세(asana), 응시점(drishti)이라는 세 가지 요소로 이루어진 트리스타나(Tristhana) 방법으로 정의된다. 모든 아쉬탕가 요가 수련에는 이 세 가지 요소가 있다. 여기에는 골반 기저근을 위한 물라 반다(뿌리 잠금), 아랫배를 위한 웃디야나 반다(위로 상승하는 잠금)로 알려진 코어 힘의 내부 작업이 포함된다. 트리스타나 방법과 반다(bandha)에 관한 자세한 설명은 《아쉬탕가 요가의 힘》 1권을 참조하기 바란다.

아쉬탕가 요가 수련은 여섯 가지 시리즈로 이루어져 있는데, 대체로 점점 어려워지고 복잡해진다. 프라이머리 시리즈는 요가 치킷사(yoga chikitsa)라고 하며, 두 번째인 인터미디어트 시리즈는 나디 쇼다나(nadi shodhana)라고 한다. 세 번째, 네 번째, 다섯 번째, 여섯 번째 시리즈는 모두 어드밴스드(Advanced)를 이루며, 각각 어드밴스드 A, B, C, D라고 한다. 어드밴스드 시리즈는 스티라 바가(shtira baga)라고 하는데, '힘과 우아함'으로 해석되기도 한다.

여러 해 동안 수련을 해야 아쉬탕가 요가의 방법이 어떻게 작용하는지 조금씩 이해되기 시작한다. 인터미디어트나 어드밴스드 시리즈의 자세들을 보면 신기하고 재미있게 느껴질 수 있고, 어떻게든 시도해 보고 싶은 마음이 들 수도 있다. 그러나 정석대로 아쉬탕가 수련을 하고자 한다면, 자신의 취향에 맞는 자세를 임의로 고르기보다는 한 단계씩 차례대로 전체를 배워 나가는 것이 좋다. 이런 식으로 수련하면, 부상을 방지하는 데도 도움이 되며 이 수련을 점점 더 존중하게 될 것이다.

나의 수련 역사

나의 스승은 스리 K. 파타비 조이스와 그분의 손자, R. 샤랏 조이스다. 나는 23세에 처음 인도 마이소르(Mysore)로 가서 스리 K. 파타비 조이스를 만났고, 내가 구루지라 부른 그분을 통해 내 삶이 변했다. 요가 지도자가 되거나 내 삶을 수련에 바칠 것이라 생각해 본 적은 한 번도 없었지만, 구루지와 눈이 마주친 순간, 깨어남의 씨앗이 나의 내면 깊은 곳에 심겼다. 그분은 돌아가셨지만 여전히 내 수련의 심장이자 영혼이다.

처음 인도에 갔을 때 아쉬탕가 프라이머리 시리즈를 배웠다. 그런데 첫 인도 수련이 끝나 갈 즈음, 구루지는 다음에 마이소르로 돌아오면 인터미디어트 시리즈를 가르쳐 주겠다고 했다. 내 몸이 유연하니까 인터미디어트 시리즈를 수련해도 문제없을 것이라고 했다. 일 년이 조금 넘어서 마이소르로 돌아갈 수 있었고, 구루지는 약속대로 즉시 나에게 인터미디어트 시리즈를 가르쳐 주기 시작했다. 나는 수련자들에게 인내심을 가지고 각 자세를 제대로 익히기 위해 충분한 시간을 가질 것을 강조하지만, 나의 인터미디어트 시리즈 진도는 빨랐다. 구루지와 샤랏의 지도를 받아 1주일 만에 전체 시리즈를 배웠고, 다음에는 두 분의 권고에 따라 이 수련에 담긴 주요 가르침을 영적, 감정적, 신체적 수준에서 통합하기 위해 매일 수련했다.

이후 3년 동안 인터미디어트 시리즈는 내 매일 수련의 일부였고, 어려운 세 번째 시리즈를 배우기 시작했을 때도 마찬가지였다. 인터미디어트 시리즈의 자세 순서를 배우는 데에는 일주일밖에 안 걸렸지만, 배움은 그 후 15년 동안 수련하는 내내 계속되었다. 프라이머리 시리즈와 인터미디어트 시리즈는 두 번의 마이소르 체류 수련을 통해 배웠는데, 세 번째 시리즈를 배우는 데에는 각 6개월, 총 3회의 마이소르 체류 수련이 필요했다. 그 후, 마이소르의 아쉬탕가 요가원에 여섯 번 더 가서 샤랏 선생님의 지도를 받으며, 불가능에 가깝다고 하는 네 번째 시리즈까지 완수할 수 있었다.

아쉬탕가 요가의 전체 체계에 대한 나의 경험이 이 책의 기법과 안내, 지침으로 담겨 있다. 나는 내가 수련하는 아쉬탕가 요가의 네 가지 시리즈라는 틀 안에서 인터미디어트 시리즈의 자세들을 설명했다. 프라이머리 시리즈에서 익힌 지침을 다시 기억해야 하는 자세도 있고, 어드밴스드 시리즈를 준비하는 자세도 있을 것이다. 어떤 자세도 대충 넘어가거나 당연하게 받아들여서는 안 된다. 수련자는 아쉬탕가 요가의 전체 체계를 자신에게 전해진 귀중한 가보처럼 소중히 여기며 감사히 받아들여야 할 것이다. 아무리 많은 아사나를 배우고 숙달하든, 중요한 것은 아쉬탕가 요가가 삶의 방식이자 태도이며 영적 수련임을 기억하는 것이다.

인터미디어트 시리즈를 제대로 수련하려면 아쉬탕가 요가 체계 안에서 스승과 제자 사이의 성스러운 유대가 꼭 필요하다. 이 책뿐 아니라 그 어떤 책도 수련을 보조하는 용도일 뿐 자격 있는 지도자를 대체할 수는 없다.

아쉬탕가 요가에서 전통의 중요성은 아무리 강조해도 지나치지 않다. 이 수련은 내가 '처음 만들어 낸' 게 아니다. 나는 스승에게 이 수련을 배웠고, 당신의 수련 여정에 도움이 되도록 내가 매일 수련한 결과를 나누는 것일 뿐이다.

인터미디어트 시리즈의 수련

아쉬탕가 요가의 인터미디어트 시리즈는 깊은 후굴(뒤로 구부리기), 비틀기, 다리를 머리 뒤에 거는 자세 및 힘을 쓰는 자세 등 상당히 어려운 자세들로 구성되어 있다. 그러니 인터미디어트 시리즈를 시작해 보려 하기 전, 반드시 프라이머리 시리즈를 꾸준히 수련하고 아쉬탕가 요가 체계의 기본 철학 원리 중 일부를 이해해야 한다. 너무 빨리 인터미디어트 시리즈를 시작하면 기력이 소진되어 버리거나 좌절 감을 느끼고 부상당할 위험이 있다. 자격 있는 지도자의 안내를 받으며 인터미디어트 시리즈를 천천히 배워 가면 깊은 정화 작용에 바탕을 둔 수련을 할 수 있을 것이다. 꾸준히 이어지는 내적 알아차림을 계발하려면 전통 방식대로 한 번에 하나씩 차례로 자세를 배워 가는 것이 중요하다.

내가 아쉬탕가 요가를 수련하면서 배운 가장 중요한 지침 중 하나는 편안히 이완 하고 불필요한 노력을 놓아 버리는 것이다. 특정 아사나를 배우는 데 지나치게 집 착할 때는 이 지침을 더욱 되새길 필요가 있다. 자세를 취하려고 억지로 밀어붙이 는 대신, 편안히 이완하면서 자세로 들어갈 때 수련의 에너지는 훨씬 더 원활하게 흐른다. 설령 인터미디어트 시리즈 자세를 몇 개만 수련하더라도(매일의 아쉬탕가 수 련 중 일부든, 다른 종류 요가 수련의 일부든) 편안히 이완하며 알맞은 노력만 기울인다 는 지침을 기억해 보자.

인터미디어트 시리즈는 정화를 위한 고속도로와 같다. 나디 쇼다나는 '신경계 정 화'를 뜻하며, 이 시리즈의 목적은 아사나를 '스스로 가하는 인위적인 스트레스'로 활용하여 신경계에 도전함으로써, 삶의 역경 가운데에서도 침착하고 맑은 정신을 유지하는 법을 훈련하는 것이다. 아쉬탕가 요가 체계 전체가 어려움을 마주했을 때 도 흔들리지 않는 법을 가르쳐 주는데, 인터미디어트 시리즈는 특히 이 여정의 감 정적 측면에 중점을 둔다. 신경계에는 두뇌, 척수, 미주신경 복합체, 온몸에 퍼져 있는 모든 신경이 포함된다. 신경계는 온몸의 기능에 영향을 미치지만, 척추 안에 집중되어 있음에도 특히 심장과 소화 기관의 기능에 중대한 영향을 미친다. 인터미 디어트 시리즈 전체는 깊은 척추 늘이기, 비틀기, 구부리기 및 안정화를 통해 척추 를 강하고 유연하게 만들어 준다.

인터미디어트 시리즈는 세 개의 구간과 마지막 머리서기 구간으로 구성되어 있 다. 이 책은 그 구간에 따라 정리되어 있다. 첫째는 강한 후굴 구간이며, 여기에서 는 깊은 후굴 늘이기를 하는 동안 용감하게 감정을 열 필요가 있다. 둘째 구간에서 는 다리를 머리 뒤에 걸어 그 무게를 지탱할 수 있는 강인함을 기르게 된다. 강력한 척추 구부림으로 지지되는 깊은 고관절 외회전이 필요할 것이다. 셋째 구간에서는 일련의 '팔 균형 자세(팔로 균형 잡는 자세)'와 어깨열기 동작에서 척추, 어깨 및 신경 계의 힘과 통제력을 조화롭게 강화하게 된다.

인터미디어트 시리즈의 마지막에 나오는 일곱 가지 머리서기는 원래 이 시리즈 의 일부가 아니었다. 그러니 이 자세들은 구루지가 나중에 추가한 자세들로 보이는 데, 아마 세 번째 시리즈에 대비하여 목과 척추를 강화하는 목적이었을 것이다. 일곱 가지 머리서기는 척추와 어깨관절의 힘을 요구하며, 아쉬탕가 요가 체계 안에서 더 나아갈 수 있도록 수련자를 준비시킨다.

프라이머리 시리즈는 어떻게
인터미디어트 시리즈를 준비시켜 주는가

앞에서 말했듯이 아쉬탕가 요가의 프라이머리 시리즈는 인터미디어트 시리즈 수련을 위한 기반이다. 프라이머리 시리즈에 숙달했다면, 인터미디어트 시리즈를 성공적으로 수련하는 데 필요한 기본 원칙 중 일부를 분명히 이해했을 것이다.

우리가 익혀야 할 첫 번째 원칙은 몸과 마음에서 일어나는 장애들을 정면으로 마주하고 포기하거나 도망치지 않을 수 있는 능력이다. 당신은 프라이머리 시리즈를 꾸준히 수련하면서 숱한 어려움에 부닥쳤을 것이고, 수련이란 그 어려운 자리들을 매일 다루며 해결해 가는 것임을, 그리고 궁극에는 몸과 마음을 바꿔 가야 한다는 것을 이미 이해했을 것이다. 역경 속에서 수련을 이어 가는 법을 충분히 숙지하지 못했다면, 인터미디어트 시리즈가 너무 힘들고 버겁게 느껴질 것이다. 이 시리즈의 자세들에는 직면하면서 결국 숙달해야 하는 장애물이 많다. 아쉬탕가 요가를 그만두는 사람 중 태반은 인터미디어트 시리즈를 수련하는 도중에 포기하는데, 이런 장애물 중 상당수가 극복하기 어려워 보이기 때문이다. 빠른 결과를 기대하다가, 그런 결과가 바로 나오지 않으면 좌절하고 수련을 포기해 버리는 것이다.

일부 수련자는 각 아사나를 겸허히 익혀야만 다음 진도를 허락하는 아쉬탕가 요가 체계를 잘 납득하지 못하고, 자신의 선호에 따라 자세 구성을 새롭게 짜 맞추기도 한다. 그러나 아쉬탕가 요가의 정해진 순서를 받아들이고 각 자세가 제시하는 가르침을 수용하는 것은 요가의 본질 그 자체다.

점점 더 많은 아사나를 익히고 기술을 늘려 가는 것이 매일 수련의 목적은 아니지만, 시리즈를 따라 꾸준히 진도를 나가면 기분이 좋다. 반면, 어느 지점에서 막히면 자신의 육체적, 정신적 능력, 나아가 영적 능력까지 의심하게 된다. 아쉬탕가 요가의 진정한 수련은 바로 이 수련과 내면에서 마주하는 도전에 대응하는 방식에서 시작된다.

프라이머리 시리즈의 자세를 수련하면 인터미디어트 시리즈에 필요한 힘과 유연성을 기를 수 있다. 첫 단계를 안정적으로 해낼 수 없다면, 두 번째 단계로 나아가

봐야 별 소용이 없다. 프라이머리 시리즈의 주요 관문 자세를 통과했을 때 비로소 인터미디어트 시리즈를 위한 준비가 된다. 웃티타 하스타 파당구쉬타아사나(뻗은 손으로 엄지발가락 잡는 자세)에서 견고하게 육체적, 정신적 균형감을 유지할 수 있으면 인터미디어트 시리즈를 시작할 준비가 되었다는 첫 번째 신호로 볼 수 있다.

마리챠아사나 D는 프라이머리 시리즈의 중간 관문을 대표하는 마리챠아사나(현자 마리치에게 헌정하는 자세) 자세군의 정점이다. 이 자세를 혼자 또는 선생님의 도움으로 할 수 있으면 비틀기와 고관절 외회전의 기본을 익혔다는 뜻이다. 숩타 쿠르마아사나(잠자는 거북 자세)에서—혼자 또는 선생님의 도움으로—양발을 걸고 손을 맞잡을 수 있으면 어깨와 고관절이 열려 있으면서도 강하고, 등이 강하고 유연하며, 압박을 받는 상태에서도 마음이 집중을 유지할 수 있음을 나타낸다. 마지막으로, 우르드바 다누라아사나(위로 향한 활 자세)로 올라오기(컴업, standing up)와 내려가기(드랍백, dropping back)를 할 수 있으면 인터미디어트 시리즈의 깊은 후굴에 필요한 힘과 유연성을 갖춘 것이다.

후굴 심화 수련 지도를 위해 인터미디어트 시리즈의 초반 후굴 자세를 활용할 수 있는지, 그리고 인터미디어트 시리즈를 시작하려면 반드시 우르드바 다누라아사나 컴업과 드랍백을 능숙하게 할 수 있어야 하는지는 아쉬탕가 공동체 내부에서도 종종 의견이 갈린다. 후자의 경우, 구루지의 손자인 R. 샤랏 조이스는 이 자세의 능숙한 수행을 인터미디어트 시리즈 수련 시작에 반드시 필요한 조건으로 삼는 반면, 구루지는 늘 엄격하지는 않았다. 이 문제는 원칙적으로 스승과 제자 사이에서 개별적으로 판단되어야 할 것이다.

많은 수련자에게 후굴은 상당한 도전이고, 후굴 올라오기(컴업)와 후굴 내려가기(드랍백) 동작은 어려운 과제일 수 있다. 인터미디어트 시리즈 수련을 시작하면 그 진도에 따른 자세를 익히는 일에 온전히 집중해야 하므로 가급적 이 두 가지 동작은 그전에 충분히 익혀 두는 것이 바람직하다. 나는 원칙적으로 매일의 수련에서 주요 과제는 한 가지로 제한한다. 그러지 않으면 몸도 마음도 지쳐 녹초가 될 수 있다. 타고난 힘과 유연성이 뛰어나서 모든 자세를 수월하게 하는 수련자도 간혹 있다. 나는 이런 수련자일수록 더 많은 고난도 자세로 급하게 나아가지 않도록 지도한다. 대신 몇 달(또는 몇 년)에 걸쳐 수련의 틀을 잡아 더 깊고 미세한 측면을 느끼도록 한다.

아쉬탕가 요가를 처음 시작한다면 자세 숙달 여부와 무관하게 프라이머리 시리즈를 일 년 동안 지속적으로 수련한 다음 인터미디어트 시리즈 수련 시작을 고려하는 것이 원칙이다. 첫 시도에 자세를 할 수 있었다고 해서 그 자세의 에너지와 가르침이 충분히 받아들여진 것은 아니다. 수련의 진정한 혜택은 오로지 규칙적인 수련을 통해서만 받을 수 있다.

인터미디어트 시리즈를 시작하기 전에 확립해야 할 또 하나의 원칙은 바로 꾸준함이다. 예를 들어, 유연해서 어떤 동작이든 할 수 있는 수련자라도 일주일에 한 번씩만 수련한다면 인터미디어트 시리즈를 시작할 준비가 되었다고 할 수 없다. 반면, 덜 유연할지라도 매일 수련을 하는 사람은 설사 아사나의 신체적인 면에서는 다소 부족함이 있어도 인터미디어트 시리즈에 필요한 정신적, 영적 강인함을 갖추게 될 것이다.

자신의 자질이 어느 정도인지는 자신의 아쉬탕가 요가 지도자에게 확인하는 것이 가장 좋은 방법일 것이다. 당신이 인터미디어트 시리즈를 시작할 준비가 되었는지 아닌지는 그 지도자가 가장 잘 판단할 수 있다. 지도자가 없다면 공인받거나 자격을 갖춘 지도자와 관계 맺기를 권한다. 지도자 없이 요가의 내적 세계를 통과하다 보면 가끔 버겁게 느껴질 수 있다. 인터미디어트 시리즈의 세계로 뛰어들었을 때 수련 안내자가 없다면 때로 수렁에 빠져 허우적대는 느낌이 들 것이다. 수련자의 내면 여행을 위한 안내자이자 동반자가 될 수 있도록 이 책을 집필했지만, 필요할 때 핸즈온(hands‐on) 도움을 줄 수 있는 선생님을 대체할 수는 없다.

프라이머리 시리즈에서는 일부 자세의 난이도를 조정하여 할 수 있는 반면, 인터미디어트 시리즈에서는 그러한 대안 자세가 허용되지 않는다. 아쉬탕가 요가 체계에서 프라이머리 시리즈의 중간 지점(마리챠아사나 D 또는 나바아사나)까지는 거의 누구나 개별적 필요에 따라 완화된 대안 자세를 하며 수련할 수 있다. 그러나 인터미디어트 시리즈에서는 완화된 자세를 하고 다음 자세로 넘어갈 수 없다. 아쉬탕가 요가는 고난도 자세에 대해 다른 원칙과 방법론으로 접근하기 때문에 이 책에서 어떠한 완화 자세도 제시되지 않는다. 수련의 강도와 깊이 때문에 인터미디어트 시리즈에서는 대안 자세가 바람직하지 않다. 대안 자세를 하고 다음 진도로 넘어가는 대신, 인터미디어트 시리즈는 그 자세에 머무르며 자기의 내부를 깊이 탐구하여 새로운 유연성과 힘을 발견할 것을 요구한다. 이런 수련을 통해 요가 입문자에서 평생 수련자의 길로 들어서게 될 것이다.

인터미디어트 시리즈에서 더 나아가지 못하고 어떤 자세에서 십 년 이상 머무는 수련자도 있었다. 그들은 절대 포기하지 않았다. 그저 매일의 수련을 이어 갔고, 매일 그 어려운 아사나를 여러 번 반복했다. 몇 년에 걸친 헌신과 전념 끝에 그들은 몸과 마음의 변화를 경험했고, 결국 오래 기다린 과정을 이어 갈 수 있었다. 나 역시 어떤 자세에서 15년간 막혀 있지만, 그저 수련을 계속할 뿐이다. 어려운 지점을 건너뛰어 버리면 수련이 주는 가르침을 제대로 받아들일 수 없다. 어려움을 정면으로 마주할 때 수련은 가장 깊은 자기를 비추어 주는 거울이 된다. 어려운 지점에서 오래 머물수록 내면을 향한 응시는 더 깊어질 것이다. 겸손하게 여정을 받아들이자. 그리고 매일 수련을 이어 가자.

인터미디어트 시리즈 수련의 시작

인터미디어트 시리즈를 시작할 준비가 정말로 되었을 때, 이 시리즈 수련을 시작하는 전통적인 방법은 프라이머리 시리즈 말미에 자세를 하나씩 추가하는 것이다. 즉, 세투 반다아사나(척추 들어 올리는 다리 자세)와 후굴 사이에 인터미디어트 시리즈의 자세들을 추가하는데, 대개 첫 번째 자세인 파샤아사나(올가미 자세)부터 시작한다. 프라이머리 시리즈 전체에 파샤아사나를 추가하여 수련하되, 파샤아사나를 능숙하게 할 수 있을 때까지 지속한다. 그 후 시퀀스의 자세들을 하나씩 계속 추가하여 인터미디어트 시리즈의 자세들을 매일 수련에 포함해 간다.

전통적으로 일요일부터 목요일까지는 프라이머리 전체와 인터미디어트 시리즈 일부 자세를 추가한 다소 긴 수련을 한다. 금요일에는 모든 아쉬탕가 수련자가 프라이머리 시리즈만 수련하도록 권장된다(실제 수련일수보다 더 중요한 것은 매주 특정일에 정해진 수련을 유지하는 것이다. 가령, 수련을 쉬는 날은 매주 같은 요일이 되도록 하고, 가급적 휴식일 전날에는 프라이머리 시리즈만 수련하는 것이 좋다). 숙련자라도 하루는 부드러운 후굴이 포함된 프라이머리 시리즈만 수련하는 것이 중요하다. 이를 통해 몸을 쉬게 하면서 건강과 균형을 갖출 수 있다. 인터미디어트 시리즈의 자세들을 쉽게 할 수 있더라도 자세를 한 번에 하나씩 추가하면서 천천히 쌓아 가는 편이 좋다. 그러면 자세를 충분히 익히면서 바른 자세와 기법에 집중할 수 있기 때문이다. 하나의 자세가 자신의 수련에 충분히 자리를 잡은 후 다음 자세를 추가하는 것이 좋다. 선생님의 지도 없이 혼자 수련하고 있다면, 한 달에 하나씩 자세를 추가하면 되지만, 자세가 수월해지지 않고 계속 어렵게 느껴질 때는 추가하지 말아야 한다.

전통적 방법에 따라 인터미디어트 시리즈의 자세들을 계속 추가하다 보면 전체 수련 시간이 길어질 것이다. 이렇게 길어진 수련 시간을 통해 몸과 마음의 인내력과 힘을 기를 수 있다. 그러니 힘들다고 자세를 건너뛰거나 순서를 바꾸거나 완화된 자세로 대체한 뒤 넘어가지 말고, 묵묵히 집중하며 수련을 이어 가 보자.

인터미디어트 시리즈의 카란다바아사나(히말라야 거위 자세)까지 모든 자세를 익혔을 때, 인터미디어트 시리즈를 프라이머리 시리즈와 분리하여 수련한다. 구루지는 사람에 따라 개별적 필요성을 고려하여 시리즈 분리 시점을 달리했는데, 대부분이 시점에서 수련을 분리했다. 이렇게 분리된 이후의 수련은 프라이머리 시리즈의 자세는 제외하고, 태양경배, 선 자세, 인터미디어트 시리즈에서 진도 범위까지의 자세, 후굴, 그리고 마치는 자세로 구성된다. 이와 같은 구성의 수련을 일요일부터 목요일까지 하고, 금요일에는 프라이머리 시리즈만 수련한다. 그런데 흔히 많은 수련생이 이렇게 분리되는 시점 직전에 지쳐 버린다. 그 시점까지 수련을 견뎌 낸다면 마음이 아주 맑고 고요해질 것이다. 카란다바아사나까지 가면 지도자의 조언을 참고하여 이 책의 수련 단원에서 설명하는 물구나무서기 수련을 추가해 갈 수 있다.

일단 인터미디어트 시리즈 수련을 시작했다면 아무리 어려워 보여도 멈추지 말자. 꾸준함과 지속성이 바로 이 시리즈 성공의 비결이다. 매일 꾸준히 수련하다 보면 늘 같은 방식은 아니라도 날마다 같은 것을 수련하게 될 것이다. 날마다 수련에 같은 수준의 유연성이나 힘, 에너지를 요구할 필요는 없다. 매트 위에 올라서는 것만으로도 충분하다. 너무 애쓰지 말고 자연스럽게 되는 대로 아사나를 하면 된다.

관절에서 찌르는 통증이 느껴질 때는 절대 참으면서 밀어붙이지 않아야 한다. 흔히 관절에서 날카로운 통증으로 나타나는 관절 압박이 느껴지면 즉시 물러서야 한다. 그런 느낌은 정렬이 올바르지 않으며, 그대로 밀어붙이면 부상으로 이어질 수 있다는 신호다. 근육통은 생길 수 있지만, 관절에서 날카롭거나 찌르는 듯한 통증을 느끼면 절대 안 된다.

호흡을 안정되게 유지할 수 없다면, 아마 너무 많은 아사나를 수련하고 있을 것이다. 임신을 준비하고 있거나 임신 중일 때 인터미디어트 시리즈를 규칙적으로 수련하면 견디기 어려운 수준의 체내 열이 발생할 수 있다. 위험 예방 차원에서 의사와 상의하여 적절히 수련을 조절하는 것이 좋다. 임신 기간에도 아쉬탕가 요가 수련을 이어 갈 수는 있지만, 정화보다는 이완과 건강에 중점을 두고 해야 할 것이다.

인터미디어트 시리즈의 감정 여행

인터미디어트 시리즈를 처음 배울 때만 해도 이 수련으로 나의 인생이 바뀔 줄은 몰랐다. 그냥 시도해 보면 재미있을 것 같은 근사한 자세들이라 생각했다. 그러나

이 자세들이 매일 수련의 일부가 되면서 나는 상상 이상으로 크고 힘든 감정적, 신체적, 그리고 정신적 난관을 마주하게 되었다. 늦잠을 자고, 정크 푸드를 먹고, 밤늦도록 자지 않고, 파티에 가는 것은 내가 좋아하던 오래된 습관이었지만, 이 수련을 위해서는 어쩔 수 없이 포기할 수밖에 없었다. 인터미디어트 시리즈는 나의 힘과 유연성의 신체적 한계에 대한 도전이었고, 슬픔과 분노 같은 깊은 내면의 감정을 불러일으켰다. 그로 인해 나 자신이 상처받기 쉽고 여리게 느껴졌다. 다행히 거기서 변화가 멈춘 것은 아니었다. 몇 년에 걸친 수련 이후 건강한 생활 방식과 평화로운 성품, 그리고 생각했던 것보다 훨씬 강한 정신적, 육체적 힘을 갖게 되었다.

인터미디어트 시리즈 수련을 시작하면 몸과 마음에 상당한 변화가 나타날 것이다. 일반적으로 사람들은 고조된 감정 상태, 분노, 화가 잘 남, 척추와 신경계를 통해 흐르는 전기적 자극, 불면, 행복감, 잦은 눈물 등을 경험한다. 깊은 후굴 수련으로 인한 등근육통 때문에 이 체계에 대한 의심, 자기 자신에 대한 의구심이 느껴지기도 한다.

구루지는 인터미디어트 시리즈가 신경계를 자극하여 온몸의 에너지 흐름을 증폭시킨다고 했다. 그리고 신경계를 진정시키고 신경의 건강을 유지하기 위해 정제 버터(ghee) 섭취를 권장했다. 정제 버터를 먹고 싶지 않으면, 인터미디어트 시리즈의 후굴 부분을 배우는 동안에는 필수 지방산을 균형 있게 섭취하는 것이 좋다.

후굴을 처음 꾸준히 수련하면서 깊게 들어가다 보면 강렬한 감정이 일어나는 경우가 많다. 이런 현상은 척추의 유연성과 무관하게 나타날 수 있다. 대부분의 후굴 움직임은 상당한 힘과 지구력, 유연성을 요구한다. 매일 수련에 전체 후굴 시퀀스를 포함해도 부담스럽지 않게 느껴지기까지는 많은 수련이 필요할 것이다. 지속적 후굴 수련을 위해서는 적절한 기술과 해부학 지식이 중요하다. 안전하게 후굴하는 법을 배우는 동안 합리적인 감정뿐 아니라 비합리적인 감정도 경험할 수 있음을 알아두기 바란다. 후굴 수련을 하게 되면 때로는 가장 유연한 수련자에게 가장 힘든 감정들이 올라오기도 한다.[1]

아쉬탕가 요가 수련을 시작했을 때 나는 힘보다는 유연성이 좋았다. 그렇다고 해서 깊은 후굴이 쉬웠던 것은 아니다. 인터미디어트 시리즈의 후굴을 처음 배우면서 규칙적으로 수련했을 때는 날마다 등근육이 너무 아파서 구부정한 자세로 있을 수가 없었다. 하루 내내 척추를 똑바로 세우고 있지 않으면 등이 아팠다. 이렇게 후굴 수련은 거의 즉시 내 자세를 고쳐 놓았다. 몇 달이 지나자 나는 강인한 등을 가지게 되었고, 자연스럽게 올곧은 자세를 유지하게 되었으며, 아쉬탕가 요가의 체계 안에 더 견고하게 자리 잡을 수 있었다.

---

1 지은이에 따르면, 우리가 억압한 힘든 감정들은 몸속에 저장되며, 아사나를 수련하다 보면 이런 감정들이 해방되기 위해 올라온다. 대개 표면 가까이에는 가벼운 감정들이 저장되고, 힘든 감정일수록 점점 더 깊이 저장된다. 이 문장은 유연한 수련자일수록 후굴을 깊게 할 수 있고, 그러면 더 깊이 저장되어 있던 힘든 감정들까지 해방되기 위해 올라온다는 뜻으로 보인다. ─옮긴이

한두 번 할 수 있었던 자세를 하고 싶지 않아도 매일 해야만 했을 때 버거운 느낌이 없었던 것은 아니다. 인터미디어트 시리즈 후굴의 절정인 카포타아사나(비둘기 자세)라는 깊은 후굴 자세를 처음 접했을 때는 정신이 혼미해지며 몸이 과연 다시 펴질까 하는 생각까지 들었다. 당연히 몸은 다시 펴졌고, 이제 이 자세는 나의 아쉬탕가 요가 수련의 일부로 자리 잡았다. 수련의 힘과 자세를 존중하는 것은 인터미디어트 시리즈를 통해 배울 수 있는 겸허한 헌신의 일부다.

고관절을 여는 자세들도 후굴과 비슷한 방식으로 감정을 경험하게 한다. 신체의 경직, 감정의 막힘, 그리고 숨겨진 기억은 골반의 깊은 곳에 저장되어 있는 경우가 많다. 다리를 머리 뒤로 걸기 위해 고관절을 바깥으로 회전하면, 이 잠들어 있는 괴물들이 자극되어 올라와서 우리에게 알려지고 풀려날 수 있게 된다. 후굴은 척추가 신전된 상태에서 척추를 따라 에너지를 끌어올리는 반면, 다리를 머리 뒤로 거는 자세들은 척추가 굽은 상태에서 척추를 따라 에너지를 끌어올린다. 이 자세들은 더 많은 힘이 필요하며, 고관절 유연성은 타고났지만 근육 힘이 약한 사람에게도, 근육이 강하지만 경직된 사람에게도 똑같이 힘들 수 있다.

인터미디어트 시리즈에서 힘을 쓰는 자세들은 그 어려움 때문에 많은 수련자의 에고(ego)를 무너뜨린다. 그런데 이렇게 에고가 무너져야만 우리 내면에 잠들어 있는 부드럽고 여린 가슴(heart)이 드러나는 경우가 많다. 나는 인터미디어트 시리즈의 자세나 움직임에 성공한 후 바로 주저앉아 울어 버린 적도 여러 번 있다. 그 과정이 너무 힘들었기 때문이다. 이런 동작들에 숙달되었다면 이제 자기 감정들의 노예가 아니라 주인이 되었을 것이다.

인터미디어트 시리즈를 수련하면서 배우는 가장 깊은 수업 중 하나는 척추를 따라 에너지를 끌어올리는 것과 신경계를 정화하는 것이다. 후굴, 머리 뒤로 다리 거는 자세, 그리고 역동적으로 힘을 쓰는 움직임들은 중앙 통로(수슘나)를 통해 우리의 생명력을 끌어올리고, 그 과정에서 모든 장애물을 태워 버린다. 우리의 신체, 감정의 몸, 에너지의 몸에는 축적된 패턴들이 굳어져서 변화의 요구에 재빨리 반응하지 못하는 부분들이 있는데, 이런 곳을 장애물이라고 하며, 특히 꽉 막힌 장애물을 가리켜 '카르마 매듭'이라 하기도 한다.

이러한 장애물이 자극되면 어떤 자세를 하고 있는지는 중요하지 않다. 이 자극으로 촉발된 감정 상태에 대한 반응을 마스터하는 것이 수련의 핵심이기 때문이다. 힘들고 두렵고 감정이 격해진 상태에서는 계속 평온하고 고르게 호흡하고 명료하게 생각하기가 어렵다. 하지만 인터미디어트 시리즈는 정확히 이렇게 하기를 요구한다. 경륜이 쌓인 지도자는 그 과정에서 도움을 주고, 알맞은 지침으로 몸의 방향을 제시하고, 준비되었을 때 다시 수련자에게 나아갈 길을 열어 줄 수 있다. 그러나 결국 그 여정을 헤쳐 나가는 것은 수련자 자신이다.

인터미디어트 시리즈를 규칙적으로 수련하면서 불안, 슬픔, 분노를 느끼든 신체 통증을 느끼든, 중요한 것은 그 힘든 자리에 머물면서 해결해 가는 법을 배우는 것이다. 어려운 상황을 마주하면 당연히 도망가고 싶다. 그러나 아쉬탕가 요가는 수련 과정에서—그리고 삶에서—만나는 어려움을 담담하게 이겨 나가는 법을 가르쳐 준다. 수련자는 그 길에서 이탈하지 않고 올바른 해부학적 정렬, 깊은 호흡, 그리고 용감한 가슴을 활용하면서 여정을 이어 나가면 된다.

마이소르 방식 수련

인터미디어트 시리즈 수련을 시작할 즈음, 요가를 지도하고 싶다고 느끼는 경우가 많다. 좋은 지도자가 되기 위한 첫 번째 조건은 아쉬탕가 요가 수련과 체계의 견고한 기반이다. 프라이머리 시리즈를 끝내고 인터미디어트 시리즈를 시작하려고 준비한다면 이러한 기반이 갖추어졌다고 볼 수 있다. 아쉬탕가 요가 수련은 마이소르 방식(Mysore Style)이라고 하는 수업 체계에 따라 이루어진다. 이 이름은 아쉬탕가 요가의 창시자인 스리 K. 파타비 조이스가 오랜 기간 살면서 학생들을 지도했던 인도 남부의 도시 마이소르에서 따온 것이다. 이제는 그의 손자 R. 샤랏 조이스가 마이소르에서 아쉬탕가 요가원(KPJAYI)을 이끌고 있다.

직접 경험(프라티약샤)은 가장 좋은 방식의 앎이며, 마이소르 방식을 가르치는 지도자들은 원칙적으로 수련자가 직접 경험을 통해 배우도록 지도한다. 지도자에게 또 하나 중요한 것은 여러 해 동안 아쉬탕가 요가를 수련하면서 치유와 내면의 변화를 경험하는 것이다. 이런 내면의 변화는 오랜 수련으로 수많은 내적 장애물을 태워 없앨 때 찾아온다. 완전한 깨달음 같은 것은 아니더라도, 아쉬탕가 요가의 여정을 직접 거치고, 도중에 맞닥뜨리는 수많은 도전에 직면하는 법을 배웠다면 이상적인 지도자의 자격을 갖추었다고 볼 수 있다.

마이소르 방식의 수련은 수련자와 지도자 양쪽에 상당히 많은 것을 요구하는데, 이는 아쉬탕가 요가의 두드러진 특징 가운데 하나다. 수련자는 지도자가 정해 준 범위 내 자세들의 순서를 외운 뒤, 자신이 속한 그룹에서 혼자 이에 맞추어 수련해야 한다. 그러면 지도자는 각 수련자에게 개별적 필요에 맞는 핸즈온(hands‐on) 자세 교정과 구두 지도를 해 줄 수 있다.

지도자가 마이소르 방식으로 가르치려면 상당히 깊은 수준의 경험과 교육이 필요하다. 마이소르 지도자로 만들어 주는 교육 프로그램은 존재하지 않는다. 남편과 나는 마이소르 방식으로 지도할 준비가 되었다고 여겨지는 마이애미의 지도자들을 오랜 기간 수습직으로 양성해 왔다. 그럼에도 불구하고 그들이 이러한 방식의 지도법을 충분히 익혔다고 보기는 어렵다. 마이소르 지도자가 되기 위한 기반은 오로지 아쉬탕가 요가 계보 안에서 오랜 기간 수련하며 직접 경험을 쌓음으로써 닦을 수 있다.

아쉬탕가 요가 마이소르 지도자뿐 아니라 수련자에게도 중요한 시험 중 하나는 통증과 부상에 대한 대응이다. 수련이 순조로울 때는 누구나 수련을 좋아하지만, 요가로 인한 부상이 발생할 때 진정한 시험이 시작된다. 헌신적인 수련자는 부상을 입어도 포기하지 않으며, 통증을 계기로 자신의 접근 방법을 수정하고 결국에는 통증을 치유하게 된다. 좋은 지도자는 자신의 몸에 발생한 부상을 다룰 줄 알고, 수련자가 통증을 극복하고 치유될 수 있도록 연민과 올바른 기술 교정으로 도와준다. 가장 좋은 지도자는 수련자가 에너지와 잠재력이 좋든, 통증과 부상을 겪고 있든, 차분하든 불안해하든, 어떤 조건에서도 아쉬탕가 요가 체계에 따라 지도할 수 있다.

아쉬탕가 요가 체계의 진정한 기반은 단순히 점프 스루(jump through)를 잘하는 것, 깊은 후굴을 하고 물구나무서기를 유지하거나 특정 시리즈를 완료하는 것이 아니다. 그 기반은 이 체계의 참된 깊이와 힘이 몸과 마음, 영혼을 치유하는 과학임을 이해하는 것이다. 절대적으로 필요한 조건은 아니지만, 요가를 가르쳐 보고 싶은 사람이라면 깊이 있는 해부학 지식, 《요가 수트라(Yoga Sutra)》 같은 중요한 요가 서적 공부, 그리고 적어도 인터미디어트 시리즈 내 수련 등의 조건을 갖출 것을 권한다. 그리고 당연한 말이지만, 아쉬탕가 요가를 가르치고 싶은 사람이라면 인도 마이소르에 있는 K. 파타비 조이스 아쉬탕가 요가원을 여러 번 방문하여 배우는 것을 고려해 보면 좋을 것이다.

더욱이 마이소르 방식의 아쉬탕가 요가 지도자는 그 내면에 온전히 전통을 간직하고 전달한다. 지도자의 흔들림 없는 인품은 수련자의 믿음을 굳건하게 만들어 준다. 인도에서든 다른 어느 곳에서든 마이소르 수련실에서 수련자는 내면이 깊이 변화되는 과정을 겪게 되며, 스승이라는 안내자에 의지하여 어둠을 헤치고 빛으로 나아간다. 요가 수련실은 내면의 신성한 공간을 경배하기 위해 세워진 사원과 같아서 사람을 변화시키는 힘이 있다. 수련자는 내적인 몸이라는 성지를 스승이 지켜 줄 것이라 믿을 수 있어야 한다.

마이소르 방식으로 가르치려는 지도자에게는 어둡거나 탁한 기운이 전혀 없어야 한다. 지도자는 품위와 권위, 강인함으로 전통의 공간을 지켜야 한다. 만약 수련자 사이에 신체적인 면에서 경쟁 양상이 보이면, 지도자는 개별 면담과 공론화를 통해 수련자들과 함께 이 문제를 다루고 해결해야 한다. 또한, 성적 추파를 던지거나 그렇게 의심될 수 있는 언행도 용인하지 말아야 한다. 수련자가 자신의 여정을 위해 만들어진 공간이 안전하다고 믿으려면, 그 과정을 지도하는 스승의 의도를 늘 믿을 수 있어야 한다. 지도자와 수련자 사이에 조금이라도 성적인 요소가 개입되면, 수련자는 지도자의 의도를 의심할 수 있다. 또는 지도자가 자신의 성적인 목적을 이루기 위해 우월한 지위를 이용하여 수련자를 뜻대로 움직이려 할 수 있다.

권력은 중독성이 있고 때로는 파괴적이며, 가르치는 것은 권력이 수반되는 행위이고 어쩔 수 없이 내재한 힘의 불균형이 있다. 수련자는 지도자의 가르침에 순응해야 하며, 지도자는 그러한 순응에 합당한 행동을 하고 마이소르 수련실에서 순수한 의도를 유지함으로써 도덕적 책임을 져야 한다. 아쉬탕가 요가의 여덟 개 가지에는 요가적인 삶의 도덕적, 윤리적 지침에 대한 분명한 강조가 포함된다. 지도자는 가르치는 동안 요가 전통의 윤리 기반을 준수하기 위해 반드시 최선의 노력을 다해야 할 것이다.

요가 지도자의 이상적인 모습은 가르치고 수련하고 살아가는 동안 온전히 요가적인 삶을 사는 것이다. 그러나 요가 지도자는 거룩한 성자(聖者)가 아니다. 사람이기에 분노하고 낙담하고 우울해하고 근심하기도 한다. 초콜릿이나 튀긴 음식을 과식하기도 하며, 저마다 죄악이나 부도덕한 짓을 저지르기도 한다. 중요한 것은 요가 지도자로서 매 순간 이 좋은 전통을 존중하고 보여 줄 책임이 있음을 인식하는 것이다.

매일 수련

아쉬탕가 요가는 매일의 수행이다. 인터미디어트 시리즈를 시작하면 더이상 수련은 취미가 아니며, 삶의 모든 측면을 혁신하는 계기가 된다.

아쉬탕가 요가에서 자세의 순서는 수련의 체계적 특징을 반영하여 정해진 순서와 틀에 따른다. 미지의 영역으로 향하는 새로운 여정을 시작하려면 지침이 되는 지도가 있어야 한다. 아쉬탕가 요가의 정해진 시리즈는 오랜 기간 수련을 통해 경험으로 증명된, 깨달음으로 향하는 명확한 길을 보여 주는 영혼을 위한 GPS라고 할 수 있다. 이 지침을 따르면 길을 잃지 않을 것이라고 믿어도 된다. 수련이 쌓일수록 몸의 변화를 몸소 체험하면서 이 길에 대한 믿음도 확고해질 것이다.

고정된 순서의 자세가 지루하다며 그날 수련할 자세를 스스로 정하겠다고 하는 사람도 있다. 인터미디어트 시리즈는 단순한 건강 증진이나 재미를 위해 시작할 수 있는 가벼운 수련이 아니다. 이 시리즈는 몸과 마음을 체계적으로 재훈련하여, 신체와 에너지 몸의 미묘한 계통과 전반적인 계통에 좋은 영향을 미친다. 이 시리즈는 마치 올림픽을 대비해 몸과 영혼을 훈련하는 것과 같아서, 올림픽을 준비하는 운동선수와 마찬가지로 수련자도 훈련을 지도할 코치와 방법이 필요하다. 운동선수는 대부분 신뢰할 수 있는 코치를 두며, 코치는 선수가 능력을 가장 잘 발휘할 수 있도록 훈련 프로그램을 마련하여 지도한다. 아쉬탕가 요가 체계도 상당히 비슷하다. 수련자는 지도자와 신뢰할 수 있는 관계를 쌓아 가고, 지도자는 수련자가 요가의 영적 길을 잘 걸어갈 수 있도록 그에게 알맞은 아사나 시리즈를 마련해 준다.

일상생활을 하다 보면 신경 쓰면서 결정해야 할 일이 많고, 이렇게 많은 결정을 하다 보면 정신적 에너지가 소모되기 마련이다. 바쁜 하루 속에서 우리는 보통 무엇을 입을지, 어떤 길로 출근할지, 무엇을 먹을지, 가게에서 어떤 것을 구매할지와 같이 수많은 소소한 결정을 하게 된다. 이러한 작은 결정들은 초자아(superego)에 부담을 주고 감정의 몸을 피로하게 하여 '결정 피로' 상태에 이르게 하는 경우가 많다. 아쉬탕가 요가 체계의 정해진 자세 순서는 자유를 빼앗는 것이 아니라, 수련이라는 수단을 통해 내면의 평화를 찾을 수 있도록 마음의 공간을 만들어 준다. 결정에 소모되는 에너지를 아껴, 마음을 미묘한 몸(subtle body) 깊숙이 인도하는 것이다. 어떤 자세를 할 것인지 결정하느라 추가로 정신적 에너지를 소모하는 대신, 아쉬탕가 요가는 정신적, 신체적, 영적 장애물로부터의 자유로움으로 자유를 재정의한다.

개인주의의 특정 개념에 대한 집착은 그 자체로 장애물이 될 수 있다. 자신보다 더 위대한 체계(이 체계는 요가 마스터가 창시한 것으로 수많은 성실한 수련자에게 혜택을 주었다)에 에고(ego)를 순종시키면, 자기를 제약하는 우월감의 굴레를 태워 없애 더 큰 자유를 얻을 수 있다. 자세의 순서가 이미 정해져 있으므로 아사나 수련 시 내면으로 깊이 들어가는 데에 온전히 정신적 에너지를 쏟을 수 있다. 인터미디어트 시리즈의 도전적 자세들을 매일 수련하려면 모든 정신적 에너지를 남김없이 끌어모아야 할 것이다. 자세를 할 것인지 말 것인지는 선택 사항이 아니다. 어려운 자세를 건너뛸 수 있는 선택권이 있다면 꽤 자주 그런 선택을 할 것이기 때문이다. 하지만 에고를 수련에 순응시킨다면 유연함 속에서 강인함을 찾을 수 있을 것이다.

많은 수련자가 재미있는 자세나 자신이 원래 잘하는 자세를 하고 싶어 한다. 정해진 순서의 자세를 따르는 것은 좋아하는 것만 하려는 태도를 바로잡아 마음을 겸 허하게 하는 일이기도 하다. 아쉬탕가 요가 체계에 따라 수련한다는 것은 특정 기 간 안에 특정 지점에 도달하겠다는 집착 없이 필요한 노력을 겸허하게 한다는 뜻이 다. 만약 수련자가 자세의 순서를 자의로 통제하고 조정할 수 있다면, 이 막연하고 불확실한 무집착의 영역에 있는 것보다 안전하게 느껴질 수도 있다. 그러나 자신이 통제할 수 없는 상황에서도 평정을 유지할 수 있다면, 가장 크고 견고한 자유에 이 를 수 있다. 아쉬탕가 요가의 정해진 시리즈에 따라 수련하면 진정한 내면의 자유 를 찾을 수 있을 것이다.

실제 수련에서도 어떤 움직임의 기본에 숙달하지 못하면 다음 단계로 넘어갈 수 없다. 매일 같은 동작을 반복하면, 그 동작이 나아질 때까지 수련할 기회를 얻게 된 다. 구루지는 "수련하면 모든 것이 온다"고 말했다. 그러나 그가 의미한 결과는 정 해진 방법에 따라 수련에 전념할 때만 달성할 수 있다. 매일 같은 순서의 자세를 반 복할 때, 일과의 일부인 그 자세를 더 온전하게 만들어 나갈 기회가 주어진다. 자신 의 선호도와 무관하게 정해진 수련을 유지하자. 새롭고 신날 때, 평화롭고 기분 좋 을 때도 수련하고, 지치고 지루하고 상처받고 용기가 나지 않을 때도 수련하자. 수 련자는 이런 단계들을 통과해야 한다. 왜냐하면 아쉬탕가 요가에서 신체 수련은 실 제로 궁극의 목적이 아니기 때문이다. 어떠한 상황에서도 변함없이 평온하고 집중 할 수 있는 능력에서 나오는 마음의 평화가 바로 수련의 가장 큰 목적이다.

요가를 꾸준히 수련하기 위한 아홉 가지 제언

인터미디어트 시리즈의 여정은 흔들림 없는 수련을 요구한다. 수련을 어떤 훈련 교관의 지시에 따르는 것이 아닌, 스스로 내면화하고 수행하기로 선택하는 매일의 의식(儀式)으로, 삶을 통틀어 헌신하기로 선택하는 가장 큰 가능성으로 여겨 보자. 어떤 행동을 매일 의식을 치르듯 꾸준히 하다 보면 잠재의식에 각인되어, 수련을 할 것인지 말 것인지 고민조차 하지 않을 것이다. 매일 아침 당연히 양치를 하는 것 처럼 수련도 별다른 에너지 소모 없이 매일의 일상에 자리 잡게 된다. 다음에 소개 하는 방법들은 내가 아쉬탕가 요가의 토대인 매일의 수련을 유지하는 데 도움이 되 었다. 당신에게도 도움이 되길 바란다.

1. 장소

성스러운 장소를 마련하여 매일 그 자리에서 수련한다. 요가원에서 수련한다면 그저 요가원에 매일 가는 것으로 충분하며, 굳이 수련실 내 특정 자리를 매번 고수할 필요는 없다. 그러나 집에서 수련한다면, 수련을 위한 자리를 만드는 것이 매우 중요하다. 좁은 아파트의 작은 구석 자리라도 좋다. 매트 앞에 스승의 사진을 두고, 수련할 때 항상 스승을 떠올리도록 하자. 나는 집에서 수련할 때 스승의 사진을 보며 수련 의지를 다진다. 때로는 구루지가 수련실에 함께 있다고 상상하는데, 확실히 도움이 된다.

공간의 여유가 허락된다면 매트를 치우지 않고 늘 그 자리에 깔아 두어, 일상의 다른 요소가 아닌 오로지 수련을 위한 공간임을 확실히 표시하는 것도 좋다. 온전히 요가 수련용으로 쓸 수 있는 방이 있다면 이상적이겠지만, 누구에게나 그런 여유가 있지는 않을 것이다. 요가 매트 크기의 공간도 귀중하게 쓰일 수 있으며, 여기에 요가 매트를 깔아서 영적 수행과 삶을 위한 제단으로 활용할 수 있다. 특히 수련하고 싶지 않은 날에는 그저 예정된 수련 시간에 요가 매트 위에 올라서서 어떻게 되는지 보자. 그 자리에 쌓인 에너지가 충분히 강하다면 아마 당신을 수련으로 이끌어 줄 것이다. 자신이 정한 수련 시간에 요가복으로 갈아입고 요가 매트 위에 선다면, 수련으로 이끄는 에너지는 더욱 강해질 것이다. 때로는 단순히 요가복을 입기만 해도 수련 모드로 전환되기도 한다.

2. 시간

가능하면 매일 같은 시간에 수련하자. 수련을 일과의 일부로 만들수록 꾸준히 수련하기가 쉬워진다. 매일 같은 수련에 수련할 수 없다면 주 단위로 계획을 세워 보자. 달력에 요가 수련 시간을 표시해 두고 지켜 보자. 시간을 정하면 매일 의식을 치르듯 같은 행동을 반복하기 쉽고, 덜 애쓰면서도 매일의 수련을 유지할 수 있다.

3. 공유

수련하고자 하는 의지를 가족이나 함께 사는 사람들에게 공유하자. 타인에게 나의 여정을 공유하면 그들의 지원을 받을 수 있다. 가족과 친구가 나의 수련을 존중해 주면 요가가 전체 일상생활의 일부가 되어 많은 도움이 된다.

4. 받아들임

"전부 아니면 제로"라는 생각을 버리자. 하루에 5분밖에 할애할 수 없다면, 5분을 이용하여 수련하면 된다. 전체 90분 수련을 할 수 없다면 아예 수련하지 않는 사람이 많다. 특히 인터미디어트 시리즈를 시작하는 시기에는 수련 시간이 계속 길어 지기 때문에 그만큼의 시간을 확보하는 것이 중요하다. 그러나 시간을 충분히 낼 수 없는 날이 있다. 그런 날 20분밖에 시간이 없다는 이유로 수련을 생략하지는 말 자. 5분이라도 주어지면, 그 5분을 이용해서 적어도 태양경배를 몇 번 하고 수련의 지속성을 유지할 수 있을 것이다. 특히 인터미디어트 시리즈가 버겁게 느껴진다면, 모든 자세를 다 할 시간이나 에너지가 없을 때 조금이라도 해서 수련의 지속성을 유지하는 것이 중요하다. 조금이라도 수련하는 것이 아예 안 하는 것보다 낫다.

5. 자극제

요가 수업, 선생님, 워크샵, 수련회, 지도자 과정, 서적, 동영상, 소셜 미디어 등 을 통해 자극과 영감을 받아 보자. 영감을 주는 선생님의 수업에 가능한 자주 참여 하고, 특강이나 집중 수련을 위해 필요하다면 직접 찾아가자. 소셜 미디어에서 요 가 수련에 영감을 주고 도움을 주는 지도자나 수련자를 찾는 것도 좋다(유튜브와 인 스타그램은 집에서 하는 수련에 많은 도움이 된다).

6. 자기 훈련

스스로 훈련하자. 기준을 세워 지키고, 혼자 수련할 때는 자신의 코치가 되자. 스 스로 훈련하는 좋은 방법은 수련의 과제를 설정하고 거기에 집중하는 것이다. 후굴 수련 중이라면 그날그날 정확히 어떤 것을 해야 할지 감을 잡기가 특히 어려울 수 있다. 아무런 의문 없이 매일 할 수 있는 루틴을 정하는 것이 제일 좋다. 자격 있는 지도자가 그 루틴을 마련해 줄 수 있다면 가장 좋겠지만, 어렵다면 적어도 한 달간 매일 수행해야 할 과제를 자신에게 주어 보자. 예를 들어, 척추를 늘일 때마다 골반 기저근을 강하게 조이거나, 매일 카포타아사나를 세 번 반복하는 것을 과제로 삼을 수도 있다. 할당한 기간이 종료될 때 과제의 달성 정도를 평가해 보고, 그 과제를 계속할지 아니면 새로운 과제로 넘어갈지 결정한다. 의욕에 불타서 자신에게 너무 많은 과제를 부여하면 곧 지쳐 버릴 수 있다. 나는 수련의 흐름을 자유롭게 느낄 수 있도록 매 수련의 과제는 하나로 제한한다.

7. 목표

수련할 때마다 달성할 수 있는 작은 목표를 세워 거기에 집중하자. 이렇게 목표 를 세우는 것은 건강한 정신 수련의 일부이며, 인터미디어트 시리즈의 후굴 부분을 소개할 때 더 자세히 다루기로 한다. 수련할 의욕이 충분히 생기지 않는다면, 억지로 모든 것을 다 하려고 하지 말고, 그저 그날의 수련을 위한 작은 목표만 세운다. 예를 들어, 침대에서 일어나기 싫은 날이라면, 딱 10분만 수련하자고 자신을 다독여 보는 것이다. 그래서 그 작은 목표에 성공하면, 그때 더 나아갈지 아니면 멈출지 자신에게 물어보자.

대개는 작은 목표를 달성하면 추진력이 생겨서 좀 더 해 보고 싶을 것이다. 다른 예로, 각 자세를 다섯 번 호흡하는 동안 유지한다는 단순한 조건을 정할 수 있다. 카란다바아사나처럼 어려운 자세는 다섯 번 호흡하는 동안 자세를 유지하는 것이 버겁게 느껴질 수 있다. 그럴 때는 두 번 호흡하는 동안만 자세를 유지하는 것과 같이 더 작은 목표를 정할 수 있다. 거기에 성공하면 목표를 세 번의 호흡으로 늘리고, 다시 또 더 늘려서 나중에는 완전한 다섯 번의 호흡에 이를 수 있게 한다. 작은 성공들을 통해 수련의 재미와 힘을 얻을 수 있다.

8. 기록

수련 과정을 기록하는 일지를 쓰자. 수련할 때마다 클릭만 하면 되는 스마트폰 앱이나 달력 표시처럼 간단해도 좋다. 요가 수련에 들이는 시간의 기록을 남겨 두면, 연말에 더해 보았을 때 얼마나 많은 노력을 기울였는지 알 수 있다. 이런 용도로 좋은 요가 앱을 아직 찾지 못했는데, 나중에 여력이 될 때 내가 하나 만들어 볼까 한다. 수련 기록을 남기는 또 다른 방법은 가장 어렵게 느껴지는 아사나의 전후 사진을 찍어 두는 것이다. 자세를 매일 연습할 때는 그 안에서 분투하느라 발전이 느껴지지 않을 수 있다. 그러나 몇 달 또는 몇 년을 두고 보면 대개 신체적 발전이 뚜렷이 드러난다. 세 달이나 여섯 달마다 사진을 찍어 보면 생각과 달리 확실한 발전을 확인할 수 있을 것이다.

9. 용서

수련을 하지 못했거나 그날의 수련이 엉망이었다고 자책하지 말자. 수련할 수 있음에 감사하고, 수련할 평생의 시간이 있음을 기억하자. 감사하는 연습을 하면, 마음이 실제로 훈련되어 감사할 것을 더 많이 생각하게 될 것이다. 우리는 요가라는 거울을 통해 몸과 마음의 자연스러운 오르내림을 경험하게 된다. 어떤 날에는 몸이 유연하게 느껴질 것이다. 다른 날에는 몸이 뻣뻣하게 느껴질 것이다. 어떤 날에는 몸에 기운이 넘치고, 다른 날에는 몸에 기운이 없을 것이다. 때로는 마음이 고요하고 맑고, 또 때로는 산만하고 집중이 어려울 것이다. 우리의 할 일은 경험의 장에서 펼쳐지는 이런 변덕스러운 변화에 흔들리지 않고 중심을 잡는 것이다. 객관적인 관점으로 바라보고, 지금 이 순간에 대한 호기심을 키우며, 알아차리고, 매일 수련을 하자. 좋은 시간을 붙잡으려 하지 말고, 안 좋은 시간을 없애려 싸우지도 말자. 지금 서 있는 그 자리에 온전히 현존(現存)하면서, 그곳이 정확히 자신이 있어야 할 자리임을 신뢰하자.

2

요가의 내적 수련

스리 K. 파타비 조이스 전통의 아쉬탕가 요가를—웃자이 프라나야마(승리의 호흡)에 기초한 깊은 호흡과 결합하여—매일 수련하면 힘이 길러지며 유산소 운동 효과도 있다. 그러나 마음의 힘을 기르려는 의도 없이, 단순히 좋은 운동 효과만을 목적으로 아쉬탕가 요가를 수련하면 이 수련의 참된 목표를 놓치게 된다.

타파스(Tapas)는 산스크리트 어로 '영적 수행자들이 자신의 발전을 촉진하기 위해 하는 고행'을 의미한다. 현대의 아쉬탕가 요가 수련자에게 타파스는 정화를 위한 아픔으로 해석될 수 있다. 하지만 단순히 특정 자세에서 느끼는, 근육이 타는 듯한 감각을 의미하는 것은 아니다. 물론 근육 강화가 필요하고 그 과정에서 근육이 타는 듯한 느낌이 들 수 있으나, 진정한 태움이란 마음의 오래된 습관 패턴을 태워 없애는 내면의 영적 불이다. 마음의 영역에 남아 있는 인상을 산스크리트 어로 '삼스카라(samskara)'라고 하고, 이들이 모여 더 큰 행동 패턴을 이루면 '바사나(vasana)'라고 한다. 아쉬탕가 요가의 깊은 목적은 부정적 행동 패턴을 태워 없애고, 내적 존재의 진실을 드러내는 데에 있다. 타파스를 통해 더 높은 의식으로 들어가면 '비베카(viveka)' 즉 지혜로 알려진 영적 분별력을 얻을 수 있다. 이 지혜는 내면의 여정을 비추는 '앎의 등불'이다. 요가 자세들도 이 목표를 위한 수단이긴 하지만, 요가 수련의 참된 목적은 내적 깨어남이다.

아쉬탕가 요가 체계의 내적 수련 지침은 파탄잘리의 《요가 수트라》에 기반을 두고 있다. 2천여 년 전에 지어진 《요가 수트라》는 네 개의 장(또는 권), 196개의 경구로 이루어져 있다. 인터미디어트 시리즈의 여정을 시작할 때, 이 《요가 수트라》는 귀중한 참고서가 된다. 어려운 자세를 수련하는 동안 맞닥뜨리게 될 수많은 장애에 대하여 수트라는 설명하고 있다. 이런 감정 반응들을 이미 2천 년보다 더 옛날에 파탄잘리가 열거했다는 사실만으로도 영광스러운 전통에 동참한다는 자부심을 느낄 수 있을 것이다.

파탄잘리의 이 고전에서 마음은 치타(citta)라는 의식의 바다에 비유되며, 생각이나 감각 지각 등 의식의 바다에 일어나는 물결을 브리티(vrtti)라고 한다. 우리가 감각을 경험할 때, 이 경험은 치타(마음)에 브리티(물결)를 일으킨다. 이런 물결은 어떤 인상(삼스카라)을 남기고, 이런 인상이 반복되면 마음 바탕에 깊이 패인 홈(바사나)이 생긴다. 이는 다시 우리의 행동에 영향을 미친다. 아쉬탕가 요가의 정화 작용은 이런 행동 패턴을 바로잡는다.

《요가 수트라》 1장 5절에서 파탄잘리는 물결 즉 경험에는 고통스러운(클리쉬타) 물결과 고통스럽지 않은(아클리쉬타) 물결 등 두 가지 유형이 있다고 말한다. 클리쉬타 브리티는 부정적 카르마를 낳고, 고통의 수레바퀴를 돌리며, 우리의 존재에 파괴적 패턴을 각인시킨다. 마음을 바다에 비유해 보면, 이러한 물결들은 배를 뒤집고, 무고한 존재들을 해치며, 많은 것을 파괴할 수 있다. 아클리쉬타 브리티는 우리 자신이나 타인을 해하지 않는 부드러운 물결이다. 폭풍이 지나간 다음 날 아침, 해변을 어루만지는 잔잔한 물결과 같다. 이 치유하는 물결은 우리 마음의 바다에 고통을 주지 않는다. 클리쉬타 브리티의 근원을 깨끗이 없애고 아클리쉬타 브리티의 존재를 더 온전히 경험하고 느끼려면, 때로는 폭풍우 속으로 들어가 통과해야 한다.

인터미디어트 시리즈를 매일 수련하다 보면, 감정이 열대 지방의 여름날처럼 쉽게 변할 수 있다. 맑고 푸른 하늘에 햇살이 환하더니 갑자기 거대한 폭풍이 일어나기도 한다. 천둥 번개가 치다가 순식간에 평화와 고요가 찾아오기도 한다. 아쉽게도 감정의 날씨를 미리 알려 주는 기상예보는 존재하지 않는다. 인터미디어트 시리즈에서 배우는 감정 수업은, 감정이란 본래 일시적임을 알아차리고, 부정적 감정에 맞서 싸우지도, 긍정적 감정에 집착하지도 않는 '관찰자 의식'을 함양하는 것이다. 날씨를 자신이 원하는 대로 바꿀 수 없듯이 감정 상태 역시 마음대로 바꿀 수 없다. 그러나 날씨에 대한 나의 반응, 그리고 감정의 폭풍에 대한 나의 반응은 바꿀 수 있다. 그저 폭풍이 멎기를 기다리면서 아쉬탕가 요가를 계속 수련하다 보면, 어느 날 참된 자기의 깊은 평화를 경험하게 될 것이다.

장애물을 태워 없애기

삼스카라는 마음의 습관 패턴이다. 삼스카라가 자주 반복되면 자동으로 실행되어, 자기도 모르게 세상에서 같은 패턴의 상호 작용을 계속 반복하게 된다. 앞서 언급했듯이 행동 패턴에는 긍정적인 패턴과 부정적인 패턴이 있는데, 요가의 정화 작용은 주로 부정적인 패턴을 대상으로 한다. 부정적 삼스카라는 흔히 의식이라는 들판에 심어진 아몬드(씨앗)에 비유되며, 이 아몬드가 집착과 싫어함이라는 비옥한 토양을 만나면, 결국 고통이라는 열매를 맺는다. 그러나 삼스카라는 우리에게 해를 끼치는 바깥의 어떤 '것들'이 아니며, 우리의 시각을 형성하고, 그로 인해 세상에서 우리의 행위에 영향을 미친다. 삼스카라는 우리의 경험으로 인해 생기는 인상이며, 잠재해 있으면서 의식하지 못하는 사이에 우리에게 영향을 미친다. 우리의 행위가 곧 우리의 카르마라고 할 수 있으며, 이런 행위들은 삼스카라 인상들을 남기고, 이런 인상들은 다시 더 큰 집착과 싫어함의 패턴인 바사나를 발생시킨다. 그러면 우리는 이런 바사나들에 따라 더 행동하게 되어 더 많은 카르마를 쌓게 된다. 이와 같은 순환을 '브리티-삼스카라-차크라'라고 한다.

인상들은 욕망을 낳고, 욕망은 행위로 이어지며, 행위는 다시 인상들로 이어지는 순환 구조를 이룬다. 이 모든 것은 아비디아(avidya, 망상)의 일부이며 고통의 근원이다. 영성을 지향하는 모든 요가 수련의 주된 목적은 정화라는 불길로 이 순환 고리를 없애는 것이다. 요가의 내적 여정을 시작할 때는 삼스카라의 세 가지 중요한 특징을 알아 둘 필요가 있다. 첫째, 당신의 개인적인 이야기—'당신'에 관한 이야기—

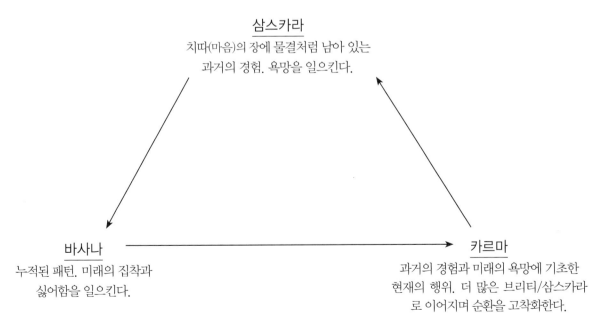

[그림: 에디 스턴 제공]

는 대개 이미 형성된 패턴을 강화한다. 둘째, 삼스카라는 정면으로 맞서 싸우고 저항할수록 비단뱀처럼 더 조여 온다. 셋째, 삼스카라는 이안류처럼 당신을 감정의 바다 속으로 끌어내려서 그 속에 빠져 죽을 것처럼 느끼게 할 수 있다. 어떤 문제를 극복했다고 생각하는 순간, 다시 이전의 안 좋은 상태로 자꾸 돌아갈 때 이런 일이 일어난다.

어떤 면에서 삼스카라는 중독과 같다. 어떤 물질에 중독되는 것이 아니라, 어떤 감정 상태에 중독되는 것이다. 설사 그 순간에는 기분 좋고 신나는 느낌일지라도 결국에는 고통과 괴로움에 이르게 된다.

삼스카라는 익숙하다. 삼스카라는 우리가 아는 것이며, 바로 그 익숙함으로 우리를 유혹한다. 삼스카라의 패턴이 우리 안에 아주 잘 자리 잡고 있어서, 우리는 이 패턴에 무의식적으로 매우 집착하며, 그 때문에 그런 패턴을 놓아 버릴 때는 실제로 아픔을 느끼게 된다. 알아차리지 못하는 사이에 부정적 삼스카라가 우리 삶의 진로를 좌우하도록 내버려 둘수록 그런 삼스카라들은 우리를 그 파괴적 성향의 악순환 속으로 더 깊이 끌고 들어갈 것이다.

파탄잘리의 《요가 수트라》는 이 악순환을 확실하게 벗어나는 방법이 바로 요가 수련이라고 한다. 요가 수련은 삼스카라를 적대시하며 맞서 싸우는 대신, 순수한 알아차림의 빛으로 태워 없애고자 한다. 신체적, 영적 수련으로 지펴진 정화의 불(아그니)로 태워 버리는 것이다. 내부의 아그니(agni)가 점화되면 부정적 삼스카라의 아몬드(씨앗)를 태워 버릴 수 있다. 그러면 아몬드(씨앗) 껍질만 남아서 더이상 자라나거나 고통의 열매를 맺을 수 없게 된다.

삼스카라 아몬드(씨앗)들이 불타기 시작하면 몸에서 두 가지 반응이 나타날 수 있다. 첫째, 고통스러운 감정을 느낄 수 있다. 삼스카라 아몬드(씨앗)들을 자신의 것으로 여기고 있기 때문이다. 둘째, 신체의 아픔이 수반될 수 있다. 삼스카라 아몬드(씨앗)들이 몸이라는 장(場) 안에 깊이 뿌리내리고 있기 때문이다.

요가를 수련하고 내면으로 깊이 들어가다 보면, 부정적 삼스카라가 자신과 주위 사람에게 해를 끼치는 방식들을 알아차리게 된다. 이 패턴을 분명히 인식하면, 자신이 삼스카라의 익숙한 패턴을 통해 일으킨 괴로움을 바로잡고 싶어질 것이다. 요가 수련에서 정화의 불은 결국 분명한 앎의 빛이다. 부정적 삼스카라가 자신의 삶에 끼친 악영향을 알아차리면 마음이 아플 것이다. 때로는 오랫동안 부정했던 진실을 비로소 보는 것 같은 느낌이 들 수도 있다. 자신의 삼스카라가 어떤 악영향을 미쳤는지 온전히 깨닫는 순간, 아마 가슴이 열리고 부드러워지면서 아픔을 느끼게 될 것이다. 왜냐하면 자신의 행위가 사랑하는 사람들에게 어떤 상처를 주었는지 분명히 알게 되고 그들의 아픔에 공감하게 되기 때문이다. 그렇게 직접 깨닫는 순간에는 자신이 끼친 고통에 대해 용서를 구하고 싶어질 것이고, 다시는 똑같은 패턴을 반복하지 않겠다는 굳은 결심도 하게 될 것이다. 그런 패턴들이 어떻게 생겨났는지는 알 필요가 없다. 그저 그런 패턴들을 순수한 알아차림의 빛으로 드러내어, 아그니의 힘으로 정화하면 된다.

최고의 요가 수행자는 처음부터 완벽한 사람이 아니라, 자신에게도 책임이 있는 고통의 패턴들을 알아차린 뒤, 매일 그런 부정적 삼스카라를 태워 없애기 위해 부단히 노력하는 사람이다. 부정적인 삼스카라를 긍정적인 삼스카라로 변화시키는 작업은 더욱 평화로운 삶으로 나아가는 데 중요한 단계다. 《요가 수트라》 1장 33절은 감정적인 면에서 요가적 가치에 따라 사는 법에 관한 분명한 지침을 제공한다. 파탄잘리는 요가 수련자가 부정적 삼스카라를 태워 없애기 위해 노력할 때 힘써 길러야 하는 두 가지 중요한 마음 상태로 우애(마이뜨리)와 공감(카루나)을 꼽는다. 행복한 사람은 우애(友愛)로 대하고 불행한 사람은 공감으로 대하는 쪽으로 의식이 계속 흐르게 하려 노력할 때, 요가 수행자는 치유된 삶의 기반을 닦게 된다.

나아가 파탄잘리는 기쁨(무디타)과 평정(우펙샤남)을 요가적 마음 상태로 통하는 열쇠로 제시한다. 우리는 선한 사람에 대해서는 기쁨을, 악한 사람과 함께 있을 때는 평정심을 길러야 한다. 우리가 '적'으로 규정하는 사람과 고통의 원인으로 여겨지는 것에 맞서 강력하게 대응하면 자신의 삼스카라에 단단히 얽매이게 된다. 파탄잘리는 어떤 사람에 대한 개인적 호불호 감정이 생기면 중립을 유지하라고 권한다. 그러면 수련자는 적어도 자기를 향해 고통의 씨앗을 더 많이 심는 일은 막을 수 있다. 분노가 폭발할 것 같거나 우울감에 빠지거나 불안감에 휩싸일 것 같다고 느낄 때마다, 부정적인 행동 패턴을 반복하는 대신에 그 순환을 끊어 내기 위해 충분히 멈출 수 있다면, 한 단계 더 나아갈 수 있으며 더욱 긍정적이고 치유하는 진동을 쌓을 수 있다. 인터미디어트 시리즈의 도전적인 자세들을 수련하다 보면, 부정적인 삼스카라를 경험하고 자신과 타인에 대한 우애, 공감, 기쁨, 평정을 수련할 기회가 넉넉히 주어질 것이다.

에너지론

전통 요가 철학에 따르면, 우리 존재에는 다섯 개의 층 또는 덮개가 있다. 이를 다섯 개의 코샤(kosha)라고 한다.

1. 안나마야(신체적) 코샤 = 음식, 신체적인 몸, 다섯 가지 원소
2. 프라나마야(에너지) 코샤 = 호흡, 생기의 몸, 다섯 가지 프라나
3. 마노마야(마음) 코샤 = 인상, 바깥쪽 마음, 다섯 종류의 감각 인상
4. 비갸나마야(지혜) 코샤 = 인식, 지성, 의도된 정신 활동
5. 아난다마야(지복) 코샤 = 경험, 깊은 마음, 행복

프라나마야 코샤에는 다섯 가지 프라나가 있는데, 이 프라나들은 하나의 근본 프라나에서 나오며 그 움직임과 작용에 따라 구분된다. 아쉬탕가 요가 체계가 뿌리 깊은 행동 패턴을 정화하는 주요 방법 중 하나는 아사나, 호흡 그리고 응시점을 통해 이 다섯 가지 프라나를 조절하는 것이다. 프라나는 몸과 마음을 통해 흐르는 생명 에너지로 이해하면 된다.

우파니샤드와 전통 아유르베다에 따르면, 때로는 프라나 바유(vayu)라고도 하는 이 다섯 가지 프라나에는 프라나(prana), 아파나(apana), 우다나(udana), 사마나(samana) 및 비야나(vyana)가 있다. 이는 요가에서 널리 알려진 개념이다. 프라나는 '안으로 움직이는 것'으로 정의되며, 들숨, 음식 섭취, 그리고 정신적, 감각적 자극의 수용을 포함한다. 에너지를 발생시키고 운반하며, 머리에서부터 배꼽까지 존재한다. 아파나는 '아래로, 밖으로 움직이는 것'으로 정의되며, 배설과 생식 작용을 포함한다. 정화와 배출 작용을 하며, 배꼽에서부터 뿌리 차크라까지 존재한다. 우다나는 '위로 움직이는, 또는 변화시키는 에너지'로 정의되며, 서 있기, 말하기, 그리고 의지력을 포함한다. 변화시키고 발달시키며, 배꼽에서부터 정수리까지 위로 움직인다. 사마나는 중심으로 이동시키는 균형 잡는 에너지로서 소화와 대사 작용을 포함한다. 몸 뒷면 전체에서부터 배꼽까지의 움직임을 관장한다. 비야나는 중심으로부터 바깥으로 이동시키고, 순환과 움직임을 포함하며, 그러므로 다른 프라나를 보조하는 역할을 한다. 배꼽에서부터 밖으로, 몸 전체로 가는 에너지를 조절한다고 할 수 있다.

이런 이론에 바탕을 둔, 인터미디어트 시리즈 수련에서 유념해야 할 세 가지 주요 패턴은 프라나 패턴, 아파나 패턴, 그리고 중심선(center line)이다. 나는 아쉬탕가 시니어 공인 지도자인 리처드 프리먼(Richard Freeman)에게 이 개념을 처음 배웠는데, 프라나가 어떻게 표현될 수 있는지에 대한 그의 시적 해석은 내면 여행에 아주 큰 도움이 되었다. 프라나와 아파나는 각각 들숨과 날숨에 대응하고, 들숨은 늘임, 날숨은 구부림과 각각 연결된다. 요가 테라피에서는 이런 개념들이 질병이나 불균형의 치유, 균형 회복에 도움이 되는 알맞은 자세의 선택과 연결된다. 아쉬탕가 요가의 인터미디어트 시리즈는 프라나 패턴과 아파나 패턴을 집중적으로 다룬다. 수련

자는 먼저 이 두 가지 패턴을 익힌 다음, 이들 사이를 부드럽고 신속하게 흐르는 역동적 자세들로 나아간다. 프라나 상태 또는 아파나 상태에 치우친 불균형은 때로 부상으로 이어지기도 한다.

프라나 패턴은, 아사나로 표현되듯이, 들어 올리는, 바깥으로 향하는 패턴으로서 척추를 통해 에너지를 끌어올린다. 외부 세상으로 향하는 외향적 에너지 패턴이며 가슴(heart) 열기, 스트레칭과 연관된다. 프라나 패턴은 은총에 가슴을 여는 행위로 비유되기도 한다. 후굴은 프라나 패턴을 자극하는 데 특히 효과적이다. 프라나는 생명인 동시에 에너지이고, 자극될 때 열과 불의 기운을 깨운다. 프라나 패턴의 전체 힘과 깊이를 묘사하기에는 지나치게 단순한 표현이긴 하지만, 프라나 패턴을 척추 늘이기라고 생각할 수 있다. 또한, 프라나 패턴은 미래를 향한다. 따라서 이 패턴이 지나치게 활성화되면 조증과 같은 과프라나 상태, 과대망상, 거절하지 못하거나 경계선을 긋지 못함, 지나치게 늘임 등으로 이어질 수 있다.

아파나 패턴은 정반대다. 외부가 아니라 내부로 향하며, 끌어올리는 대신 아래로 뿌리내린다. 척추 구부리기, 몸과 마음의 깊은 힘과 관련된다. 이 패턴은 자기 안에 은총을 품는 것으로 비유된다. 아파나 패턴은 주로 과거를 향한다. 아파나 패턴이 지나치게 활성화되면, 과거를 놓아 보내지 못함, 감정을 닫거나 막아 버림, 과잉보호, 두려움 등으로 나타난다.

마지막으로, 중심선은 오직 지금 이 순간에만 이를 수 있는 완벽한 균형의 경험과 연관된다. 우리는 평화로운 명상 상태에 스르르 잠기듯이 이 경험으로 들어간다. 중심선은 억지로 잡을 수 있는 것이 아니며, 중심선이 잡히면, 그것은 몸의 에너지가 중심축을 따라 흐르고 있고 마음이 지금 이 순간에 뿌리내리고 있음을 보여준다. 여러 면에서 볼 때, 우리가 요가를 수련하면서 기울이는 모든 노력은 이 조화로운 상태로 스르르 잠길 때 경험하는 소중한 순간들을 만들기 위한 것이다. 비유하자면, 중심선은 미래와 과거 사이에서, 균등하고 조화롭게, 태양처럼 빛난다. 중심선을 향하는 것은 편안함과 흐름으로 가득한 변치 않는 상태다. 인터미디어트 시리즈를 성실하게 수련하면 이 중심선을 따라 프라나와 아파나의 균형을 찾아가게 될 것이다.

지금 이 순간의 발견

인터미디어트 시리즈 수련을 시작하면 아쉬탕가 요가 체계로 깊이 들어오게 될 것이다. 영적 깨어남을 향해 굽이굽이 이어지는 먼 길을 가는 동안, 자신이 얼마나 많이 왔는지 한 번씩 돌아보기 바란다. 아쉬탕가 요가에 네 개의 시리즈가 더 있다는 사실에 절대 주눅 들 필요 없다. 지금 이 순간의 힘을 찬찬히 살펴보고, 지금 자신이 있는 자리를 온전히 받아들이자. 더 많은 자세를 익히거나 특정 기간 안에 배워야 한다는 생각에 집착하지 말자. 그저 수련을 이어 가면서, 자신이 기울인 노력의 결실은 자신보다 더 높은 힘에게 온전히 내맡기자. 이처럼 내맡기는 상태에 있을 때, 진정한 요가 수련을 위한 자유를 얻게 될 것이다.

나는 아쉬탕가 체계 안에서 최대한 멀리 나아가기 위해 십 년 동안 미친 듯이 질주했다. 내 마음속 깊이 자리한 삼스카라인 미래지향적 성향을 요가 수련에도 들여온 것이다. 바삐 돌아가는 세계에서 사는 현대 도시인은 급히 서두르고 동시에 여러 가지 일을 하는 생활 방식에 길들여졌다. 이처럼 최대한 빨리 특정한 성과를 거두고 특별한 위치에 도달해야 한다는 압박감을 계속 받다 보면, 우리의 마음이 온통 미래로 쏠려 버린다. 목표를 정하는 것은 유용하지만(나는 지금도 자주 목표를 세운다), 미래의 목표에 너무 많이 집착하면 불필요한 스트레스와 기대를 일으키며 '지금'의 아름다움을 충분히 즐길 수 없다.

매일 수련을 할 때는 몸을 느끼면서 늘 깨어 있고 알아차려야 한다. 요가에서는 몸이라는 실체를 중심으로 지금 여기에 현존한다. 몸은 마음과 달리 거짓을 말하거나 속이지 않으며 그럴 수도 없기 때문이다. 우리가 스트레스를 느끼면 그 경험은 우리 몸에 인식된다. 마음은 몸이 경험하는 것을 부정할 수 있지만, 몸은 그럴 수 없다. 아쉬탕가 요가는 몸의 이 단순한 분명함을 수단으로 사용하여 마음이 지금 여기에 현존하게 한다. 깊은 요가 수련은 그저 몸에게 지시를 하는 것이 아니라, 어떠한 판단이나 기대도 없이, 삼스카라를 낳는 미래의 씨앗을 만들지 않으면서, 알아차림의 순수한 빛 안에서 몸의 소리에 귀 기울이는 법을 마음에게 가르쳐 준다.

기분이 좋을 때는 마음이 쉽게 편안하고 열린 상태에 있을 수 있지만, 아픔을 경험할 때는 그러기가 훨씬 어렵다. 사실, 아픔은 형태나 크기가 어떻든 상당히 불쾌해서, 우리는 자동반사적으로 이를 회피하려고 한다. 신체적이든 감정적이든 정신적이든 아픔을 느끼면, 우리는 즉시 아픔을 느낄 수 있는 미래의 모든 경험을 회피하고 싶어진다. 이러한 회피는 그 자체로 고통의 근원이 된다. 왜냐하면 아픔을 처음 경험한 과거와, 아픔을 피하고자 하는 미래에 의식을 묶어 버리기 때문이다. 이러한 경향은 아마도 인터미디어트 시리즈의 도전적인 자세들을 수련할 때 가장 분명히 드러날 것이다.

우리는 삶을 통제할 수 없다. 매사 가볍고 자유롭고 쉽기를 아무리 간절히 바라더라도, 때로는 삶이 힘들고 무겁고 고되다는 진실을 피할 수는 없다. 만일 과거의 힘들었던 기억을 떠올리며 모든 부정적 경험을 피해 도망쳐 버리면, 우리는 사실상 과거가 현재와 미래를 지배하도록 허용하는 셈이 된다. 아쉬탕가 요가는 고통스러운 경험을 피해 도망치는 행위를 멈추고, 괴롭든 즐겁든 지금 이 순간의 현실을 받아들이도록 요청한다.

요가 수련에서 배워야 할 가장 기본적인 수업 중 하나는 어떤 결과에 대한 집착을 버리는 것이다. 지금 이 순간이 어떠해야 한다는 생각을 놓아 버리면, 지금 이 순간을 있는 그대로 경험할 수 있다. 이와 같은 시각으로 삶을 경험하는 법을 가장 먼저 배울 수 있는 곳은 몸의 영역이다. 몸은 날마다, 때로는 시간마다 다르게 느껴질 것이다. 요가 수련자는 이 피할 수 없는 변화를 받아들여야 한다. 예를 들어, 엉덩관절(고관절)이 경직되어 있으면, 그 경직을 받아들이고 이를 열어 내겠다는 목표에 집착하지 않으면서 수련하는 법을 배워야 한다. 억지로 엉덩관절(고관절)을 열어 내려고 하면, 무릎 같은 몸의 약한 관절이 부상으로 이어질 수 있다. 아쉬탕가 요가는 몸의 영역에서 자연스럽게 펼쳐지는 지금 이 순간을 경험하도록 가르친다. 평온한 마음으로 엉덩관절(고관절)의 경직을 받아들일 때, 우리는 삶에서 힘든 일을 마주할 때도 내면의 평온한 중심을 잃지 않으면서 그 어려움을 받아들이는 태도를 기르고 있다.

아쉬탕가 요가에서 겸허히 배워야 할 과제는, 어딘가에 도달하는 것이 아니라 호흡, 자세, 응시점의 감각에 집중하며 '여기'에 머무는 것, 마음을 고요히 하고 '지금 있는 것(what is)'의 현실을 경험하는 것이다. 만일 나중에 하게 될 두 가지 아사나든 2년 뒤든 미래의 목표에 마음을 둔다면, 마음은 지금 여기에 온전히 현존하지 않는다. 매일의 수련을 통해 요가는 목표를 향해 돌진하려는 습성을 서서히 태워 없앤다. 날마다 요가를 수련할 때, 우리는 현존이라는 길을 걷게 되며, '지금'을 받아들이는 법을 배우게 된다. 미래를 상상하면 평화로울 수 없다는 뜻이 아니다. 그러나 특정 자세의 숙달을 요가 수련의 유일한 목적으로 삼는다면, 지금 이 순간을 벗어나게 될 것이다.

요가라는 여정에 관해 (아마 삶에 관해서도) 가장 이해하기 어렵고 역설적인 진실 중 하나는 우리가 미래에 얻으려고 바깥에서 추구하는 모든 기쁨, 행복과 자유가 실제로는 바로 지금, 여기에 있다는 것이다. 우리가 할 일은 그저 그것을 실제 있는 그대로 경험할 수 있도록 마음을 편안히 이완하는 것이 전부다.

요가 수행자의 용감한 가슴

고통받는 동물의 소리는 너무나 애처롭게 느껴진다. 그 소리는 고통의 적나라한 표현이며 즉시 동정심을 불러일으킨다. 수련하거나 살아가는 동안 자신이 작고 고통받는 동물처럼 느껴질 때면 바로 고통을 회피해 버리고 싶을 것이다. 그러나 아쉬탕가 요가는 정화로 향하는 길을 걷는 동안, 어떤 종류의 통증과는 동행하면서 수련하도록 내면의 동물을 훈련할 것을 요구한다. 만일 내면의 동물이 고통받을 때마다 수련을 그만두어 버린다면, 어렵고 도전적인 자세를 만날 때마다 포기하게 될 것이다.

우리에게는 고통스러울 때 내는 각자의 소리가 있다. 끙끙 앓는 사람도 있고 훌쩍이거나 땅이 꺼질 듯한 한숨을 내쉬기도 한다. 어떠한 소리도 내지 않고 그냥 구부정한 자세로 있거나 뾰로통한 표정을 짓기도 한다. 자신이 경험하는 일에 대해 이런 반사적 반응이 나오고, 이런 반응이 나의 행동을 이끌도록 둔다면, 부정적인 패턴으로 굳어질 수 있다. 깊은 삼스카라가 바사나로 자리 잡는 것이다. 이러한 패턴이 뿌리내리면 우리의 치타(마음)에 자동 프로그램처럼 실행된다. 인터미디어트 시리즈를 통해 공포, 통증, 스트레스 및 도전에 직면했을 때 우리의 신경계를 조절할 수 있는 능력을 기를 수 있다. 이런 식으로 요가는 균형 잡힌 감정 상태로 역경에 직면하도록 마음을 훈련한다.

소리를 낼 에너지가 있다면, 자세나 움직임에 사용할 에너지도 있는 것이다. 그러니 그 순간의 잠재력을 소리로 풀어 버리는 대신, 에너지를 내면으로 향하게 하고, 그 순간의 절박함을 이용하여 내면으로 더 깊이 들어가 보자. 이런 감정에 직면했을 때 하는 행동은 대체로 삶에서 얼마나 잘 적응하고 앞으로 나아갈 수 있을지를 결정할 것이다. 통증이나 위험이 닥쳤을 때 마음이 안정되고 고요하도록 훈련하는 대신, 무너져 내리고 그만두고 포기해 버리고 내면의 고통받는 동물에게 굴복해 버린다면 실패할 수밖에 없다. 고통스럽고 어려운 상황을 헤쳐 나가려면 마음이 강인해지고 균형 잡히고 맑아지고 공감하는 법을 익혀야 한다. 수련자는 인터미디어트 시리즈 수련을 통해 큰 시험대에 오르게 될 것이다.

나 역시 이 시험을 다 통과한 것은 아니다. 요가 수련자로서 나는 반복적으로 이 시험을 치르고 있다. 최근의 예로, 아쉬탕가 요가의 네 번째 시리즈를 배우면서 파리브리따아사나(회전하고 또 회전하는 자세) A, B라고 하는 자세 때문에 의심과 공포, 혼동과 아픔을 경험하게 되었다. 내 안의 고통받는 동물이 울부짖었다. 파리브리따아사나 A, B를 하면 공간적 방위 감각을 상실했고, 내 몸의 가능성에 대한 의구심이 들었을 뿐 아니라 호흡이 어려웠고, 수련의 개념에 대한 기존 생각이 무너졌다. 마이소르에 계신 나의 스승 R. 샤랏 조이스의 지도가 없었다면 절대 해내지 못했을 것이다.

처음 이 두 자세를 했을 때는 말 그대로 위아래, 좌우, 들숨과 날숨을 구분할 수 없었고, 오직 두려움, 공포, 불안감을 느낄 뿐이었다. 솔직히, 혼자 수련할 때면 끙끙 앓는 소리를 내고 징징대기도 했다. 그러나 파리브리따아사나 A, B의 강한 움직임 덕분에 나의 등은 강인해졌고 약간 있던 척추 옆굽음증이 해소되었다. 이 움직임을 배우는 과정에서 올라오는 깊은 감정이 두렵기도 했지만, 나는 계속 수련을 이어 갔고 지금은 모든 것이 더 분명해졌음을 느낀다. 인터미디어트 시리즈의 깊은 후굴 자세들을 할 때 이처럼 강력한 감정을 경험할 수 있을 것이다.

요가는 어떤 감정이 일어나고 어떤 일이 벌어져도 마음이 안정되어 있게 하고, 여기서 얻어진 자유를 통해 의식의 방향과 흐름을 제어할 수 있도록 마음을 훈련하는 과정이다. 수련에서 마주하는 감정은 우리에게 주어지는 시험이다. 아사나 수련은 스트레스 받는 상황을 인위적으로 만들어서, 삶에서 진짜 스트레스 받는 순간에 반응하는 법을 신경계에 훈련하는 기회를 준다.

인터미디어트 시리즈의 후굴 자세를 수련할 때, 많은 수련자가 가쁜 호흡, 좁아진 기도, 호흡 곤란, 그리고 뒤따르는 공포심 때문에 자세에서 나와 버린다. 이에 대해 수련자가 그 자세를 하면 안 된다는 뜻으로 해석하는 사람도 있다. 그러나 아쉬탕가 요가는 마음을 균형 잡는 법을 배워서, 마음이 즐거움과 고통, 집착과 회피를 모두 똑같이 안정된 상태로 만날 수 있게 하려는 것이다. 어려운 상황에서, 특히 호흡이 어려운 상황에서, 도망쳐 버린다면, 언제나 무언가를 피해 도망치게 될 것이다. 만일 마음의 균형을 유지할 수 있고, 의식이 한곳에 집중될 수 있도록 훈련하는 내적 수련을 꾸준히 한다면, 요가 수련의 힘이 발휘되는 것을 느끼게 될 것이다.

신체적인 요가 수련을 할 때는 각 자세와 움직임에서 상반되는 힘의 균형을 찾는 것이 중요하다. 예를 들어, 안쪽으로 회전할 때는 반드시 바깥을 향하는 힘으로 균형을 잡아야 한다. 슬픔 없이는 기쁨도 없듯이, 부드러움 없이는 강함도 없다. 각 자세에는 인간 감정의 심연을 아슬아슬한 줄타기로 건너는 것과 같은 요소가 담겨 있다. 태양경배의 첫 번째 호흡에서는 어깨를 바깥으로 회전하여 양팔을 들어 올리는 동시에, 안으로 향하는 에너지 나선을 따라 양손을 모아 합장한다. 각 아사나에는 균형을 만들고 상반되는 힘을 이용하기 위한 작용과 반작용이 다양하게 담겨 있다. 신체의 균형은 상반되는 두 가지 힘의 완벽한 균형이 만들어 내는 역동적 상태이며, 그럴 때 마음의 조화와 평화가 뒤따른다.

요가에서 아름다운 자세는 궁극의 목적이 아니다. 요가의 길이 정말로 가르쳐 주는 것은 아사나를 활용하여 삶의 깊은 패턴을 통찰하는 안목을 얻는 법이다. 아사나 수련은 맑은 눈으로 분명히 볼 수 있게 해 주며, 삶에서 감정의 소용돌이에 휩쓸릴 때 빠져나오도록 돕는 사다리와 같다. 출구를 찾지 못한 채 고통의 쳇바퀴 속에 앉아 있는 대신에 요가를 수련하면 분명하게 통찰하는 힘을 얻게 되며, 현미경으로 확대하여 보듯이 문제를 더 정확하고 온전하게 볼 수 있다. 또한 삶의 오르내림—고통, 기쁨, 실패, 성공 등—을 더 넓은 시각으로 보게 해 주는데, 이것이 아사나 수련을 더욱 가치 있게 한다. 요가 수행자는 고통을 피해 도망가는 대신에 타파스를, 매일의 수련에 수반되는 정신적, 신체적, 감정적 고통을 받아들인다. 고통이 일어날 때 편안함을 좇아 도망치는 대신에 마주한 고통에 자신을 내맡기는 것은 요가의 오랜 전통의 가르침이다. 그렇게 힘 있는 안정된 자리에서 진정한 요가 수행자의 정신이 길러질 수 있다.

디르가 칼라(긴 시간)

카포타아사나 만들기, 핀차마유라아사나(꼬리 펼친 공작 자세)에서 균형 잡기, 또는 다른 자세의 성공 같은 신체적 목표의 빠른 달성에 중점을 두고 수련한다면, 요가 수련이 버겁게 느껴질 수 있다. 빠른 결과를 얻기 위해 몸을 강하게 밀어붙이면, 도리어 몸이 약해져서 부상으로 이어질 수 있으며 회복에 몇 년이 걸릴 수도 있다. 요가 관련 부상을 경험하면 수련의 효과를 의심하게 될 수도 있다. 아쉬탕가 요가의 인터미디어트 시리즈에서 특정 목표를 향해 질주하는 것은 바람직하지 않다.

사실, 요가의 길에서 어떠한 목표를 향해 너무 급히 서두르면 이 수련의 깊은 영적 목적을 놓치게 된다는 말도 있다. 목표를 향해 몸을 지나치게 밀어붙이면, 실제로는 자신이 가까워지고 있다고 믿는 바로 그 목표로부터 도리어 멀어지는 결과를 초래하기도 한다. 요가 수련을 오래 지속하려면, 몸이 성장하고 발전하고 변화하는 데 필요한 시간을 충분히 허용하는 지혜가 필요하다. 요가 관련 부상을 겪지 않기를 진심으로 바란다. 그리고 만약 부상을 입게 되면, 얼른 회복되고 결국에는 더 건강해지도록 몸을 재훈련하는 기회가 되기를 바란다.

수련자들이 요가 수련 진도에 관해 조급함을 보이거나, 얼마나 더 수련해야 결과가 나올지 궁금해할 때, 구루지는《요가 수트라》1장 14절을 종종 인용했다. 이 절의 산스크리트 어를 번역하면 다음과 같다: "긴 시간, 중단 없이, 열심히 실천해야 요가 수련이 잘 자리 잡는다". 디르가(dirgha)는 '긴'을, 칼라(Kala)는 '시간'을 의미한다. 수련에서 눈에 보이고 오래가는 결과를 얻으려면 이렇게 긴 시간 꾸준히 노력해야 한다. 《요가 수트라》에서는 시간을 분, 시간, 달 또는 연 단위로 표현하지 않으며, 역사의 한 시대나 한 생애를 기본으로 시간을 본다고 봐야 할 것이다.

이러한 맥락으로 디르가 칼라를 해석하면, 요가의 진정한 이로움을 경험하는 데 필요한 최소한의 시간은 한 사람의 평생이라고 볼 수 있다. 구루지도 정확히 이렇게 말했으며, 수련의 이로움이 쌓이려면 적어도 평생에 걸친 요가 수련이 필요하다고 했다. (물론, 여기서 말하는 이로움이란 수련을 시작한 초기부터 누리기 시작하는 여러 가지 효과와 건강 증진, 맑은 정신, 활력 등 가시적인 이로움보다는 요가의 깊은 영적 은총을 가리킨다.) 평생 수련한 뒤에야 진정한 이로움을 누릴 것이라는 옛 생각을 받아들일 수 있다면, 어떤 자세나 결과를 지금 당장 이루고 싶어 하는 급한 욕망에서 자유로워질 수 있다. 그리고 당장 오늘, 내일 또는 특정 기간 안에 어디까지 당도해야 한다는 압박에서 벗어나 겸허하게 매일 수련을 하고 평생에 걸쳐 요가에 대한 열정을 지켜 갈 수 있다. 본래 요가는 이미 이룬 결과에 대한 과거의 모든 기억과, 언젠가 이룰 결과에 대한 미래의 기대를 내려놓고, 지금 이 순간으로 오라는 부름이다.

어떤 기술이나 분야를 완전히 익히는 데 걸리는 시간을 생각해 보자. 여러 해에 걸친 헌신, 전념, 몰두는 꼭 필요한 전제 조건이다. 어떤 사람이 의사나 콘서트 바이올린 연주자, 또는 어느 분야의 전문가가 되려면 십 년 가까운 시간이 걸린다. 요가 수련은 내적인 자각 전문가가 되는 법을 배우는 과정이다. 이 분야의 공부도 다른 분야처럼 많은 인내와 꾸준한 전념이 필요하다. 의대에 입학한 첫날에 환자를 수술하려 한다면, 거의 모든 사람이 위험하다며 말리려 할 것이다. 요가를 수련할 때 준비되지 않은 상태에서 고난도 자세와 복잡한 호흡법을 시도하는 것도 이와 같다. 초보자는 자신의 현재 위치와 상태에 알맞게 수련에 들어가고, 더 앞서 있는 듯 보이는 자리에 가고 싶은 욕구나 기대, 좌절을 놓아 버리고 지금 자신이 있는 자리에서 시작하는 겸손함이 필요하다. 아쉬탕가 요가의 인터미디어트 시리즈를 시작할 때, 요가 공부를 심화하기 위한 대학원 과정의 시작이라고 생각해 보자. 충분한 시간을 주고, 배움의 과정을 서두르지 말자.

요가 수련의 결과를 평생의 삶에 맡기려면, 자신의 개별 에고보다 훨씬 크고 위대한 힘에게 이 삶을 관장하도록 내맡기는 마음가짐이 필요하다. 한평생이 시간의 바다에서는 물 한 방울에 불과한 영원의 시각에서 수련을 바라보면 겸허해진다. 고통의 순환에서 해방되는 일은 어느 오후에 쇼핑을 하거나 커피를 마시듯 쉽게 얻을 수 있는 것이 아니다. 그런 해방의 순간에 이르려면, 헤아릴 수 없는 시간들, 날들,

심지어 생애들에 걸친 느리지만 꾸준히 나아가는 노력이 필요하다. 조금 더 미시적 관점에서 오늘의 수련에 적용할 수 있는 수업은 바로 인내와 시각이다.

나는 요가를 수련하기 시작했을 때 환생이나 깨달음, 영원한 진실과 같은 깊은 철학적 개념을 전혀 알지 못했다. 인터미디어트 시리즈를 시작했을 때는 '팔 균형 자세'를 하고 싶었고, 어려운 자세들을 해내고 싶은 마음뿐이었다. 도전적인 자세들에 빨리 숙달해야 한다는 압박감 때문에 요가가 요구하는 깊은 수련을 등한시하기도 했다. 나 자신에게 실망하고 분노하거나 자신을 비난할수록 내가 얻고 싶었던 최종 결과는 오히려 점점 더 멀어졌다.

구루지를 처음 만났을 때, 요가는 얼마나 많은 자세에 숙달했느냐로 평가되는 것이 아니라, 내적인 헌신의 깊이로 평가된다는 점을 분명히 배웠다. 《요가 수트라》 1장 14절에서 나이란타리야(nairantarya)는 '중단 없이'를 의미하며, 이 말은 평생에 걸쳐 요가를 수련하면 요가 매트 위의 삶이든 밖의 삶이든 당신의 삶 전체가 반드시 깊이 변화한다는 것을 의미한다. 수련이 잘 되든 안 되든 재미있든 괴롭든 보람 있든 지루하든 뭔가를 깨우치든 상관없이, 매일 수련하는 것은 수련과 맺는 헌신적 관계의 필수적인 부분이다. 만일 내면과의 헌신적 관계에 수련의 결과를 온전히 내맡기고자 하고 그럴 수만 있다면, 자신의 의도와 목적이 요가의 가장 깊은 약속과 일치하게 될 것이다. 만일 모든 것을 지금 당장 얻고 싶어 한다면, 그것을 얻기 위해 종종 많은 것을 희생하게 될 것이다. 만일 신체 자세를 완벽하게 하는 것이 아닌 내면의 평화를 목적으로 삼는다면, 지나치게 노력하여 관절을 상하게 하는 대신 편안히 이완하는 상태로 수련할 수 있고, 평생에 걸쳐 매일 수련할 수 있을 것이다. 헌신은 수련하는 동안 길러지는 것이다. 먼저 자기 자신에게 헌신하고, 다음에는 스승과 체계에 헌신하며, 마지막에는 신성(神性)에게 헌신한다.

요가 수련의 진정한 목적을 깨달았다면 자신의 목적을 그에 맞추어 재조정하면 된다. 《요가 수트라》 1장 14절에 따르면, 수련자가 요가의 더 깊은 목적인 영적 깨달음을 얻으려면 수련에 모든 정성을 다 쏟아야 한다. 삿카라세비토(Satkarasevito)는 '정성을 다하여'를 의미한다. 요가의 더 깊은 목적을 알아차리면, 요가 수련자는 요가의 핵심인 평생에 걸친 영적 수련을 진실로 원하는지 판단하기 위하여 자신을 돌아보아야 한다. 단순히 재미나 즐거움을 위해서 수련한다면 최종 목적지에 다다르지 못할 것이며, 어려움이나 지루함, 또는 영적인 길을 걷는 동안 피할 수 없이 마주치게 되는 장애물을 만날 때 요가에 등을 돌리게 될 것이다. 내 경험에 비추어 보면, 요가 수련을 내면의 신성을 깨닫는 길로 이해하는 수련자일수록 오랫동안 꾸준히 수련하는 데 필요한 믿음과 힘, 끈기를 가지고 있었다.

요가 여정에는 끝이 없다. 매 수련은 내적 자기의 더 깊은 수준들을 계속 깨달을 새로운 기회를 제공한다. 요가의 목적은 눈에 보이는 세계 아래 숨겨진 영원한 진실이며, 마침내 신성을 깨닫는 것이다. 영원으로 나아가기 위해 서두를 필요는 없다. 영원은 항상 거기 있을 것이기 때문이다. 요가를 수련하는 사람이면 누구나 헌신을 통해 진정한 영적 여정을 위한 힘을 가질 수 있다.

3

신성한 공간의 소리 –
시작하는 기도, 마치는 기도

모든 아쉬탕가 요가 수련은 전통에 따라 산스크리트 어로 영창하는 기도로 시작하고 마무리된다. 시작하는 기도로 수련의 영적 의도를 세우고 신성한 공간을 만든다. 마치는 기도로는 가슴을 열어 모든 존재의 평화를 기원한다. 흔히 시작 만트라, 마치는 만트라로 알려져 있는데, 엄밀히 말하면 만트라는 아니다. 만트라는 베다(Veda)로 알려진, 고대 리쉬('보는 자')들의 영적 가르침에 담긴 신성한 문구다. 시작하는 기도문 중 일부는 아드바이타 베단타 학파의 스승인 아디 샹카라차리야가 지었다고 전해지며, 마치는 기도문은 스와스티 바차캄(축복의 말)이라는 전통 기도문집에서 유래한다.

아쉬탕가 요가 수련자에게 이 기도문들은 가슴과 마음을 요가의 영역으로 옮겨주는 마법 같은 이국적인 소리로 이루어져 있다. 시작하는 기도문과 마치는 기도문은 언어가 아닌 소리의 힘을 이용하여 글귀의 뜻을 초월하는 상태를 자아 낸다. 클래식 음악이 논리적 생각을 초월하여 가슴과 마음을 열어 주듯이, 이 기도문들도 아쉬탕가 요가를 통해 영적 여정으로 나아가는 창을 열어 준다.

아쉬탕가 요가의 시작하는 기도를 처음 들은 순간은 절대 잊지 못할 것이다. '옴(OM)' 소리 그 자체만으로 변화가 느껴졌을 뿐 아니라, 선창하고 따르는 방식으로 영창한 시작하는 기도와 마치는 기도의 말들은 내 안에서 형용할 수 없는 무엇인가를 열어 주었다. 새로운 수련자가 첫 아쉬탕가 요가 수련에서 나를 따라 시작하는 기도문을 영창할 때마다 그때의 기분이 떠오른다. 논리적 생각을 내려놓고 가슴을 열어야 비로소 그 기이하고도 새로운 소리는 수련자의 가슴에 진정한 반향을 일으킬 수 있다. 각 소리에 대해 너무 많이 생각하면 선생님의 선창을 따라 영창하지 못할 것

48

이다. 그러니 그냥 그 울림과 진동이 내면 깊은 곳에서 울려 나오게 놓아두자. 여러 해 동안 수련하다 보면 자연스럽게 발음이 좋아질 테니, 처음에는 완벽하게 하려 하지 말고 그저 가슴만 열어 놓자.

혼자 수련할 때도 이 기도문들을 매일 수련에 포함하는 것이 중요하다. 전통적으로 이 기도문은 사마스티티(바르게 서는 자세)에서 두 손을 모아 기도하는 자세로(사진 3.1 참조) 영창한다. 큰 소리로 영창할 필요는 없으며, 기도문이 가슴의 중심으로 스며들도록 두면 된다. 발음은 지도자에게 직접 들으면서 배우는 것이 제일 좋다. 만약 혼자 읽으면서 익히고자 한다면, 하나의 소리는 하나 또는 여러 개의 모음에 하나 또는 여러 개의 자음으로 이루어짐을 기억하면 산스크리트 어 음역에 도움이 될 것이다. 발음을 위해 음역하는 것이므로 각 단어를 보면서 발음을 분석할 필요는 없다. 스페인 어나 다른 언어를 읽는 것처럼 적절한 악센트를 위한 발음 구별 기호를 따라 말 그대로 소리를 내면 된다.

이 기도문들은 모든 참석자가 내는 '옴(OM)' 소리로 시작하며, 조화롭게 어우러지는 소리를 낼 때 가장 좋다. 수업할 때마다 이 소리가 늘 조화롭게 어우러지는 것은 아니지만, 조화에 성공할 때는 성스럽다고 말할 수밖에 없는 느낌을 자아낸다. '옴'은 노래 속의 한 음에 불과한 것이 아니며, 그 자체로 신성(神性)을 상징한다. 전통에 따르면, 그 의미를 새기며 낼 때 '옴' 소리는 내면에 있는 신성의 현존을 일깨운다고 한다. 파탄잘리의《요가 수트라》에서는 '옴'이 모든 형상을 초월한 신성의 체현이라고 한다. 또한 "타시야 바차카 프라나바하(tasya vachaka pranavah, 요가 수트라 1장 27절)"라고 하는데, 이 말은 '옴'이 내면의 '보는 자(seer)'이자 고대인들의 초월적 스승인 이슈와라(Ishvara)를 나타낸다는 뜻이다. '옴'은 특정한 신이 아니라 이 근본적인 신성한 힘을 나타낸다.

'옴' 소리는 함께 흐르는 네 부분으로 이루어진다. 때로는 AUM으로도 표기되지만 그래도 늘 '옴(OM)'으로 발음된다. A는 입을 여는 것, 그리고 우리가 함께 경험을 공유하는 '깨어 있는 상태'를 나타낸다. U는 각자에게 독특하며 함께 공유하지 않는 '꿈꾸는 상태'를 나타낸다. M은 입을 닫는 것, 그리고 '꿈도 없이 깊이 잠든 상태'를 나타낸다. 마음의 모든 활동이 멈춘 상태이며, 명상에 깊이 잠긴 상태, 외부 세상에서 감각을 철수한 상태가 여기에 포함된다. '옴'의 네 번째 부분은 그 소리 자체의 여음(餘音)으로서 최종 상태인 사마디(samadhi)를 나타내는데, 사마디는 명상적 자각에 완전히 몰입한 상태를 가리킨다. '옴'의 이 네 가지 측면은 삶의 네 단계를 상징하기도 한다. A는 탄생, U는 삶, M은 죽음을 의미하는 것이다. 네 번째 상태는 요가 수련으로만 이를 수 있는 경지라고 하며, 뚜리야(turiya) 상태라고 불리기도 하는,

사진 3.1

순수 의식의 명상적 상태라고 여겨진다.

매 수련을 '옴' 소리로 시작하고 마무리하면 요가 수련자로서 따를 길이 열린다. 그 공간에서 이어지는 기도문은 가슴속에 더 깊이 뿌리내릴 것이다. 시작하는 기도문은 두 가지 출처의 글로 이루어져 있다. 하나는 샹카라차리야의 〈요가 타라발리(Yoga Taravali)〉로서 프라나야마의 내적 의미와 쿤달리니의 성질을 알려 주는 짧은 글이고, 다른 하나는 파탄잘리에게 바치는 전통 기도문이다. 그러나 전통 기도문이 흔히 그렇듯이, 전해 내려오는 과정에서 다양한 시기에 다양한 장소에서 사용되었기에 정확한 기원을 알기는 어렵다. 중요한 점은 이런 기도문이 분명 영적 기도문이긴 하지만, 그렇다고 하여 종교적 색채를 가진 것은 아니라는 것이다.

이런 기도문을 읽을 때는 책을 읽듯이 읽기보다는 시를 낭송하듯이 읽어 보자. 기도문에 담긴 비유들을 찾아보고, 기도문을 거울처럼 활용하여 자기의 내면을 들여다보자. 아래에는 시작하는 기도문과 마치는 기도문을 한 행씩 번역했고, 각 행의 더 깊은 의미에 대한 내 개인적인 해석을 덧붙였다. 나의 해석을 절대적인 것으로 받아들이지 않기 바란다. 그저 어두운 방을 밝히기 위해 촛불을 하나 더 켜듯이, 내적 여정의 대화에 추가하는 정도로 받아들였으면 한다. 자기만의 의미를 찾아내 이 기도문을 자신의 것으로 만들어 보자.

기도문에 대한 설명

시작하는 기도문의 첫 행은 스승의 지혜에 겸손하게 존경을 표하는 말로 시작한다. 전통적으로 스승의 발에는 축복이 깃들어 있다고 한다. 나는 구루지와 함께한 수련을 마칠 때마다 그분의 발을 만지는 행위로 존경을 표하곤 했다. 이 구절을 영창하며 수련을 시작하면, 수련자는 이 수련의 토대를 전해 준 스승들의 계보에 감사를 표하게 된다. 구루는 원래 의식을 일깨우고 어둠을 몰아내는 존재를 의미한다.

둘째 행은 구루의 영적 업적을 가리킨다. 구루는 내면에 기쁨과 지혜를 품고 있으며, 동시에 제자의 가슴속에서도 기쁨과 지혜를 일깨워 줄 힘을 지니고 있다.

다음 두 행에는 내면 여정의 상징이 풍부하게 담겨 있다. 파탄잘리는 무지에 기인한, 삼사라의 독(毒)인 망상을 치료하는 밀림의 치유자로 표현된다. 고대 인도에서 밀림의 치유자는 바이디야(vaidya)로도 불렸고, 마하라자(왕)들은 자연 치유에 관한 지식을 갖춘 담당 바이디야를 두고 있었다. 오늘날 우리는 밀림의 치유자가 필요하지도 않고 실제 밀림에서 살지도 않겠지만, 우리 내면에는 복잡하게 얽힌 생각의 밀림이 있다. 축적된 삼스카라는 거대한 밀림을 만들고, 이 밀림은 우리의 눈을 가려 분명히 보지 못하게 한다. 얽히고설킨 생각, 느낌과 기억이 우리의 현실을 지배하는 것이다. 이런 내면의 혼란에서 빠져나오는 길을 찾은 이가 바로 파탄잘리이기에 그의 이름과 전통에 연결된 요가 체계는 우리 여정의 지도와도 같다. 매 수련은 마음의 밀림 속에서 복잡하게 얽힌 망상을 쳐 내는 작업이다. 매 호흡은 내면의 무성한 밀림에서 벗어나는 길을 보여 주는 힘을 가지고 있다. 길이 보이면 모든 망상이 사라지고 현실을 분명히 볼 수 있을 것이다.

시작하는 기도문의 두 번째 문단에서 파탄잘리는 성스러운 뱀 아디셰샤의 화신으로 묘사된다. 그의 몸은 반은 인간, 반은 뱀이라고 한다. 그 뱀은 사하스라라 차크라(정수리 차크라) 위로 연꽃처럼 피어나는 천 개의 빛나는 흰 머리를 가지고 있다. 이는 아쉬탕가 요가의 궁극의 목적인 완전한 자각의 사마디 상태를 상징한다. 파탄잘리는 검과 소라고둥, 원반을 들고 있다. 이 세 가지는 요가 수련자가 내면의 여정에서 만나게 되는 영적인 전투를 상징하며, 영적인 길을 가는 동안 마주치는 장애물을 제거하는 무기로 사용된다.

검은 망상을 베고 현실을 명확히 드러내는 힘이 있다. 그리고 모든 지각 있는 존재 안에 본래 선함으로 존재하며 밀림을 거부하는 올바른 행위 규범을 의미한다.

소라고둥은 인간과 소통하고자 하는 신의 의지를 의미한다. 소라고둥은 쉬바 신과도 관련되는데, 그는 자신의 장대한 여정을 마무리하면서 소라고둥을 불며, 쉬바 샹카라(소라고둥을 부는 쉬바)로 불리기도 한다. 소라고둥은 전통적으로 전투의 개시를 알리기 위하여 불었다. 예를 들어, 아르주나는 《바가바드 기타》에서 전투 개시 신호로 소라고둥을 사용하며, 그는 크리슈나 바로 옆에서 소라고둥을 입 가까이 든 모습으로 종종 그려진다. 소라고둥은 승리의 상징이기도 하며, 그 소리는 인도의 사원에서 상서로운 기운을 불러들이기 위해 이용된다. 파탄잘리의 체계는 내면에서 벌어지는 속세의 고락(苦樂)과 신성한 무집착 사이의 전투에서, 고통의 순환을 끊고 승리할 기회를 제공한다.

마지막으로, 원반은 수다르샨 차크라로 불린다. 차크라(chakra)는 '바퀴 또는 원반'을 의미하고, 수다르샨(Sudarshan)은 크리슈나의 여러 이름 중 하나다. 원반은 비슈누 신이 세운 질서, 리듬, 예측 가능성을 상징한다. 크리슈나는 비슈누 신의 화신으로서 원반을 무기로 악을 제거하고 정의가 정착될 수 있는 환경을 조성했다. 원반은 크리슈나의 손에서 움직이는 것으로 그려지곤 한다. 시작하는 기도문의 맥락에서 원반은 파탄잘리의 시간과 카르마에 대한 승리를 상징한다고 볼 수 있다.

기도문은 수련자가 스승과 계보를 향해 드리는 존경을 의미하는 또 한 번의 경배로 마무리된다.

마치는 기도문은 가슴을 열어 모든 존재의 평화를 기원하게 한다. 만일 수련으로 좋은 에너지를 모았다면, 이제는 스스로를 기분 좋게 하는 데에서 그치지 않고 요가 수련의 혜택이 삶 전체에 스며들게 하는 것을 목적으로 삼아야 한다. 수련을 마친 뒤 더 평화로운 세상을 위해 기도하면, 그 기도의 청명함과 진동은 더 강력해지고 더 큰 효과를 발휘하게 될 것이다. 마치는 기도문은 우리에게 단순히 자기를 계발하는 데 그치지 않고, 자신의 요가를 매트 바깥의 세상으로 넓히도록 요청한다.

암소는 신성의 상징이며, 마치는 기도문에 신성의 의미로 포함되어 있다. 브라만은 전통적으로 지상에서 성스러운 지식을 수호하는 사람들로 인식되었고, 그들의 영속을 바라는 것은 이 세상에서 요가적 지식이 영속하기를 바라는 것과 같다.

아래에서는 기도문의 산스크리트 어 원문, 음역, 해석을 보여 주고 한 단어씩 설명한다.

아쉬탕가 요가의 시작하는 기도

ॐ
वन्दे गुरूणां चरणारविन्दे सन्दर्शति स्वात्म सुखाव बोधे ।
निःश्रेयसे जङ्गलिकायमाने संसार हालाहल मोहशांत्यै ॥
आबाहु पुरुषाकारं शंखचक्रासि धारिणम् ।
सहस्र शरिसं श्वेतं परणमामि पतञ्जलिम् ॥
ॐ

옴
반데 구루남 짜라나라빈데 산다르시따 스와뜨마 수카바 보데
니 쉬레야세 장갈리까야마네 삼사라 할라할라 모하샨띠에
아바후 뿌루샤까람 샨카차끄라시 다리남
사하스라 쉬라삼 슈웨땀 쁘라남아미 빠딴잘림

구루의 연꽃 발밑에 절합니다.
참나의 행복을 일깨워 알게 하시고,
비할 수 없는 밀림의 치유자로서

삼사라의 독인 망상을 잠재워 평화롭게 하십니다.

어깨 아래에 인간의 모습을 하시고서
소라고둥과 원반, 검을 드시고
천 개의 빛나는 하얀 머리를 가지신
파탄잘리, 그분께 경배합니다.
옴

∽

반데: 경배하다
구루남: 구루들의
짜라나라빈데: 두 연꽃 발에 (짜라나 = 발, 뿌리; 아라빈다 = 연꽃)
구루의 연꽃 발밑에 절합니다.

산다르시따: 깨우다, 나타내다, 드러내다, 보이다
스와뜨마: 자기 자신 (스와 = 자신의; 아뜨마 = 자기)
수카: 기쁨, 즐거움, 행복
아바 보데: 깨어난, 깨어나게 하는 자각, 이해
자기 안에 본래 있는 지고의 앎의 행복을 일깨우는

니 쉬레야세: 가장 높은 자보다 더 높은, 최고의 ('니 쉬레야세'는 최고의 비할 바 없는 명상/지복 상태에 이르는 의미로 종종 사용되며, 여기서는 이를 가능하게 한 사람의 연꽃 발과 연관된다. '니'는 전치사구; 쉬레야세 = '지복의, 행복한, 가장 뛰어난)
장갈리까야마네: 밀림의 치유자 또는 의사 (장갈 = 정글, 야생; 까야마네 = 밀림의 식물과 허브에 관한 지식을 보유한 치유자)
삼사라: 조건지어진 존재, 탄생과 재탄생의 순환
할라할라: 뱀, 삼사라의 독
모하: 무지, 착각, 망상
샨띠에: 평화를 가져오는
조건지어진 존재의 독에서 나오는 (프라크리티를 자신으로 여기는) 착각을 가라앉혀 평화롭게 하는

아바후: 팔

뿌루샤까람: 사람의 형상 또는 모습 (뿌루샤 또는 푸루샤 = 개별 영혼; 아까람 = 모습, 형상)

팔과 그 위로 사람의 모습을 한

샨카: 소라고둥 (프라나바/'옴' 소리를 냄)

차끄라: (또는 차크라) 시간의 바퀴, 원반

아시: 판별하는 검

다리남: 들고 있는

소라고둥과 원반, 검을 들고 있는

사하스라: 천 개, 무한한

쉬라삼: (또는 쉬르샤) 머리

슈웨땀: 하얀, 밝은, 빛나는

천 개의 하얀 머리를 가진

쁘라남: 절하다, 경배하다

아미: 나

빠딴잘림: 파탄잘리

파탄잘리, 그분께 경배합니다.

아쉬탕가 요가의 마치는 기도

स्वस्तिप्रजाभ्यः परिपालयंतां न्यायेन मार्गेण मही महीशाः ।
गोब्राह्मणेभ्यः शुभमस्तु नित्यं लोकाः समस्ताः सुखनिोभवंतु ॥
ॐ शान्तिः शान्तिः शान्तिः

스와스띠쁘라자비야하 빠리빨라얀탐 니아예나 마르게나 마힘 마히샤하

고브라마네비야하 슈바마스뚜 니띠얌 로까하 사마스따하 수키노 바반투

옴 샨띠 샨띠 샨띠

모든 사람이 안녕하기를,
세상의 지도자들이 올바른 길을 지켜 모든 면에서 보호하기를,
지구의 신성함을 아는 이들에게 은총이 있기를,
모든 세상이 행복하기를.

스와스띠: 안녕, 번창, 성공, 은총, 좋은 기운

쁘라자비야하: 모든 사람 (쁘라자 = 인류, 모든 존재, 세대)

빠리빨라야: 지도자 또는 지도

니아예나: 정의로

마르게나: 방향, 길, 방식, ……으로

마힘: 지구, 세상, 나라, 국토

마히샤하: 지상의 지배자

모든 존재의 안녕이 지켜지고 보호받기를
지도자들이 우주의 법칙에 따라 세상을 다스리기를

고: 암소, 감각 기관

브라마네비야하: 브라만들의

슈밤: (또는 슈바) 복지, 상서로운, 행운

아스뚜: 일어나게 한다, 있게 한다

니띠얌: 항상, 영원히, 언제까지나

로까하: 모든 영역, 세계

사마스따하: 모든, 전체, 전부

수키노: 행복한

바반투: 부디 ……이기를 (부 = '……도록')

암소와 브라만들에게 항상 좋은 행운이 따르기를
모든 세계(영역)가 행복하기를

2부

수련
The Practice

일러두기

1. 해부학 용어의 경우, 대부분 우리말로 순화한 용어를 사용하였고, 과거에 사용하던 한자식 용어는 대개 괄호 안에 병기하였다. 예) 엉치뼈(천골). 예외) 고관절

2. 해부학 용어에 익숙하지 않은 독자들을 위하여 일부 용어는 익숙한 말로 대신하면서 괄호 안에 병기하였다. 예) 복장뼈 → 가슴 중앙(복장뼈)

4

태양경배

태양경배는 산스크리트 어로 수리야 나마스카라(Surya Namaskara)라고 하며, 몸을 정화하고 마음을 맑게 하는 깊은 정화의 불을 깨운다. 일견 단순해 보이는 이 일련의 움직임을 자세히 살펴보면, 태양경배가 왜 깊은 후굴(뒤로 구부리기), 강인한 물구나무서기와 엉덩관절(고관절) 열기의 기반이 되는지 이해할 수 있다. 스리 K. 파타비 조이스는 제대로 수련했을 경우, 이 태양경배의 범위 안에 전체 요가 수련이 함축되어 있다고 늘 말씀하셨다. 태양경배가 주는 깊은 가르침에 마음을 열어 두면, 한결 우아하고 지나친 애씀이 없는 수련을 할 수 있을 것이다.

만일 태양경배를 할 때 수련 후반에 나오는 재미있는 자세를 기다리며 단순히 암기한 동작들을 기계적으로 하면 그 핵심 가르침을 깨우치기 어렵다. 그러니 매 수련, 매 호흡에 감사하는 태도를 기르며, 매일 자신의 몸을 재발견하고 새로운 수련을 하도록 하자. 자기 몸의 영역에서 경험하고 발견하는 것들에 마음을 열어 놓자.

아쉬탕가 요가의 인터미디어트 시리즈를 시작하게 되면 기본적인 부분들에 의식적인 주의를 계속 기울이는 것이 중요하다. 그래야 수련의 모든 측면을 조화롭게 통합할 수 있기 때문이다. 태양경배 자세들은 기본적이고 어느 단계의 수련자도 할 수 있지만, 여기에는 고난도 자세에 접근하는 열쇠들이 담겨 있다. 바른 정렬 및 자세의 내적 에너지에 초점을 두고 마음이 내면을 향하게 하면, 태양경배는 아사나 수준이나 수련 기간과 무관하게 늘 새로운 느낌으로 다가올 것이다.

태양경배를 수련할 때마다 내적 정화의 불이 점화된다. 이 불은 정신을 맑게 하고 마음의 초점을 명료하게 내부로 향하게 한다. 모든 아쉬탕가 요가 수련자는 태양경배로 수련을 시작한다. 그러므로 이 시간은 마음을 내부로 돌리고, 감각은 미묘한 몸(subtle body)을 향하게 하고, 온전히 현존하기에 가장 좋은 때다. 미묘한 몸은 에너지 흐름에 대한 미세한 감각과 내적 세포 기능으로 이루어지는데, 이는 미묘하고 민감한 감각 능력을 통해서만 느낄 수 있다. 태양경배에는 실제로 아쉬탕가 요가 체계의 모든 자세를 위한 비결들이 담겨 있다. 그러므로 어떤 고난도 자세가 불가능해 보일 때마다 태양경배 자세를 살펴보면 자신의 움직임 패턴에 어떤 문제가 있는지 알아차릴 수 있을 것이다.

태양경배 각 자세의 상세한 정렬은 《아쉬탕가 요가의 힘》 1권에서 설명하고 있다. 여기에서는 인터미디어트 시리즈 수련자의 매일 수련에 지침이 되는 설명을 제공한다. 이 시리즈를 제대로 수련하려면 물라 반다(Mula Bandha)와 웃디야나 반다(Uddiyana Bandha)의 적용이 필수적이다. 도전적인 자세에서만 골반 기저근 활성화가 요구되는 것은 아니다. 수련의 첫 호흡에서부터 반다들을 활성화해 보자. 모든 움직임과 호흡은 바로 이 지점에서 시작하고 끝난다.

반다의 관점에서 아사나를 숙고하고 접근하면, 골반 기저근이 깨어나고 훈련되며 신체 수련에서 에너지 수련으로 초점이 이동된다. 신체적 몸에서 에너지 몸으로 초점을 전환하면, 태양경배가 척추의 늘임과 구부림 사이를 흐르는 조심스러운 움직임으로 인식될 것이다. 각 들숨과 날숨은 '밖으로 나감'과 '안으로 들어옴' 사이를 왕복하는 추의 한쪽 끝을 나타낸다. 그리고 이 부드러운 왕복 움직임은 호흡과 반다로 조절된다.

태양경배는 단순한 신체 수련이 아니라, 구부림과 늘임이라는 상반되는 두 힘 사이의 평형 속에서 균형 잡히고 명상적인 마음을 만들어 낸다. 이는 수리야 나마스카라의 동작에서 배울 수 있는, 인터미디어트 시리즈의 감정 여행이 주는 기본 가르침이다. 이 장의 마지막에 있는 자세 순서 사진을 참고하기 바란다.

태양경배의 모든 아사나는 한 번의 호흡 동안 유지한다. 단, 아도 무카 슈바나아사나(아래를 바라보는 개 자세)만은 예외인데, 태양경배 A에서는 다섯 번의 호흡 동안 유지하고, 태양경배 B에서는 세 번째만 다섯 번의 호흡 동안 유지한다.

흔히 '하나(에캄)'라고 불리는 수련의 첫 호흡에서 대다수 역자세(거꾸로 서는 자세)의 올바른 어깨 정렬이 준비된다(사진 4.2). 양팔을 머리 위로 들어 올릴 때마다 기본적으로 핀차마유라아사나, 바카아사나(두루미 자세) 및 아도 무카 브릭샤아사나 같은 더욱 도전적인 자세에 필요한 팔의 정렬을 익히게 된다. 우르드바 다누라아사나 및 카포타아사나 B에서 팔을 곧게 펴낼 수 있는 능력도 이 단순한 움직임 속에서 익히게 된다. 에캄이라는 첫 호흡, 태양경배 B의 첫 호흡인 웃카타아사나(의자 자세)

사진 4.1

또는 비라바드라아사나 A(전사 자세 I)를 할 때도 여기서 설명하는 어깨 정렬을 동일하게 유지하는 것이 중요하다.

　일반적으로 양손을 머리 위로 들어 올릴 때 어깨(어깨뼈)를 등 쪽으로 끌어내리라는 지시를 듣게 된다. 그러나 이 지시는 동작의 첫 단계에만 적용되는 것이다. 양팔을 옆으로 떨어뜨린 사마스티티(사진 4.1)에서 시작할 때, 먼저 목 주위에 공간을 만들어 주기 위해 어깨뼈(견갑골, 날개뼈)를 아래로 끌어내린다. 다음에는 앞톱니근(전거근)과 돌림근띠(회전근개)를 조이면서 어깨뼈를 몸 앞쪽 방향으로 감아 올린다. 팔과 팔꿈치도 앞으로 보내며 양손을 합장하고, 팔 근육 전체를 써서 손가락 끝을 위로 뻗어 올린다. 팔을 들어 올릴 때, 어깨뼈가 등 뒤에서 서로 멀어지며 몸통을 감싸듯 앞쪽 방향으로 회전되게 한다. 손과 가슴이 앞으로 충분히 이동한 다음, 양쪽 팔꿈치를 최대한 강하게 서로를 향해 당겨 주는 동안 어깨뼈가 들리도록 허용한다.

　머리 위로 뻗은 양팔이 몸 전체와 수직선을 이루는 지점에서 멈추지 말고, 팔의 모든 힘을 다 쓰면서 천장 쪽으로 뻗어 올린다. 수영 선수가 물속으로 뛰어들 때 팔을 앞으로 쭉 뻗는 느낌으로 천장이나 하늘을 향해 팔을 쭉 뻗어 올린다. 이 지점에서는 어깨를 등 쪽으로 끌어내릴 필요가 없다. 어깨를 끌어내리는 것은 동작의 시작 지점에서 목 주위 공간을 확보하기 위한 지침일 뿐이다. 팔을 쭉 펴서 양쪽 팔꿈치를 서로를 향해 누르며, 머리는 편안하게 뒤로 떨구어 엄지 쪽을 쳐다본다. 어깨세모근(삼각근)과 팔을 능동적으로 스트레칭 하며 강화하는 느낌으로 뻗어 낸다. 어깨가 들리거나 머리를 뒤로 떨어뜨릴까 봐 팔을 끝까지 뻗어 내지 않는 사람이 많은데, 오히려 이렇게 팔을 끝까지 뻗어 주었을 때 머리를 안전하게 뒤로 떨어뜨릴 공간이 확보된다. 여기에서 목의 위치는 후굴에서도 동일하게 요구되므로 시작부터 근육의 기억을 만들어 가는 것이 좋다. 팔꿈치 과신전(지나치게 늘어남)에 대해서는 너무 염려하지 말고, 길게 뻗어 내는 힘에 집중해 보자. 팔에 무게가 실려 있지 않으니 부상 위험이 없을 뿐 아니라, 몸통의 힘을 에너지 흐름으로 연결시킴으로써 장기적으로 관절을 보호할 수 있다. 한 번의 긴 들숨에 팔을 끝까지 뻗어 올리는 것이 원칙이다.

　인터미디어트 수련자로서 중점을 두어야 할 다음 부분은 우따나아사나(서서 앞으로 굽히는 자세; 사진 4.3) 전환 시 들어가는 힘 강화 동작이다. 몸을 들어 올리거나 점프하여 앞뒤로 이동하기 위해 코어와 어깨를 활성화하면, 인터미디어트 시리즈에 필요한 힘과 안정성을 기르는 데 도움이 된다. 세 번째 호흡(트리니)(사진 4.4)에서 점프 백(jump back) 동작을 할 때는 몸을 뒤로 던지는 것이 아님을 기억하자. (참고로, 트리니와 삽타는 같은 자세이며, 단지 자세로 들어가는 움직임, 나오는 움직임인 점에서만 다

사진 4.2

사진 4.3

사진 4.4

사진 4.5

르다.) 대신, 팔이음뼈(어깨뼈와 빗장뼈. 견갑대)를 안정시키고, 코어 근육을 활성화한 상태에서 어깨와 가슴이 양손 앞으로 가도록 무게중심을 기울인다. 골반 기저근을 조여서 엉덩이를 앞으로 점프한 뒤, 엉덩이를 안정된 팔 기반의 위로 보낸다. 다음에는 내쉬는 숨에 차투랑가 단다아사나(사지 막대 자세; 사진 4.5)로 가볍게 착지한다.

사진 4.6

사진 4.7

가능하면 적절한 점프 높이와 힘 활용을 지도해 줄 수 있는 지도자의 도움을 받아 이 움직임을 익히도록 한다.

아도 무카 슈바나아사나(사진 4.7)에서 앞으로 점프할 때도 유사한 신경근육 활성화를 익힐 수 있다. 태양경배 A의 일곱 번째 호흡인 삽타에서 앞으로 점프할 때 무

62

사진 4.8

룷을 구부리는 대신, 편 상태에서 어깨의 지지대를 향해 뛰어 곧바로 우따나아사나로 들어갈 수 있다. 이 동작을 연습하려면 어깨를 단단하게 하고 코어 근육을 중심선 쪽으로 강하게 끌어당기며, 숨을 들이쉬면서 앞으로 뛰어 준다. 이때 팔 근육을 단단하게 조여서, 가슴이 앞으로 이동하며 엉덩이가 천천히 내려가게 한다. 이 자세는 차투랑가 단다아사나로 점프 백을 할 때 쓰이는 자세와 같고, 태양경배 A와 B에서 모두 쓰일 수 있다.

여기에서는 물구나무서기를 할 필요가 없다. 이 동작의 목적은 단지 전체 수련

사진 4.9a   사진 4.9b

내내 힘의 기반을 이루는, 앞쪽으로의 무게 이동을 코어, 어깨에 학습시켜 연결 느낌을 깨워 내기 위한 것이다. 손목을 강화해 주는 효과도 있다. 그런데 여기서 물구나무서기를 시도하면, 지나친 부담이 되어 워밍업 부족으로 인한 손목 부상으로 이어질 수 있다. 그러니 억지로 물구나무서기로 올라가지 말자. 수련하는 동안 점프 스루(jump through)와 점프 백(jump back)을 제대로 할 수 있는 힘을 얻도록 움직임의 내적 기반을 만들어 보자. 사소해 보일 수 있는 이 움직임을 통해 바카아사나 B, 카란다바아사나 등 힘이 요구되는 인터미디어트 시리즈 동작을 위한 근육의 힘을 기를 수 있다.

차투랑가 단다아사나는 어려운 자세다. 제대로 된 정렬을 유지하려면 상당히 강한 어깨 힘이 필요하다. 양 어깨의 가장자리가 늘 정면을 향하도록 유지하는 것이 가장 중요하다(사진 4.5). 태양경배에서 만들어진 정렬은 전체 수련에 걸쳐 적용된다. 같은 맥락에서 우르드바 무카 슈바나아사나(위를 바라보는 개 자세)는 모든 후굴의 기반이 된다. 단순히 척추의 아치를 유지하는 데서 그치지 말고, 이 자세에서 가능한 더 깊은 척추 신전을 해 주도록 한다(사진 4.6 참조). 전체 수련에 걸쳐 우르드바 무카 슈바나아사나를 통해 등근육을 강화하고 바른 정렬을 익히면, 다리를 머리 뒤로 거는 깊은 구부림 자세에서 척추를 보호하는 데 도움이 된다.

웃카타아사나(사진 4.8)는 인터미디어트 시리즈의 첫 자세인 파샤아사나(사진 4.9a와 4.9b)와 직결된다. 엉덩관절(고관절) 속으로 깊게 앉으며 발목 스트레치가 될 정

사진 4.10　　　　　　　　　　　　　　　　사진 4.11

도로 충분히 무릎을 굽혀 주는 동작은 파샤아사나를 위한 단단한 기반을 마련해 줄
것이다. 비라바드라아사나 A(사진 4.10과 4.11)는 고관절 굽힘근을 열어 주고, 뒤로
뻗은 다리를 바깥으로 회전시키며, 앞쪽 구부린 다리의 엉덩관절(고관절)이 더 깊이
구부러지게 한다. 앞쪽 구부린 무릎을 발 중간을 겨냥해 앞으로 내밀면 티띠바아사
나(반딧불이 자세) 같은 자세를 위한 다리 힘을 키우는 데 도움이 되며, 후굴에서 골
반으로 더 깊이 들어갈 수 있다.

　　주의를 기울여야 하는 이런 작은 정렬 지침들은 《아쉬탕가 요가의 힘》1권에서
설명한 기본 동작과 2권에서 설명하는 고난도 자세를 잇는 다리를 놓기 위함이다.
이 단순한 지침들은 수련을 신체적인 수준에서 미묘한 수준으로 돌리도록 도움을
주려는 목적도 있는데, 이는 모든 요가 수련자가 이 여정에서 배워야 할 중요한 수
업이다.

수리야 나마스카라 A

사마스티티 (호흡 없음,
모든 움직임은 여기서 시작하고
여기서 끝난다)

에캄 – 들숨 (한 호흡)

드웨 – 날숨 (한 호흡)

트리니 – 들숨 (한 호흡)

차트와리 – 날숨 (한 호흡)

판차 – 들숨 (한 호흡)

셋 – 날숨 (다섯 호흡)

삽타 – 들숨 (한 호흡)

아쉬토 – 날숨 (한 호흡)

나와 –들숨 (한 호흡)

사마스티티 – 날숨 (모든 움직임
은 여기서 시작하고 여기서 끝난
다)

수리야 나마스카라 B

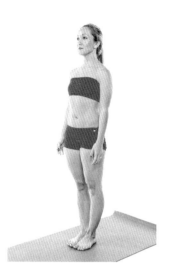

사마스티티 (호흡 없음, 모든 움
직임은 여기서 시작하고
여기서 끝난다)

에캄 – 들숨 (한 호흡)

드웨 – 날숨 (한 호흡)

트리니 – 들숨 (한 호흡)

차트와리 – 날숨 (한 호흡)

판차 – 들숨 (한 호흡)

셋 – 날숨 (한 호흡)

삽타 – 들숨 (한 호흡)

아쉬토 – 날숨 (한 호흡)

나와 –들숨 (한 호흡)

다샤 – 날숨 (한 호흡)　　　　에카다샤 – 들숨 (한 호흡)　　　　드와다샤 – 날숨 (한 호흡)

트라요다샤 – 들숨 (한 호흡)　　　차투르다샤 – 날숨 (다섯 호흡)　　판차다샤 – 들숨 (한 호흡)

  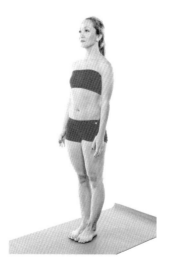

쇼다샤 – 날숨 (한 호흡)　　　　삽타다샤 – 들숨 (한 호흡)　　　사마스티티 – 날숨 (모든 움직임
은 여기서 시작하고 여기서 끝난
다)

5

선 자세

선 자세는 아쉬탕가 요가의 매일 수련에 반드시 포함되는 부분이다. 인터미디어트 시리즈 수련자라면 프라이머리 시리즈 수련을 통해 이 자세들을 이미 충분히 익혔을 것이다. 나중에 나오는 어려운 아사나를 위해 에너지를 아껴 두려고 이 기본 자세들은 빨리 넘어가고 싶을 수 있다. 그러나 이 자세들을 중히 여기면서 오히려 더 집중하여 수련하기 바란다. 모든 요가 자세는 연결되어 있다. 그 연관성에 관심을 기울이면 아쉬탕가 요가 체계를 더 깊이 이해할 수 있을 것이다. 특정 자세에서 마주치는 어려움은 대개 이와 연결되는 더 기본적인 자세의 수련을 통해 해결될 수 있다.

스리 K. 파타비 조이스와 R. 샤랏 조이스가 지도하는 인터미디어트 시리즈에 참여할 때마다, 나는 두 분이 수련자에게 선 자세에 긴 시간 머무르게 한다는 것을 알아차렸다. 인터미디어트 시리즈 수련자라면 프라이머리 시리즈 수련자보다 이 자세들을 더 오래, 더 수월하게 유지하는 것이 거의 당연하게 요구되었다. 이 자세들을 더 오래 유지한다고 해서 꼭 호흡 횟수를 늘린 것은 아니다. 수련이 깊어지며 자연스럽게 각 자세가 편안해지고 들숨과 날숨의 길이가 길어진 것이다. 이런 쉬운 자세들은 빨리 넘어가고 싶겠지만, 충분한 시간을 들이면서, 깊고 느린 호흡을 통해 수련의 방향을 단순한 신체 수련에서 미묘한 몸 쪽으로 돌려 보자.

만일 프라이머리 시리즈의 자세들과 후굴 사이에 인터미디어트 시리즈 자세를 추가하며 수련하는 단계라면, 인터미디어트 시리즈의 첫 번째 아사나를 하기 전에 프라이머리 시리즈를 끝까지 다 하도록 한다. 만일 일부라도 인터미디어트 시리즈만 수련하고 있다면, 이 장에 나오는 마지막 선 자세 다음에 곧바로 파샤아사나를 한다.

《아쉬탕가 요가의 힘》 1권에서는 선 자세들의 정렬을 상세하게 설명하고 있다. 여기서는 매일 수련의 지침이 되는 분석을 제공하고자 한다. 여기에서 제시하는 지침에 그치지 말고 내적 연구를 통해, 선 자세와 인터미디어트 시리즈 자세의 관련성뿐 아니라 전체 아쉬탕가 요가 자세의 연관성을 찾아보기 바란다. 이 시리즈에서 배워야 할 주요 과제는 신경계의 다양한 상태, 프라나 패턴과 아파나 패턴에 숙달하는 것임을 기억하자. 자신이 선 자세를 어떻게 행하는지 살펴보면, 자신의 습관적 성향이 어떻게 타고난 패턴을 두드러지게 하는지 볼 수 있다. 예를 들어, 자신이 어떤 자세에서 등을 지나치게 늘이며, 더 깊이 들어가기 위해 척추 늘이는 근육까지 쓰는 경향이 있음을 알아차릴 수 있다. 척추를 늘일 때의 이런 경향은 코어 근육보다는 등근육을 주로 쓰려고 하는, 아파나 상태나 중립 상태보다는 프라나 상태를 선호하는 자세의 패턴일 수 있다. 아사나를 거울로 삼아 비춰 보면 자세, 감정, 신경 면에서 자신의 기본적인 경향을 이해할 수 있다. 이 자세들을 활용하여 상반되는 두 상태의 균형을 잡고 마음의 평정을 유지해 보자.

파당구쉬타아사나(엄지발가락 잡는 자세; 사진 5.1)와 파다하스타아사나(손을 발바닥에 대는 자세; 사진 5.2)로 시작할 때는 골반을 앞으로 기울이며, 골반 기저근에서부터 몸을 제어하고, 몸 뒷면에서부터 움직임이 일어나게 하는 법을 배워 보자. 그러

사진 5.1 사진 5.2

면 골반 기저근의 힘으로 엉덩이와 엉치뼈(천골)를 앞으로 이동시키는 중요한 힘 자각을 쌓아 갈 수 있다.

　나는 골반을 몸의 운전대에 비유한다. 몸의 무게중심이 골반에 있기 때문이다. 다만, 차의 운전대와 달리 이 운전대는 손으로 잡을 수 없다. 그러니 골반 기저근으로 무게 중심을 찾고, 이 감각을 알아차리면서 이 느낌을 기초로 몸을 움직이는 법을 배워야 한다. 이렇게 간단한 전굴 자세들에서부터 골반 기저근을 쓸 수 있게 되면, 핀차마유라아사나, 카란다바아사나, 쉬르샤아사나(머리서기) 변형과 같은 어려운 역자세를 하는 데 도움이 된다. 앞으로 기울이는 동작을 하면 오금줄(햄스트링)의 유연성이 길러지고, 이렇게 길러진 유연성은 에카 파다 쉬르샤아사나(다리를 머리 뒤에 거는 자세)와 티띠바아사나처럼 다리를 머리 뒤에 거는 자세의 기반이 된다. 트리코나아사나 A와 B(뻗은 삼각자세)는 서혜부(사타구니) 주름진 곳을 깊게 하여 고관절의 절구와 공이의 움직임을 원활하게 한다. 트리코나아사나 A(사진 5.3과

사진 5.3　　　　　　　　　　　　　　　　　　　　　사진 5.4

사진 5.5

사진 5.6

5.4)는 연꽃 자세와 반연꽃 자세, 파리가아사나(빗장 자세), 다리를 머리 뒤에 거는
모든 자세에 필요한 고관절 바깥 회전의 기반을 만들어 준다. 트리코나아사나 B(사
진 5.5와 5.6)는 고관절이 부드럽게 안쪽으로 회전하게 해 주며, 그러면 골반 안쪽 깊
은 공간에 접근하여 깊은 후굴과 비틀기를 더 원활하게 할 수 있다.

　파르쉬바코나아사나 A(뻗은 측면각 자세: 사진 5.7과 5.8)는 고관절 바깥 회전의 기
반을 만들어 주고 몸통을 넓적다리 쪽으로 가져오는데, 이는 다리를 머리 뒤에 거
는 깊은 전굴 자세를 하는 데 아주 중요하다. 파르쉬바코나아사나 B(회전하는 측면각
자세: 사진 5.9와 5.10)는 인터미디어트 시리즈의 파샤아사나와 다른 비틀기 자세들
의 가장 중요 기반 자세 중 하나다. 넓적다리를 둘러 감는 안쪽 회전은 비틀기의 기
초가 된다. 이 자세에서 어깨와 무릎 사이에 이루어지는 부분 묶음은 파샤아사나와
다른 비틀기 자세들에 안전하게 들어가는 데 필요한 움직임의 토대가 된다. 몸을
넓적다리 위로 감아 비틀기 위해서는 아랫배를 당겨 움푹하게 만들고, 반다들을 깊
이 끌어당기고, 골반 안쪽 공간으로 들어가야 한다. 여기서 비틀기를 위하여 만들

사진 5.7

사진 5.8

74

사진 5.9

사진 5.10

어지는 움직임 패턴은 인터미디어트 시리즈 전체에 걸쳐 도움이 되니 충분한 시간
을 두고 제대로 익히자. 기반을 만든 다음, 몸통을 옆으로 늘여 넓적다리 바깥쪽으
로 감아 준다. 아랫배를 깊숙이 끌어넣고, 골반 안쪽을 비워 내고 그 공간 안으로 접
어 준다. 앞다리 고관절을 안으로 회전시키며 반대 팔을 앞으로 뻗어 앞 넓적다리
와 무릎을 바깥쪽에서 감아 준다. 마지막으로, 이 자세에서는 앞 발목을 반드시 구

사진 5.11

사진 5.12

사진 5.13

사진 5.14

부려 주어야 하는데, 이 움직임은 파샤아사나에서 요구되는 깊은 스쿼트(squat)를 위해 발목을 열어 준다.

프라사리타 파도따나아사나 A(다리 넓게 벌린 전굴 자세 A; 사진 5.11), B(사진 5.12), D(사진 5.15)는 고관절을 깊이 구부리는 훈련을 하기에 안성맞춤인 자세다. 편안하게 느껴지는 자세에 머물지 말자. 티띠바아사나를 위한 준비로 생각하며, 윗몸을 넓적다리 사이로 최대한 깊게 통과시켜 보자. 이 움직임은 골반 바닥의 중심을 유지하면서 몸 뒷면에서부터 움직이는 능력을 길러 주는데, 이는 모든 역자세에 도움이 된다.

프라사리타 파도따나아사나 C(사진 5.13, 5.14)에서는 양 어깨의 위치에 주의를 기울여야 한다. 손바닥이 바깥을 향하게 뒤집으면, 어깨가 안쪽으로 더 회전하여 어깨관절에 공간을 만드는 데 도움이 된다. 이와 같이 공간을 만들어 내는 안쪽 회전은 파샤아사나, 다누라아사나(활 자세), 우슈트라아사나(낙타자세), 아르다 마첸드라아사나(반물고기 자세), 티띠바아사나 등 수많은 자세에서 반복되는 건강한 움직임 패턴이다. 손을 바닥에 대려고 억지로 밀어붙일 필요는 없다. 대신, 자신이 중점을 두는 부분에 더 세심히 관심을 기울이면서, 어깨관절에서 안쪽 회전의 움직임을 느껴 보자. 파르쉬보따나아사나(측면 늘이는 자세: 사진 5.16)는 앞쪽 넓적다리의 안쪽 회전을 고정시키고 골반 기저근을 깊이 활성화하여 파샤아사나, 크라운차아사나(영웅 자세), 베카아사나(개구리 자세), 티띠바아사나 및 고무카아사나(소머리 자세)를 준비해 준다.

인터미디어트 시리즈에서 막힐 때마다 선 자세에서 그 실마리와 해법을 찾으면 통합된 수련의 길을 가게 될 것이다. 자세 간 새로운 연결고리를 찾을 수 있도록 마음을 열어 두면 수련이 매일 새로울 것이다. 다음 지면에는 선 자세를 한눈에 볼 수 있도록 사진과 함께 정리해 놓았고, 일부 아사나는 이해를 돕기 위해 좌우 사진을 함께 실었다.

사진 5.15

사진 5.16

파당구쉬타아사나
(다섯 호흡)

파다하스타아사나
(다섯 호흡)

트리코나아사나 A (좌우 각 다섯 호흡)

트리코나아사나 B (회전하는 삼각 자세; 좌우 각 다섯 호흡)

파르쉬바코나아사나 A
(좌우 각 다섯 호흡)

파르쉬바코나아사나 B (좌우 각 다섯 호흡)

프라사리타 파도따나아사나 A (다섯 호흡)

프라사리타 파도따나아사나 B (다섯 호흡)

프라사리타 파도따나아사나 C (다섯 호흡)

프라사리타 파도따나아사나 D (다섯 호흡)

파르쉬보따나아사나 (좌우 각 다섯 호흡)

6

용감한 후굴

　인터미디어트 시리즈의 시작 부분 아사나들은 많은 수련자에게 평생을 바쳐도 넘기 어려운 난관처럼 느껴진다. 대다수 수련자는 이 시리즈의 후굴 구간에서 가장 큰 좌절을 겪는다. 아쉬탕가 요가는 이런 도전적인 자세들을 이용해 내부에 깊이 자리한 부정적인 패턴들을 자극하며, 이로 인해 스트레스가 일어날 때 신경계가 보이는 반응을 다시 훈련하고자 한다. 다시 말해, 이 자세들은 고통스러운 감정을 일으키기 위한 것이며, 이 과정에서 마음의 중심을 잡고, 기쁨도 고통도 고요하게 받아들이는 방법을 익히게 된다. 신체 요가 수련은 일부러 공포, 스트레스 등 강렬한 감정을 느끼는 상황을 만들어서 요가 수행자의 용감한 가슴을 기를 수 있게 하고, 그런 두려운 곳으로 직접 들어가서 고요하고 안정되게 머물게 하기 위한 것이다.

　가쁜 호흡과 격한 감정이 반드시 신체의 통증과 함께 오는 것은 아니다. 이런 아사나들을 수월하게 해낼 수 있는 사람이라도 후굴 자세로 자극되어 일어나는 강렬한 감정은 경험하게 될 것이다. 어떤 아사나가 쉽게 되는 몸을 타고난 사람도 있다. 그런 사람에게는 그 자세를 매일 수련의 일부로 계속 반복하는 일이 쉽지 않은 도전 과제일 수 있다.

　내적 에너지 면에서 후굴은 수슘나 나디라는 통로를 통해 생명 에너지를 끌어올려 미묘한 몸이 온전히 깨어나게 하려는 목적이 있다. 그런 일이 일어날 때면 사람에 따라 척추의 진동이나 떨림으로 나타나기도 하고, 격한 감정이나 온몸에 퍼지는 뜨거운 열감으로 느껴지기도 한다. 깊은 후굴을 처음 접하는 수련생 중에는 고양된 자각 상태에 적응하는 동안 강렬한 꿈을 꾸거나 밤에 잠을 이루지 못하는 사람도 있다.

근육통은 등근육이 강화되면서 거의 모든 수련생이 겪는 과정이다. 골반 기저근을 능동적으로 조이면 단단한 기반이 만들어지고, 이 기반은 마음이 지금 이 순간에 자리 잡게 하며 미묘한 에너지를 자극한다. 이 에너지는 척추를 강하게 늘임에 따라 척추의 뿌리에서부터 전체 척추를 타고 올라와 정수리를 통해 밖으로 솟아오른다.

인터미디어트 시리즈 첫 부분을 매일 수련의 일부로 시작하는 것은 처음에는 특전사(네이비 실) 요원이 되기 위한 혹독한 훈련 가운데 '지옥 훈련 주간'처럼 느껴질 것이다. 이 주간은 특전사 훈련 중에서도 가장 끔찍하게 힘들어서 많은 훈련생이 이때 탈락하고 만다. 수중에서 산소 공급을 끊어 버리는 훈련까지 진행되는데, 이는 예비 특전사 요원들에게 수중 전투 기술을 훈련하는 과정이므로 상당히 중요하다. 산소가 부족하여 호흡이 안 되면, 그동안 받은 수많은 훈련은 잊히고 극심한 공포에 사로잡히게 되어 지시를 따를 수 없는 상태가 된다. 호흡이 힘들어지면 두뇌에서 공포 반응이 일어나고, 두려움이 자리하며, 수많은 생화학반응이 가동되어, 당면 과제에 집중하는 마음의 능력이 약해진다. 요가 수련은 특전사 훈련과 다르고, 군대를 위해 목숨을 내놓는 분들은 이런 말로 표현할 수 없는 존경을 받아 마땅하지만, 우리 요가 수련자들은 그런 훈련으로부터 호흡을 제약하는 어려운 자세를 만났을 때 마음을 다스리는 법을 배울 수 있다.

인터미디어트 시리즈의 깊은 후굴 자세들은 신경계에 도전하고, 일부러 익사하는 듯한 느낌을 일으켜 자극하며, '싸우거나 도망치는(fight or flight)' 반응을 촉발하도록 고안된 것이다. 이런 훈련을 통해 우리는 삶에서 비슷한 신경계 반응을 불러일으키는 힘든 상황에 부닥쳤을 때 반응하는 방법을 다시 익힐 수 있다. 가장 중요한 관문 자세인 카포타아사나는 많은 아쉬탕가 요가 수련자의 에고(ego)를 무너뜨리는 한편, 내적인 몸으로 들어가는 겸허한 문을 열어 준다. 맞서 싸워야 할 것처럼 느껴지는 상황에 도리어 이완해서 들어가는 것은 거의 모든 후굴 자세에 담겨 있는 감정 수업이다. 미국 정부는 지옥 훈련 주간의 효과에 관해 연구했는데, 이 연구에서 과학자들은 유망한 훈련생들이 이 험난한 시험을 통과할 수 있도록 도와주는 네 가지 방법을 발견했다. 이 지침은 인터미디어트 시리즈의 후굴 여정에도 도움이 될 수 있다.

용감한 후굴 수련을 위한 특전사의 네 가지 방법

1. 긍정적 자기 대화

2. 마음속 예행연습/시각화

3. 목표 설정

4. 호흡 조절

특전사 훈련생들에게 제시되는 첫 번째 방법은 자기와의 대화다. 수련 내내 정확한 지침들을 기억하고, 현실에 기반을 두면서 자신과의 대화가 긍정적인 방향으로 흐르게 하는 것이다. 논리에 기초한 평온한 내적 대화는 전두엽 피질에 영향을 미쳐 '싸우거나 도망치는' 반응을 누그러뜨린다. 바꿔 말하면, 우리는 자신의 코치가 될 필요가 있고, 부정적인 내적 대화를 자제하고 자신의 대화가 정해진 지침들을 중심으로 이루어지게 하면서, 당면한 일을 하는 동안 자신에게 부드럽게 얘기해 줄 필요가 있는 것이다. 두 번째 방법은 긍정적인 감정으로 전망하면서 앞으로 하게 될 활동을 마음속으로 미리 연습해 보거나 시각화하는 것이다. 이 방법은 실제 상황에 당면했을 때 평온함을 유지할 수 있도록 신경계를 준비해 준다. 세 번째 방법은 달성할 수 있는 작은 목표들을 설정하는 것이다. 이렇게 하면 자신이 얼마나 성취하고 있는지를 파악하며 수련의 완급을 조절할 수 있다. 마지막으로, 네 번째 방법은 호흡 조절을 통해 감정 상태를 제어하는 능력, 마음을 다스리는 힘을 얻는 것이다. 인터미디어트 시리즈의 후굴 수련이라는 '지옥 훈련 주간'을 만나는 아쉬탕가 요가 수련생은 자신을 특전사 훈련생이라 여기면서 위 네 가지 방법을 꾸준히 적용해 보면 좋을 것이다.

마음을 훈련하는 이런 방법은 수련을 하다가 난관에 부닥쳤을 때 집중을 유지하는 데 도움이 된다. 몸이 길을 잃은 느낌이거나 두려움이 엄습할 때는 가만히 이 네 가지 방법을 다시 떠올려 보자. 아사나의 기술적, 해부학적 지침에 초점을 두고 침착하고 분명한 태도로 자신과 대화해 보자. 만일 자세에 어떻게 접근해야 할지 모르겠다면, 지도자의 도움을 받거나 이 책과 같은 자료를 참고해 보자. 초점을 맞출 수 있는 효과적인 해부학적, 기술적 지침을 찾아 마음속으로 주문처럼 반복하며, 어렵게 느껴지는 동작으로 들어가 보자. 그러면 마음이 안정될 뿐 아니라 자세를 수행할 수 있는 신체 능력도 향상될 것이다.

가장 어렵게 느껴지는 자세를 속으로 시각화하며 연습해 보자. 그 자세를 수련하기 직전도 좋고, 수련 외 명상하는 시간에 해 보아도 좋다. 마음속에서 영화 필름처럼 상영하며, 단계 단계를 분석하고 그 과정을 느껴 보는 것이다. 명확한 시각화가 어려운 지점, 바로 그 지점이 자세에서 가장 어렵게 여기는 부분일 것이다. 그 자세에 성공할 때 느껴질 긍정적인 감정도 같이 상상해 보자. 아사나의 목표를 정하려면 그저 아쉬탕가 요가 체계를 참고하기만 하면 되는데, 여기에서는 단순히 다섯 번 호흡하는 동안 각 자세를 유지한 뒤 다음 자세로 넘어가면 된다. 다섯 번의 호흡이 너무 길게 느껴지면, 한 번의 호흡 동안 유지하는 것을 일차 목표로 삼아 천천히 늘려 가면 된다.

마지막으로, 호흡 조절은 아쉬탕가 요가의 기본 요소다. 웃자이 호흡에 기초한 아쉬탕가 요가 호흡법을 적용하여 들숨과 날숨의 길이를 동일하게 맞추어 보자. 마음이 고요해질 것이다. 지금 이 순간에 온전히 뿌리를 내리려면 계속 호흡에 의식을 두면서 알아차려야 한다.

파샤아사나 Pasasana
올가미 자세

드리쉬티: 파르쉬바(측면)

선 자세 이후 곧바로 인터미디어트 시리즈로 나아가려면, 사마스티티에서 시작하여, 숨을 들이쉬며 양손을 머리 위로 들어 올리면서, 수리야 나마스카라 A에서처럼 양손을 마주 대고 누른다. 숨을 내쉬고, 몸을 앞으로 접어 양손으로 양발 옆 바닥을 짚는다. 숨을 들이쉬며, 고개를 들고, 아랫배는 끌어당기면서 척추를 길게 늘인다. 숨을 내쉬고 뒤로 점프하여 차투랑가 단다아사나로 들어간다. 숨을 들이쉬고 몸을 일으켜 우르드바 무카 슈바나아사나로 들어간 뒤, 숨을 내쉬며 발끝을 당겨 몸을 뒤로 보내 아도 무카 슈바나아사나로 들어간다.

만일 프라이머리 시리즈를 마친 뒤 인터미디어트 시리즈의 자세들을 추가하고 있다면, 사마스티티에서 시작하는 대신, 세투 반다아사나를 마친 뒤 프라이머리 시리즈의 마지막 아도 무카 슈바나아사나에서 시작한다. 아도 무카 슈바나아사나에서 다시 숨을 들이쉬며 앞으로 점프하여 쪼그리고 앉아 자세를 준비한다.

쪼그리고 앉은 상태에서 양발의 엄지발가락 밑 볼록한 부분과 발목뼈가 살짝 닿도록 양발을 정렬한다. 양발의 뒤꿈치로 바닥을 단단히 디딘 채로 골반 기저근을 조여 골반을 살짝 들어 올리고, 양 발바닥의 앞쪽 볼록한 부분으로 바닥을 단단히 누른다. 파샤아사나의 기초는 이처럼 강하게 지지받는 쪼그려 앉은 자세다. 만일 뒤꿈치를 들지 않고는 쪼그려 앉은 자세를 유지하기 어렵다면, 자세로 들어가기 전에 쪼그려 앉는 연습을 충분히 하는 것이 좋을 것이다. 이 연습을 위해서는 양팔을 바닥과 평행하게 들어 앞으로 뻗은 상태에서, 뒤꿈치가 바닥에서 떨어지지 않을 정

도까지만 엉덩이를 들어 올린다. 자세를 유지하며 다섯 번 호흡한다. 다시 골반을
내리면서 뒤꿈치를 바닥에 붙인 상태를 유지하려 해 본다. 뒤꿈치가 바닥에서 뜨
더라도 그 지점에서 자세로 들어오면 되는데,·이 경우 토대가 불완전하여 균형을
잡기가 어려울 수 있다(사진 6.1). 만일 쪼그려 앉은 자세에서 뒤꿈치가 살짝 들린
다면, 발목을 최대한 많이 구부려서 뒤꿈치와 바닥이 최대한 많이 연결되게 하는
것이 중요하다. 발목과 정강이를 이용하여 부지런히 몸을 지지하며, 발의 앞뒤 부
분에 몸무게를 골고루 배분해야 한다. 발가락이나 발바닥 앞쪽 불룩한 부분, 또는
받침대로 몸을 떠받치려 하지는 말기 바란다. 그러는 대신, 뒤꿈치가 바닥에서 뜨
더라도 몸무게를 뒤꿈치 쪽으로 내리누르며 발목을 구부리고 정강이 힘을 최대한
써 보자. 그러면 어느 날 아킬레스건이 이완되어 뒤꿈치가 바닥에 닿을 것이다.
발목 부상이 있거나 균형 잡기가 너무 힘든 경우에만 뒤꿈치 밑에 수건이나 블럭
을 받쳐 준다.

사진 6.1

　뒤꿈치를 살짝 들거나 바닥에 꾹 누른 상태로, 숨을 내쉬면서 자세로 들어가며,
왼쪽으로 몸통을 비틀고, 양팔로 쪼그려 모은 두 다리를 두르며 양손을 맞잡아 묶
어 준다(사진 6.2). 모든 비틀기 자세는 옆으로 늘이는 동작과 척추를 비트는 동작

사진 6.2

사진 6.3

사진 6.4

이 포함된다. 파샤아사나로 들어가려면 기본적으로 옆으로 깊게 늘이는 동작이 필요하지만, 만일 척추를 너무 길게 늘이면, 자세를 완성했을 때 몸을 지지해 주는 팔과 다리의 접촉을 유지하기가 어려워질 것이다. 옆 늘이기를 제대로 느끼려면, 오른쪽 아랫배를 깊숙이 끌어당기고, 반다를 적용하여 골반 안쪽을 비워서 공간을 만든다. 그 뒤 아래쪽 갈비뼈를 몸의 중심선 쪽으로 당기면서 몸통 전체를 왼쪽으로 이동한다. 마지막으로, 골반 바닥에서부터 어깨까지 몸 전체를 왼쪽으로 기울인다. 이렇게 옆으로 늘인 뒤에는 숨을 깊게 내쉬면서 몸통을 왼쪽 고관절 쪽으로 비틀어 준다. 고관절이 안으로 회전하면서 몸통이 움직일 수 있는 공간이 만들어지게 한다. 몸을 위로 들어 올리지 않는다. 대신에 옆으로 기울이며, 몸통과 허리를 몸의 중심축 방향으로 끌어당겨서, 골반 주위에 공간을 만들어 주고, 이 공간을 이용하여 자세로 들어간다. 이렇게 하여 옆으로 깊게 늘였다면, 이제 숨을 내쉬면서 오른 어깨를 앞으로, 아래로 뻗어 주고, 어깨관절을 안쪽으로 회전하며 팔꿈치를 구부려 양쪽 정강이를 감싼다. 그러면 이제 오른손은 왼손을 받을 수 있는 위치에 가 있다. 앞에서 만들어 낸 모든 정렬을 그대로 유지하면서, 이제 왼손을 들어 등을 두르면서 오른 넓적다리를 향해 뻗어 주고, 몸무게를 골반 바닥으로 옮기며, 정강이와 발목은 견고하게 유지한다. 숨을 내쉬면서 왼 어깨를 바깥으로 회전하며, 가슴과 가슴우리(흉곽)를 왼쪽으로 열어 준다. 양손을 모아 오른 넓적다리 부근에서 손가락을 걸거나 손목을 잡아 묶어 준다(사진 6.3). 왼 어깨 너머를 바라본다. 자세를 유지하며 다섯 번 호흡한다.

숨을 내쉬고 자세를 푼 뒤, 숨을 들이쉬고 오른쪽으로 옆 늘이기와 척추 비틀기 과정을 그대로 반복한다. 오른 어깨 너머를 바라본다. 자세를 유지하며 다섯 번 호흡한다. 숨을 내쉬고 자세를 푼다. 양손으로 양발 옆 바닥을 짚고, 숨을 들이쉬면서 몸을 앞으로 기울이며 엉덩이를 조금 들어 올린다. 이때 팔은 곧게 펴고, 코어를 강하게 써서 발을 바닥에서 들어 올린다(사진 6.4). 양발을 한꺼번에 들 수 없다면, 양발을 바닥에 둔 채로 무릎만 들어 가슴으로 끌어올리거나 한 발만 골반 쪽으로 들어 올려 보자(사진 6.5, 6.6). 숨을 내쉬면서 팔꿈치를 구부리고 뒤로 점프하여(점프 백) 차투랑가 단다아사나로 들어간다. 숨을 들이쉬며 우르드바 무카 슈바나아사나로 들어가고, 숨을 내쉬며 아도 무카 슈바나아사나로 들어간다.

양손을 맞잡을 수 없다면, 수건을 이용해서 손과 손을 연결해 보거나, 양손으로 양 무릎 대신 한쪽 무릎만 둘러 맞잡아서 이 자세의 느낌을 경험해 본다. 임신한 여성은 아랫배를 압박하는 깊은 비틀기는 피해야 하며, 다리를 벌리고 양손으로 한쪽 다리만 두르며 맞잡아서 배에 충분한 공간을 주어야 한다. 예를 들어, 왼쪽으로 비틀 때는 왼 다리를 옆으로 열고, 양손으로 오른 다리만 둘러 맞잡아 주는 것이다. 이렇게 하면 배를 위한 공간이 생기고, 비틀기도 쉬워지며, 몸통에 가해지는 압박도 줄일 수 있다.

사진 6.5

　파샤아사나는 소화 기관을 깊이 청소해 주고, 어깨를 열어 주어 앞으로 이어질 깊은 후굴을 위해 준비시켜 주며, 인터미디어트 시리즈의 정화 작용을 위해 신경계를 깨워 준다. 대부분의 비틀기가 오른쪽부터 시작하지만, 이 자세는 왼쪽부터 시작한다. 파샤아사나는 고관절을 안쪽으로 회전시키고, 어깨를 열어 주고, 양발이 단단한 기반을 이루게 하며, 골반 안쪽을 비워 넓어지게 하는 효과가 있다. 인터미디어트 시리즈의 첫 번째 자세인 이 아사나는 많은 노력을 기울이며 도전해야 하는 자세다. 그러니 이 자세가 어렵게 느껴지면, 이 자세를 잘 해낼 수 있을 때까지 충분한 시간을 두고 연습한 뒤 다음 자세로 넘어가는 것이 좋다. 해결해야 하는 문제를 제쳐 두고 서둘러 나아가지는 말자. 양손을 수월하게 맞잡을 수 있을 때까지 이 자세를 매일 두세 번씩 반복하여 수련해 보자. 이 아사나를 안정되게 할 수 있을 때만 다음 자세로 나아가자.

사진 6.6

효과

발목이 신장되고 강화된다.
소화 기능과 배설 기능이 향상된다.
가슴과 어깨, 등 아랫부분이 열린다.
골반 기저근이 조여진다.
다리를 통한 접지와 고관절의 안쪽 회전이 나아진다.

크라운차아사나 Krounchasana
왜가리 자세
드리쉬티 : 파다요라그라이(발가락)

　직전 자세의 아도 무카 슈바나아사나에서 곧바로 이 자세로 들어온다. 숨을 들이쉬며, 앞으로 점프하여 양팔 사이를 지나 다리를 쭉 뻗어 앉은 자세로 온다. 오른 넓적다리를 안으로 회전하며 오른 무릎을 뒤로 접는다. 오른 종아리 근육의 살을 밖으로 빼 준다. 오른발 뒤꿈치는 고관절의 바깥쪽과 정렬시켜 주고, 양쪽 궁

사진 6.7

등뼈(좌골)가 바닥에 충분히 닿게 한다. 왼 다리를 바닥에서 들어 올려 발끝이 천장을 향하게 하고(필요하면 처음에는 무릎을 구부려도 되지만, 가능하면 곧게 편 채로 끝까지 들어 올린다). 가능하면 양손으로 왼발바닥을 둘러 한쪽 손목을 잡아 준다. 어깨뼈를 등 아래로 끌어내리고 양팔은 곧게 편다. 양 넓적다리를 가까이 붙여 주어 다리가 안쪽으로 회전되게 하고, 위를 바라본다(사진 6.7). 만일 점프 스루와 안쪽 회전(내회전)을 능숙하게 할 수 있다면, 다운독 자세(아래를 바라보는 개 자세)에서 점프하여 곧바로 이 준비 자세로 들어올 수 있다.

숨을 내쉬면서 양쪽 팔꿈치를 구부리고, 왼 다리를 고관절 안으로 부드럽게 당겨 내리며 턱 쪽으로 가져온다(사진 6.8과 6.9). 가슴 중앙의 복장뼈(흉골)와 두덩뼈(치골)의 중심선을 왼 무릎을 향해 정렬시켜 준다. 양 넓적다리를 안으로 회전시키며, 양쪽 엉덩이가 나란히 정면을 바라보게 한다. 턱을 정강이 쪽으로 가져오려 할 때면 등 아랫부분이 굽고 머리를 앞으로 내미는 경향이 있다. 척추를 아래로 끌어내리는 대신, 코어를 이용하여 척추를 위로 길게 늘여서 중심축을 따라 앞으로, 위

사진 6.8

사진 6.9

로 뻗어 올린다. 양손을 이용하여 억지로 오금줄(햄스트링)이나 종아리 근육을 늘여 열어 내지 않는다. 대신에 양팔을 이용하여 왼쪽 넙다리뼈 머리를 고관절의 절구 안으로 당겨 넣어 왼쪽 고관절이 더 깊이 구부러지게 하고, 골반 기저근을 더 조이고, 양 넓적다리는 안으로 회전시킨다. 이 자세는 골반에 주안점을 두어야 한다. 그러니 양팔을 너무 세게 잡아당기고 있다고 느껴지면, 팔에서 힘을 빼고 골반 안의 파워 센터와 다시 연결되어 보자. 이상적으로는, 왼 다리는 손의 도움 없이도 스스로 들린 상태를 유지할 수 있을 정도로 힘과 유연성이 있어야 한다. 왼쪽 고관절 주변의 골반 안쪽 빈 공간에 주의를 기울이면 이러한 힘을 찾을 수 있다. 골반 기저근을 조이면서 양 넓적다리는 서로를 향해 안쪽으로 회전시키면 안정성이 높아진다. 자세를 유지하며 다섯 번 호흡한다. 숨을 들이쉬면서 팔을 곧게 펴고 위를 바라보며 이 준비 자세로 잠시 머문다(사진 6.7). 숨을 내쉬며 반다를 안정시킨다.

양손으로 엉덩이 양옆 바닥을 짚고, 숨을 들이쉬며 몸을 들어 올린다. 숨을 내쉬고 뒤로 점프하여 차투랑가 단다아사나로 들어간다. 숨을 들이쉬며 우르드바 무카 슈바나아사나로 들어가고, 숨을 내쉬며 아도 무카 슈바나아사나로 들어간다. 숨을 들이쉬며 점프 스루 하여 오른쪽으로 자세를 반복하되, 이전과 같이 호흡과 움직임을 조화롭게 연결한다.

만일 구부린 무릎 부위에서 찝히는 듯한 통증이 느껴지면, 부상으로 이어질 수 있는 신호일 수 있으니 자세를 완화한다. 수건이나 블럭을 깔고 앉아 골반을 높이면 자세가 좀 더 편안해질 것이다. 그러나 가장 좋은 해결책은 무릎 위 넙다리 네 갈래근(대퇴사두근)을 충분히 늘여서, 무릎을 뒤로 안전하게 구부릴 수 있을 만큼 안쪽 회전이 잘 이루어지게 하는 것이다. 이 자세에서 안쪽 회전이 잘 이루어질 수 있도록 넓적다리 앞쪽 근육(넙다리 네 갈래근)을 충분히 늘여 주는 것은 곧 이어지는 깊은 후굴 자세의 필수적인 요소다. 이 자세가 어렵게 느껴지면, 프라이머리 시리즈의 트리앙 무카 에카파다 파스치마따나아사나(한 다리 뒤로 접은 전굴 자세)를 통해 고관절 안쪽 회전을 충분히 연습하면 도움이 될 것이다. 크라운차아사나를 수월하게 하기 어렵다면, 더 진도를 나가기 전에 여기서 멈추고 필요한 요소들을 익혀 보자.

효과

넓적다리의 안쪽 회전이 향상된다.
골반 기저근이 강화된다.
엉치뼈 부위가 열린다.

오금줄과 종아리가 신장된다.

궁둥뼈(좌골) 신경통 증상의 완화에 도움이 된다.

샬라바아사나 Shalabhasana A and B

메뚜기 자세 A와 B

드리쉬티: 나사그라이(코끝)

아도 무카 슈바나아사나에서 시작하여, 숨을 내쉬면서 몸을 낮추어 차투랑가 단다아사나로 들어간다. 어깨와 가슴을 견고하게 하여 코어 힘으로 잠시 자세를 유지한다. 샬라바아사나와 이어서 나오는 세 가지 자세는 이렇게 차투랑가 단다아사나를 잠시 유지하는 데에서부터 시작한다. 구루지는 인터미디어트 수련을 지도할 때마다 이렇게 잠시 유지하는 것을 중시했다. 단 한 명이라도 유지하지 못하면 그 사람이 차투랑가 단다아사나로 돌아갈 때까지 전체 수련생이 거기에 머물도록 했다. 여기에서 내가 배운 교훈은 아사나를 위해 빈야사를 서둘러 지나쳐서는 안 된다는 점이었다. 매 호흡이 중요하다. 차투랑가 단다아사나에서 힘에 초점을 두면, 코어가 활성화되어 지금부터 시작되는 강한 후굴 자세에서 균형을 잡을 수 있다.

잠시 안정감 있게 유지한 다음, 숨을 완전히 내쉬면서 몸을 완전히 내려 배를 바

사진 6.10

닥에 대고 엎드린다. 어깨를 앞으로 회전시키며, 몸통 양옆으로 팔을 뻗어 손을 엉덩이와 정렬시킨다. 손바닥이 위로 향하게 하고, 손등은 바닥을 누르며, 손가락 사이를 살짝 펼쳐 손톱 가까운 손가락의 등으로 바닥을 누른다. 골반 기저근을 조여서 척추를 지지하고, 아랫배를 깊숙이 끌어당긴다. 숨을 들이쉬면서 골반 앞쪽 뼈를 바닥으로 눌러 고관절을 열고 엉치뼈(천골)를 미동(微動, 미세한 회전 움직임)시켜 준다. 엉치뼈(천골)의 미동은 엉치엉덩관절(천장관절) 근처의 엉치뼈(천골) 윗부분이 골반 쪽으로 기울어 골반 안의 빈 공간으로 들어가는 미세한 움직임이다. 이를 통해 엉치엉덩관절(천장관절)을 척추의 연장선처럼 움직이는 것이 가능해진다. 이 미세한 움직임이 없으면 엉치뼈(천골)가 고정되어 깊은 후굴 자세에서 등 아랫부분이 압박될 수 있다. 가슴을 바닥에서 들어 올리고, 가슴 중앙의 복장뼈를 위로, 앞으로 보내며 몸 전체를 길게 늘여 살라바아사나 A로 완전히 들어간다.

다리를 완전히 쭉 펴고 넓적다리를 조이는 느낌으로 바닥에서 들어 올린다(사진 6.10). 넓적다리 앞쪽 근육(넙다리 네 갈래근)을 단단히 조이되, 특히 그중 제일 안쪽 근육인 안쪽넓은근(내광근)의 활성화에 더욱 중점을 둔다. 발을 더 들어 올리기 위해 무릎을 구부리지 않도록 한다. 그저 넓적다리를 최대한 높이 들어 올리면서, 바닥을 누르는 엉덩뼈능선(장골능선)을 느껴 본다. 엄지발가락을 통해 에너지를 뻗어내며, 양쪽 엄지발가락과 뒤꿈치를 서로 눌러 준다. 양 발바닥은 서로 붙지 않게 한다. 넓적다리를 안으로 회전시켜 엉치뼈(천골) 쪽 공간을 확보한다. 등근육의 힘을

사진 6.11

쓰면서 온몸을 길게 뻗어 내는 느낌을 유지한다.

다섯 번 호흡한 뒤, 다리는 그대로 놓아둔 채 양손만 차투랑가 단다아사나 자세로 옮겨서 샬라바아사나 B로 들어간다(사진 6.11). 이때 양 손꿈치(손바닥 아래 도톰한 부분)는 허리선에, 손가락은 갈비뼈 근처에 오게 한다. 이 자세를 유지하며 다시 다섯 번 호흡한다. 팔 힘으로 너무 강하게 눌러 내리면 가슴근육이 필요 이상으로 활성화되어 등근육에 부담이 될 수 있으니 주의하자. 그저 등과 코어의 지구력을 시험해 보는 용도로 손 위치 변화를 이용해 보자.

이 자세의 두 가지 유형을 총 열 번의 호흡 동안 유지할 때는 등근육을 집중적으로 쓰게 된다. 골반 기저근을 조이고 아랫배를 깊숙이 끌어당겨 척추를 지지해 준다면, 그리고 가슴을 너무 높게 들어 올리지 않는다면, 허리 부상 위험은 없다. 넓적다리는 전체 동작 내내 단단하게 조여 주고, 호흡은 안정되고 깊게 해 준다. 두덩뼈(치골)가 아니라 엉덩뼈능선(장골능선)을 바닥으로 누르되, 꼬리뼈는 무겁게, 두덩뼈(치골)는 뒤쪽으로 길게 뻗어 내는 느낌으로 유지한다. 엉치뼈의 미동 움직임을 돕기 위해 엉치뼈(천골) 앞 능선을 앞으로 기울여 골반 안쪽으로 들어가게 하는 골반 움직임이 어떻게 깊은 후굴에 도움이 되는지 느껴 보자. 후굴의 원칙들을 의식하면서 샬라바아사나를 수련하면 더 깊은 후굴을 위한 기술적 토대 전체를 닦을 수 있다. 모든 후굴은 척추를 길게 늘여 척추 마디 사이에 공간을 만들어 낸 뒤, 그 공간으로 구부려 들어가고자 한다. 발끝을 뒤로 뻗어 내고 정수리는 앞으로 뻗어 내어, 몸 전체를 관통하는 길고 매끈한 에너지 선을 만든다고 생각해 보자. 척추 부위가 꽉 눌리지 않게 하자. 만약 등 아랫부분에 압박이 느껴진다면, 다리를 바닥으로 낮추고 골반 기저근을 더 강하게 조여 준다. 만일 호흡에 따라 상체가 위아래로 움직인다면, 허리뼈를 지지할 만큼 아랫배를 충분히 당기지 않았다는 뜻이다.

열 번 깊게 호흡한 뒤, 숨을 들이쉬면서 몸을 일으켜 곧바로 우르드바 무카 슈바나아사나로 들어간다. 숨을 내쉬면서 몸을 뒤로 굴려 아도 무카 슈바나아사나로 들어가 다음 자세를 준비한다.

효과

등, 넓적다리, 골반 기저근이 강화된다.
만성 허리 통증이 치료된다.
허리 디스크 증상(추간판 탈출증) 완화에 도움이 된다(부드럽게 할 경우).

베카아사나 Bhekasana
개구리 자세

드리쉬티 : 나사그라이(코끝)

아도 무카 슈바나아사나에서 시작한다. 숨을 내쉬면서 몸을 낮추어 차투랑가 단다아사나로 들어가 자세를 유지하며, 어깨와 가슴을 단단하게 만들면서 코어 근육을 조인다. 다시 숨을 내쉬고, 몸을 바닥으로 내려 배를 대고 엎드린다. 엉덩뼈능선(장골능선)을 바닥으로 누르며 골반 기저근을 조이고, 넓적다리를 안으로 회전하며 무릎을 구부린다. 두 발은 골반 너비보다 조금 더 넓게 벌리고, 무릎을 구부린다. 이때 억지로 무릎을 구부리려 하면, 무릎 부상을 당하고 가동 범위가 제한될 위험이 있다. 그저 뒤꿈치를 고관절 바깥쪽과 정렬시키는 동안 자연스럽게 무릎이 구부러지게 하자. 살라바아사나 A로 들어갈 때처럼 등 윗부분을 바닥에서 들어 올리고, 양손을 뒤로 뻗어 발 안쪽을 잡아 준다. 발끝이 천장을 향한 상태에서 엄지와 검지 사이의 계곡 부위로 엄지발가락 밑 볼록한 부위를 감싸 정자세를 준비한다(사진 6.12).

베카아사나 완성 시 두 발이 바른 위치에 있으려면, 양발과 양 무릎을 골반 너비보다 조금 넓게 벌려야 한다. 자세로 들어가기 위해 팔꿈치를 들어 올리고 손가락을 돌려 발등 위에 얹는다. 동시에 엉덩뼈능선(장골능선)을 바닥으로 누르며 넓적다리를 바닥에서 들어 올리고, 무릎을 구부려 발이 고관절 바깥쪽 바닥 가까이 가게 한다(사진 6.13). 코끝 쪽을 응시하여 마음이 내면을 향하게 한다. 손과 손가락이 모두 앞쪽을 향하도록 돌리고, 가슴은 바닥에서 들어 올린다. 넓적다리 앞쪽 근육(넙다리 네 갈래근)을 늘이고 다리를 골반에서 뒤로 멀리 뻗어 내는 한편, 발끝이 바닥에 가까워지도록 부드럽게 발등을 눌러 준다.

발끝이 견고히 앞을 가리키면서, 골반 바로 바깥쪽 바닥을 향하게 한다. 만일 발끝이 엉덩이를 향해 있다면, 발이 안전하게 바닥으로 내려갈 공간이 확보되지 않으므로 바른 정렬이 아니다. 어깨뼈를 척추 방향으로 끌어당기고, 팔꿈치는 살짝 모아 주며 발을 눌러서 자세로 더 깊이 들어간다. 엉덩뼈능선(장골능선)을 계속 바닥으로 눌러서, 넓적다리가 더 높이 들리고 무릎에 더 많은 공간이 주어지게 한다. 무릎은 몸통에서 멀리 뒤쪽으로 뻗어 내고, 엉치뼈(천골)는 앞으로 기울이고, 등 아랫부분 부위에 공간을 만들어 준다. 넓적다리를 안으로 회전하여, 무릎을 필요한 만큼 안전하게 구부릴 수 있게 한다.

사진 6.12

사진 6.13

무릎 안쪽에서 찝히는 듯한 통증이 느껴지면 즉시 완화하고, 대신 넓적다리와 넓적다리 앞쪽 근육(넙다리 네 갈래근)이 신장되는 감각만 느껴 본다. 이 자세를 유지하며 다섯 번 깊이 호흡한 다음, 숨을 들이쉬면서 몸을 일으켜 곧바로 우르드바 무카 슈바나아사나로 들어간다. 다시 숨을 내쉬면서 몸을 뒤로 굴려 아도 무카 슈바나아사로 들어가 다음 자세를 준비한다.

나는 처음 이 자세를 수련에 포함했을 때 자세로 들어가기가 상당히 어려웠다. 이런 식으로 무릎을 구부리면 안전하지 않을 것 같았는데, 이 생각이 베카아사나 수련에 큰 정신적 장애가 되었기 때문이다. 나는 마음만 거리꼈을 뿐 신체에 통증을 느낀 것은 아니었지만, 이 아사나에서 논리적 이유로 꺼릴 뿐 아니라 신체의 불편함까지 느끼는 사람도 드물지 않다. 베카아사나로 들어가는 과정이 가장 어렵게 느껴지는 경우가 많은데, 많은 수련생이 발을 알맞은 위치로 보내기 위해 손을 돌리는 동작을 이해하지 못하거나 실행하지 못하기 때문이다.

이 자세에서 정신적, 신체적 장애를 극복하는 데 도움이 되는 한 가지 기법은 한 번에 한쪽 무릎만 구부리는, 완화된 방식의 베카아사나로 들어가는 연습을 하는 것이다(사진 6.14). 정자세의 기술적, 해부학적 지침을 그대로 따르되, 몸 한쪽으로만 제한하여 해 보는 것이다. 뻗어 있는 다리의 발끝을 바닥으로 꾹 눌러 골반 정렬을

사진 6.14

유지하고, 그 다리를 활용하여 자세를 안정시킨다. 정자세를 시도하기 전, 오른쪽과 왼쪽을 각 다섯 번의 호흡으로 유지한다. 한쪽씩 따로 연습해 보면 베카아사나의 정자세를 위해 가장 효율적인 움직임 패턴을 따로 익힐 수 있다. 나중에 조금 더 베카아사나가 편안해지면, 이러한 준비 단계 없이 곧바로 들어갈 수 있다.

다누라아사나 Danurasana
활 자세

드리쉬티 : 나사그라이(코끝)

아도 무카 슈바나아사나에서 시작한다. 숨을 내쉬며 몸을 낮추어 차투랑가 단다아사나로 들어가고, 어깨와 가슴을 단단하게 만들면서 코어 근육을 조여 자세를 유지한다. 다시 숨을 내쉬고, 몸을 바닥으로 내려 배를 대고 엎드린다. 숨을 들이쉬면서 엉덩뼈능선(장골능선)을 바닥으로 누르고, 엉치뼈(천골)를 앞으로 기울여 미동시키고, 넓적다리를 들어 올리며 무릎을 구부린다. 등 윗부분을 늘이고, 어깨는 앞으로 굴리며, 손을 뒤로 뻗어 발목을 단단히 잡아 준다.

열 손가락 전체로 발목을 감싼 다음, 엉덩뼈능선(장골능선)을 바닥으로 더 단단히 눌러 엉치뼈(천골)가 앞으로 더 숙여지게 한다. 아랫배를 끌어당기고 골반 기저근을 조이는 한편, 등근육으로 척추를 지지해 준다. 엄지발가락 안쪽끼리 서로 누르고 넓적다리를 안으로 회전하여 엉치뼈(천골)가 이완되게 한다. 가급적 엉덩이 근육을 꽉 조이며 시작하지는 않도록 한다. 다리를 뒤로 차면서, 동시에 팔과 가슴으로는 같은 힘으로 앞으로 당겨 다누라아사나로 들어간다(사진 6.15). 코끝을 응시하고, 자세를 유지하며 다섯 번 호흡한다. 이렇게 다누라아사나로 들어가는 기술에는 고도의 신경근 조절이 요구되는데, 자세의 가장 올바른 정렬을 만들어 주는 효과가 있다.

이 자세가 어렵다면, 발목이 손 가까이 오도록 무릎을 조금 구부리되, 넓적다리는 바닥에서 들어 올린 채로 유지하려 해 본다. 양 무릎 간격은 골반 너비보다 넓지 않게 유지한다. 가능하면 전 과정에서 무릎을 서로 가까이 붙여 준다. 이것은 한 번의 조화로운 움직임 패턴으로 들어가는 것이 가장 좋은 복합 동작이다. 그러니 꼭 필요할 때만 동작을 나누어 들어가자.

비교적 덜 유연한 수련자라면, 엉치뼈(천골)의 미동을 의식적으로 활용하여 넓적다리를 바닥에서 들어 올리며 시작하는 것이 좋다. 이 동작이 잘 이루어지면, 먼저

사진 6.15

오른손을 뒤로 뻗어 오른 발목을 잡은 다음, 왼손을 뒤로 뻗어 왼 발목을 잡아 준다. 이 방법이 더 쉽게 느껴지겠지만, 반드시 필요한 경우가 아니면 추천하지 않는다. 왜냐하면 한쪽 발목을 다른 발목보다 먼저 잡는 비대칭적 움직임은 한쪽 방향으로 당기는 힘이 다른 쪽보다 강해지므로 척추의 안정성을 해칠 위험이 있기 때문이다. 가능하면 몸 양쪽에서 힘과 유연성이 균형 잡히도록 대칭적인 움직임으로 자세에 들어가기 바란다.

이 자세의 '활' 모양은 당기는 팔의 힘과 미는 다리의 힘이 균형을 이루게 함으로써 만들어진다. 이 자세를 궁수의 활과 아름다운 무지개 아치로 여기며 접근하면 도움이 될 것이다.

넓적다리를 단단하게 만들면서 다리를 바닥에서 완전히 들어 올리고, 머리에서 멀리 차 내는 느낌으로 뒤쪽으로 대각선 방향으로 뻗어 낸다. 팔은 앞으로, 아래로 잡아당기고, 어깨는 안으로 회전하여 움직임의 균형을 잡아 준다. 몸이 앞뒤로 흔들리지 않게 한다. 당기는 팔의 힘과 미는 다리의 힘이 균형을 이루면, 척추 마디마디가 고르게 휘어져 활 모양이 만들어진다. 들이쉬는 숨마다 마디마디 사이에 공간을 만들어 척추를 늘이고, 내쉬는 숨마다 그 공간을 활용하여 더 깊이 구부린다고 생각해 보자. 목뼈(경추)까지 부드럽게 늘이며, 에너지가 정수리까지 오르게 하여 척추의 활 모양이 계속 이어지게 한다. 머리와 목이 자리 잡을 때까지는 위를 쳐다보고, 자세가 완전히 안정된 다음에는 시선을 코끝으로 돌려 응시하면 도움이 될 것이다.

이 자세는 깊은 후굴에 중요한 준비 자세다. 왜냐하면 다리를 사용하는 법과, 후굴 작업을 몸 전체에 배분하는 법을 익힐 수 있기 때문이다. 만일 척추―또는 다리나 팔―의 한 부위만 즐겨 쓴다면, 대개는 그 부위만 지나치게 많이 사용하게 될 것이다. 장기적 관점에서 후굴은 몸 전체를 고르게 써야만 안전하고 치유 효과가 있다. 만일 마음과 호흡이 안정되고 고요한 상태에서 넓적다리, 팔, 등, 골반 기저근을 포함하여 몸 전체를 쓰는 느낌이 들면, 자세를 올바르게 하고 있는 것이다. 그렇기는 해도 다누라아사나를 하는 동안 넓적다리에 타는 듯한 느낌을 경험하는 수련생이 많은데, 이는 다리의 힘을 강하게 쓰고 있음을 보여 주는 좋은 표시다. 그러니 피하거나 좋지 않은 표시로 받아들이지는 말자.

다섯 번 호흡한 뒤, 숨을 들이쉬면서 곧바로 우르드바 무카 슈바나아사나로 들어간다. 숨을 내쉬며 몸을 뒤로 굴려 아도 무카 슈바나아사나로 들어간다.

효과

소화 기능이 향상된다.
변비 증상이 개선된다.
척추와 등이 강해진다.
인내심이 길러진다.
불안감이 줄어든다.
가벼운 허리 통증이 완화된다.
가슴을 포함하여 몸 앞면이 늘어나고 열린다.
심혈관 기능이 향상된다.

파르쉬바 다누라아사나 Parsva Danurasana
옆으로 활 자세
드리쉬티 : 나사그라이(코끝)

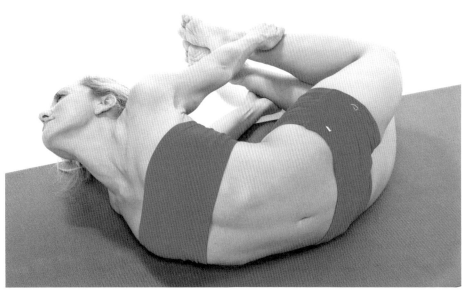

사진 6.16

사진 6.17

아도 무카 슈바나아사나에서 시작한다. 숨을 내쉬며 몸을 낮추어 차투랑가 단다
아사나로 들어가고, 어깨와 가슴을 단단하게 만들면서 코어 근육을 조여 자세를 유
지한다. 다시 숨을 내쉬고, 몸을 바닥으로 내려 배를 대고 엎드린다. 숨을 들이쉬
며 몸을 들어 다누라아사나(사진 6.15)로 들어가되, 앞 자세에서 설명한 움직임 패턴
을 따른다. 숨을 내쉬며, 다누라아사나를 유지한 채로 온몸을 오른쪽으로 굴려 몸
오른쪽이 바닥에 닿게 하며, 말 그대로 활을 옆으로 누인 것처럼 만들어 준다(사진

6.16). 이 상태로 다섯 번 호흡한 다음, 숨을 들이쉬면서 다시 다누라아사나로 돌아
간다. 숨을 내쉬며 왼쪽으로 굴러, 다누라아사나를 왼쪽으로 누이고, 이 상태로 다
섯 번 호흡을 한다(사진 6.17). 숨을 들이쉬면서 다시 다누라아사나로 돌아와, 자세
를 유지하며 다섯 번 호흡한다(사진 6.15).

이렇게 열다섯 번의 호흡이 끝날 때쯤이면 아마 지칠 것이다. 파르쉬바 다누라
아사나에서 두 가지 힘든 과제는 지구력과 정렬이다. 옆으로 누운 상태에서는 똑같
은 자세와 정렬을 온전하게 유지하기가 어렵다. 그러나 척추를 보호하고 이 자세의
치유 효과를 극대화하려면, 원래 활 자세와 같은 수준의 정렬을 유지하도록 세심한
주의를 기울여야 한다. 나는 수련할 때 조금만 주의가 산만해져도 파르쉬바 다누라
아사나를 열 다섯 번의 호흡 동안 온전히 유지하는 것이 상당히 어렵게 느껴진다.
근육에서 떨리거나 타는 듯한 감각이 느껴지면, 이 자세를 끝까지 해내고야 말겠다
는 결의를 다지는 기회로 삼아 보자.

오른쪽, 왼쪽으로 구를 때는 골반 기저근 깊은 곳에서부터 움직임이 시작되게 한
다. 아랫배를 끌어당기고, 몸의 중심을 측면으로 이동시켜, 어깨와 가슴, 다리가 따
라가게 한다. 머리를 뒤로 활처럼 젖혀 주어, 척추가 자연스럽게 계속 늘어나게 한
다. 머리를 바닥에 내려놓지 말고, 오른쪽이나 왼쪽으로 돌리지도 말자.

몸의 옆면이 바닥에 닿으면, 이 자세의 진정한 도전이 시작된다. 바닥을 누르는
가슴우리(흉곽)와 어깨 옆면을 이용해 앞으로 뻗어 낸다. 머리를 뒤로 젖혀 정수리
가 뒤쪽 발을 향하게 하되, 눈으로는 계속 코끝을 응시한다. 골반 옆면을 바닥에 단
단히 심어 몸 옆면의 기반이 되게 한다. 척추를 늘이는 동안 엉치뼈(천골)는 앞으로
기울여 준다. 발과 넓적다리는 엉덩이에서 멀리 힘 있게 뻗어 내, 등 아랫부분에 공
간을 만들고 고관절이 열리게 한다. 무릎과 발은 가까이 붙인다. 위쪽 무릎을 너무
높이 들어 올리면 무릎관절에 부담이 될 수 있으니 주의한다. 위쪽 골반, 등, 어깨,
가슴을 따라 다소 더 강한 스트레치가 느껴지는 것이 가장 좋다.

다섯 번 깊은 호흡을 한 뒤. 위쪽 골반에서부터 다누라아사나로 돌아가는 움직임
을 시작하여, 위쪽 엉덩뼈능선(장골능선)을 바닥으로 낮추어 준다. 골반에서부터 몸
의 중심을 원래 자리로 되돌려 주고, 몸의 나머지 부분은 이를 따라오게 한다. 전환
과정 내내 발과 무릎 간격은 가급적 좁게 유지한다. 그러지 않으면 무릎 부상의 위
험이 있기 때문이다. 마지막 다누라아사나로 돌아와 다섯 번 호흡할 때는 정신적으
로나 육체적으로 시험대에 오르게 될 것이다. 앞에서 설명한 정렬을 잘 유지하며,
의식적으로 자기와 긍정적 대화를 계속 한다. 넓적다리와 등은 단단해진 상태여야
하며 아마 타는 듯한 느낌까지 느껴질 것이다. 만일 근육이 문제없이 잘 쓰이고 관

절에 통증이 느껴지지 않는다면, 자세를 계속 진행해도 안전하다. 만약 척추에 날카롭거나 찍히는 듯한 감각이 느껴지면, 즉시 자세에서 빠져나온다.

다누라아사나에서 다섯 번 호흡한 다음, 숨을 들이쉬면서 곧바로 우르드바 무카 슈바나아사나로 들어간다. 숨을 내쉬면서 몸을 뒤로 굴려 아도 무카 슈바나아사나로 들어간다.

효과

소화 기능이 향상된다.
변비 증상이 개선된다.
척추와 등이 강해지고 균형 잡힌다.
인내심이 길러진다.
불안감이 줄어든다.
가벼운 허리 통증이 완화된다.
가슴을 포함하여 몸 앞면이 늘어나고 열린다.
심혈관 기능이 향상된다.

우슈트라아사나 Ustrasana
낙타 자세
드리쉬티: 나사그라이(코끝)

사진 6.18

우슈트라아사나는 전체 아쉬탕가 요가 자세에서 치유와 회복 효과가 가장 좋은 후굴 중 하나다. 이 자세는 거의 모든 종류의 요가에 있으며, 이 자세를 수련하면 온몸이 더 건강해질 수 있고 훨씬 깊은 후굴을 위해 준비될 수 있다. 나의 스승인 R. 샤랏 조이스는 우슈트라아사나를 쉬운 자세라고 하는데, 그렇다면 아마 인터미디어트 시리즈에서 유일하게 쉽다고 할 수 있는 자세일 것이다. 이 아사나는 이 시리즈의 다른 몇몇 자세에 비해 다소 덜 복잡하기 때문에 대충 끝내고 빨리 지나가고 싶은 마음이 들 수 있다. 그러나 우슈트라아사나를 주의 깊게 수련하면, 요가의 내적 수련에 대한 이해가 더 향상될 것이다.

아도 무카 슈바나아사나에서 숨을 들이쉬며 앞으로 점프하여, 곧바로 무릎 꿇고 선 자세로 들어온다. 이 자세로 들어올 때는 무릎을 최대한 몸통 쪽으로 당기고

코어를 활성화하여 최대한 부드럽게 착지한다. 무릎 바로 위로 엉덩이, 몸통, 어깨와 머리를 정렬시켜 무릎으로 선다. 턱은 가슴 쪽으로 당긴다. 숨을 내쉬면서 손을 허리에 짚어 준비하되, 아직은 몸을 뒤로 구부리지 않는다(사진 6.18). 다시 숨을 들이쉬어 척추 마디 사이에 공간을 만들고, 배를 끌어당기며 골반을 앞으로 내미는 한편, 다리는 바닥에 붙인다.

자세로 들어가는 데 필요한 이 중요한 준비 과정을 급하게 지나쳐 버리지 말자. 만일 움직임을 위한 공간과 지지를 만들지 않고 그냥 몸을 뒤로 젖혀 버리면, 척추 마디에 압박이 가해질 위험이 있다. 모든 후굴은 들이쉬는 숨에 공간을 만든 뒤, 내쉬는 숨에 그 공간으로 들어가는 움직임을 통해 이루어진다. 손을 허리에 짚은 채, 들이쉬는 숨이 에너지를 몸의 중심축 따

사진 6.19

라 정수리 쪽으로 끌어올리는 것을 느껴 본다. 이와 같은 에너지의 상승을 이용하여 자연스럽게 아랫배를 척추 방향으로 끌어당기고, 가슴우리(흉곽)를 끌어올리며, 가슴 중앙의 복장뼈를 들어 올린다. 충분한 공간이 만들어진 이후에만 자세 완성으로 더 나아가도록 한다.

준비 과정부터 어렵게 느껴진다면 더 깊게 진행하지 말아야 한다. 대신, 손을 허리에 짚은 채로, 우슈트라아사나를 할 수 있을 정도의 힘이 생길 때까지 척추의 힘과 유연성을 기른다.

숨을 내쉬며, 만들어 낸 공간을 이용하여 몸을 뒤로 구부린다. 골반을 앞으로 내밀고 머리는 뒤로 떨어뜨린다. 척추를 늘이며, 손꿈치를 발꿈치 위에 얹되 손가락이 발가락과 같은 방향을 향하게 하여 자세로 들어간다(사진 6.19). 양손을 동시에 움직이고, 한 발을 먼저 잡기 위해 척추나 어깨를 비틀지 않도록 한다.

등 아랫부분이나 목에 압박이 느껴지면, 자세로 더 천천히 들어가는 것이 좋다. 바로 우슈트라아사나로 들어가는 대신, 처음 무릎 꿇은 자세에서 엄지로 엉치뼈(천골)를 짚어 골반을 앞으로 밀어 준다. 머리를 뒤로 떨어뜨리며, 팔꿈치를 서로 모은다(사진 6.20). 양손으로 등 아랫부분을 받쳐 준다. 여기에서 불편함이 느껴지면, 이 자세를 유지하면서, 정자세를 위한 충분한 힘이 생길 때까지 기다려 주는

사진 6.20

것이 바람직하다.

다시 우슈트라아사나 설명으로 돌아가서, 고관절 앞면을 열어 내며 골반에서부터 몸을 젖힌다. 허리는 가늘게 끌어당겨 유지하고, 척추 전체를 뒤로 활처럼 휘게 하여 자세로 들어간다. 발을 잡기 위해 무릎을 구부리지 않도록 하고, 넓적다리는 바닥과 수직으로 세우고, 무릎은 골반 너비로 벌린다.

양손이 발바닥에 닿으면, 어깨는 앞으로 내회전시키고, 손으로는 발을 힘주어 누른다. 손가락을 모으고, 목은 편안하게 뒤로 떨군다. 골반 앞면을 열어 내기 위해 엉치뼈(천골)를 앞으로 기울이며 골반을 앞으로 밀어낸다. 꼬리뼈를 앞으로 보내되, 안으로 말아 넣지는 않도록 한다. 꼬리뼈를 너무 강하게 말아 넣으면, 허리뼈가 납작해지며 척추가 구부러지기 쉬운데, 우슈트라아사나는 척추를 늘이는 자세다. 오직 허리뼈 부상이 있거나 엉치엉덩관절(천장관절)의 정렬이 어긋나 있는 경우에만 등 아랫부분의 움직임을 제한하기 위해 꼬리뼈 말아 넣는 것을 고려해야 한다.

만일 골반이 정렬되어 있고 허리가 건강하면, 이 신체 부위의 타고난 유연성에 접근하는 법을 안전하게 익힐 수 있으며, 또 아마 배울 필요가 있을 것이다. 엉치뼈(천골)를 앞으로 기울이고 등근육을 조이면, 몸을 안전하게 뒤로 구부리는 데 필요한 척추 마디 공간이 만들어진다. 엉치뼈(천골)와 척추를 지지하기 위한 골반 기저근 조임에 관심을 기울이며 중점을 둔다. 물라 반다로 알려진 이 부위를 의식적으로 활성화하면 자세를 안전하게 할 수 있으며 허리뼈 치유 효과도 볼 수 있다.

넓적다리를 안으로 회전하고 엉덩이 근육을 이완시켜, 등 아랫부분과 엉치뼈(천골)에 더 많은 공간을 만들어 준다. 숨을 들이쉴 때마다 가슴 중앙의 복장뼈 중심이 올라오고, 어깨뼈는 양옆으로 벌어지며, 몸 앞면이 늘어나고, 몸 뒷면이 당신을 받쳐 주고, 골반이 더 앞으로 이동하는 것을 느껴 본다. 가슴우리(흉곽) 전체를 균일하게 들어 올리고, 뜬갈비뼈(부유늑골)가 지나치게 튀어나오지 않게 한다. 머리는 척추 늘임의 연장선상에서 부드럽게 뒤로 떨구어 준다.

목이 경직되지 않게 한다. 늘어난 상태의 목을 받쳐 주는 것은 어깨의 안쪽 회전이다. 목이 눌리는 느낌이라면 어깨 정렬이 바르지 않기 때문일 수 있다.

무릎 안쪽으로 바닥을 눌러 넓적다리를 더 안으로 회전시킨다. 발가락의 등으로 부드럽게 바닥을 눌러 활성화된 발 상태를 유지한다. 다섯 번 호흡한 뒤, 숨을 들이쉬면서 손을 다시 허리로 가져간다. 등을 일으켜 준비 자세로 돌아오되, 골반을 먼저 일으키고 몸이 뒤따르게 하여 머리가 마지막에 올라오게 한다. 머리부터 올라오면 목이 눌리거나 호흡이 짧아질 수 있다. 가능하면, 손은 허리에 짚은 채, 한 번의 들이쉬는 숨에 무릎으로 선 자세로 돌아온다. 필요하면, 앞에서 설명한 완화된 준비 자세와 같이 엄지로 엉치뼈(천골)를 눌러 등 아랫부분을 지지해 준다(사진 6.20).
손은 허리에 짚은 채, 숨을 내쉬며 자세를 안정시키고 골반 기저근을 조여 준다.

양손을 무릎과 정렬하여 바닥에 짚는다. 숨을 들이쉬면서 무릎을 가슴으로 들
어 올리고, 넓적다리를 더욱 안으로 회전시키며, 발이 바닥에서 들리게 하고, 뒤꿈
치는 엉덩이 쪽으로 당기고, 배근육을 조이며, 한 호흡 동안 균형을 유지한다(사진
6.4). 만일 이렇게 몸을 바닥에서 '들어 올린(lift-up)' 자세를 유지할 수 없다면, 파샤
아사나에서 설명한 대로 양 무릎을 가슴으로 당긴 상태에서 한 발씩 바닥에서 들어
올리는 방식으로 수정하여 진행한다(사진 6.6). 후굴 자세 후 몸을 들어 올리면, 척추
가 재정비되고 등 아랫부분이 이완된다. 설령 몸을 다 들어 올리지 못하더라도 꾸
준히 연습하면 코어 힘을 기르고 허리 부상을 예방할 수 있다.

이 단계를 건너뛰지 말자. 특히 힘이 부족하면 더욱 중점을 두어 수련해 보자. 그
리고 무턱대고 뛰어오르지는 말고, 밑에서부터 코어 힘을 천천히 견고하게 쌓아 올
려 주자. 최대한 높이 들어 올린 뒤, 숨을 내쉬면서 몸을 띄워 차투랑가 단다아사나
로 들어간다. 숨을 들이쉬면서 몸을 앞으로 굴려 우르드바 무카 슈바나아사나로 들
어가고, 다시 숨을 내쉬면서 몸을 뒤로 굴려 아도 무카 슈바나아사나로 들어간다.

효과

가벼운 호흡기 장애 증상의 완화에 도움이 된다.
소화 기능이 향상된다.
혈액 순환이 촉진된다.
심혈관 기능이 강화된다.
등이 강해지고 늘어난다.

라구바즈라아사나 Laghuvajrasana
작은 벼락 자세
드리쉬티: 나사그라이(코끝)

우슈트라아사나는 비교적 쉬운 자세로 여겨지지만, 라구바즈라아사나는 정반대
다. 앞에 나온 후굴 자세들은 천천히 척추를 열어 내고 등, 고관절, 넓적다리와 어
깨를 워밍업 하는 과정이었다. 이에 반해 라구바즈라아사나는 후굴의 힘과 안정성

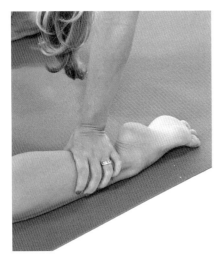

사진 6.21

을 길러 준다. 스트레치가 아닌 강화 자세이고, 힘의 측면에서 자세에 접근하는 것이 중요하다. 꾸준한 수련을 통해 정신과 육체의 인내력을 시험받게 될 것이다.

아도 무카 슈바나아사나에서 숨을 들이쉬며 앞으로 점프하여 바로 무릎 꿇고 선 자세로 들어온다. 이 자세로 들어올 때는 무릎을 최대한 몸통 쪽으로 당기고 코어를 활성화하여 최대한 부드럽게 착지한다. 무릎 바로 위로 엉덩이, 상체, 어깨와 머리를 정렬시켜 무릎으로 선다. 턱은 가슴 쪽으로 당긴다. 숨을 내쉬며 손을 허리에 짚어 준비하되, 아직은 몸을 뒤로 구부리지 않는다. 다시 숨을 들이쉬어 척추 마디 사이에 공간을 만들고, 배를 끌어당기며 골반을 앞으로 내밀고, 다리는 바닥에 붙인다. 우슈트라아사나에 들어가는 것처럼 등을 뒤로 살짝 젖혀 주되, 넓적다리 앞쪽 근육(넙다리 네 갈래근)을 단단하게 만들면서 무릎을 구부린다. 무릎 간격은 골반 너비로 유지하고, 손으로 발목을 잡는다.

발목을 잡을 때 엄지손가락은 안으로, 나머지 네 손가락은 바깥을 향하게 한다. 손목으로 눌러서 손가락들을 최대한 납작하게 만들어, 손꿈치가 뒤꿈치 안쪽 선을 따라 미끄러지게 한다(사진 6.21). 다른 방식으로 발목을 잡으면, 자세로 들어갈 때 정렬 유지가 어렵고, 정자세에서 팔을 쭉 펴고 있기가 어려울 것이다.

손가락 끝으로 단단하게 감싸며 손목으로 누르되, 손가락이나 팔로 당기지는 않는다. 대신, 팔과 손으로 누르고, 어깨를 앞쪽으로 내회전하여 뒤로 넘어가는 데 필요한 공간을 만들어 준다. 손과 어깨 위치를 제대로 잡은 다음, 넓적다리 앞

사진 6.22

쪽 근육(넙다리 네 갈래근)을 단단하게 만들면서 무릎을 구부려 뒤쪽으로 대각선 방향으로 움직인다. 그 상태에서 척추를 활처럼 더 구부리려고 하지는 말자. 대신, 넓적다리와 골반 기저근의 힘과 근력으로 몸을 뒤쪽으로 늘인다고 생각해 보자. 팔꿈치는 계속 쭉 편 채로, 숨을 내쉬며 머리를 부드럽게 바닥에 대 준다(사진 6.22).

손이 종아리 쪽으로 살짝 이동하는 것은 괜찮지만 무릎 뒤쪽까지 깊게 이동하거나 팔꿈치를 구부리지는 않는다. 내려갈 때는 줄곧 넓적다리 앞쪽 근육(넙다리 네 갈래근)과 코어의 힘을 써서 움직임을 조절하고, 머리가 바닥에 부딪히지 않도록 최선을 다한다. 머리가 바닥에 닿으면, 포기하거나 누워 버리지 말고, 힘과 정렬의 체계적 통합을 유지하여 자세를 안정시킨다. 무릎이 바닥에서 떨어지지 않게 한다. 만일 떨어지면, 무릎을 안으로 모으고—머리가 바닥에 닿자마자—바닥으로 누름으로써 자세의 정렬을 제어한다.

만일 내려가는 움직임을 제어하기가 어렵다면, 반만 내려간 뒤 자세를 유지하며 다섯 번 호흡한다. 그러면 정자세(사진 6.23)를 위해 필요한 다리, 등, 코어의 힘이 길러진다. 이 방법은 자세에서 나오는 움직임을 연습하는 데도 아주 좋다. 정수리가 바닥에 점점 더 가까워지도록 계속 수련하다 보면, 마침내 바닥에 닿도록 제어할 수 있게 될 것이다. 이 움직임을 완전히 익히면, 라구바즈라아사나 정자세를 위한 힘과 근력을 보유한 것이다.

정자세를 위한 힘을 기르는 또 다른 방법은 다소 확 내려가더라도 일단 끝까지 내려가서, 열다섯 번의 호흡 동안 유지하는 것이다. 이를 통해 정신적, 육체적 인내력을 기를 수 있다. 수련이 쌓이면 내려가고 올라오는 과정을 제어할 힘을 갖추게 될 것이다.

내려가는 과정은 이 자세에서 쉬운 부분이다. 진정으로 힘을 시험받는 것은 올라오는 과정이다. 설령 내려가는 과정을 제어할 수 있더라도, 머리가 바닥에 닿는 순간, 그대로 누워 버리고 싶을 것이다. 다리와 골반 기저근의 지지를 풀어 버리면, 다시 올라오기가 몹시 어렵다. 바닥으로 몸을 완전히 놓아 버리면 마음도 함께 포기하기 마련이다. 그러니 계속 진행하는 것이 불가능해 보이더라도 이 상태에서 그만두지 말아야 한다. 우리는 원하는 결과를 얻을 가망이 전혀 없어 보일 때도 힘을 찾고 기법을 적용하는 법을 익혀야 한다. 자신이 후굴을 통해 용감한 가슴을 기르고 있음을 기억하자. 필요한 힘을 기르려면 기본적인 노력을 투입해야 한다. 라구바즈라아사나를 통해 육체적 힘뿐 아니라 정신적 인내력도 키울 수 있을 것이다.

이 자세를 규칙적으로 수련하게 되면, 집착하지 않는 수련의 의미를 이해하게 될 것이다. 머리가 바닥에 닿고 이 자세를 완수할 가능성이 없다고 느껴질 때, 그래도

사진 6.23

어떻게든 노력하면서 목표에 대한 집착은 내려놓는 법을 배워야 한다. 앞에서 설명한 기법을 적용하여 넘어지지 않고 내려가는 법을, 다시 말해 뒤로 무너지지 않고 지지된 상태에서 내려가는 법을 배워 보자. 자세를 유지하며 다섯 번 호흡하는 동안에도, 들어 올리는 느낌을 유지한다.

다시 올라오는 기법은 먼저 라구바즈라아사나가 힘을 강화하는 자세임을 기억하는 것으로 시작한다. 내려갈 때 머리를 발 가까이 가져가거나 척추를 더 둥그렇게 구부리려고 노력하지 않았다는 점을 떠올려 보자. 넓적다리 앞쪽 근육(넙다리 네 갈래근)은 조이고 골반 기저근은 단단하게 만들어서 골반과 등 아랫부분을 지지했다. 엉치뼈(천골)를 자유롭게 하기 위해 넓적다리는 안으로 회전했고, 엉덩근육(둔근)은 살짝 이완시킨 상태였다.

자세에서 나오는 첫 번째 단계는 몸을 위쪽이 아닌 앞쪽으로 이동한다고 생각하는 것이다. 내려가 있는 상태에서, 넓적다리를 단단하게 만들며 무릎 안쪽 가장자리가 바닥에 닿게 하면서 올라오는 과정을 시작한다. 꼬리뼈를 느끼고 골반 기저근을 조인다. 숨을 들이쉬면서, 다리의 기반으로 견고히 받치면서 골반과 꼬리뼈를 앞으로 보낸다. 손꿈치로 발목을 누르고, 몸이 앞쪽 방향으로 따라가도록 하여 올라온다.

그러다 보면 자연스럽게 골반이 무릎 위로 정렬되고 척추가 선 자세로 자연스럽게 구르듯이 펴지는 순간이 올 것이다. 이 순간, 머리가 뒤따르도록 허용하여 마지막에 세워지는 신체 부위가 되게 해야 한다. 우르드바 다누라아사나에서 올라올 때와 같이 일어서려고 애를 쓰면, 종종 머리부터 올라오게 되어 무겁고 눌리는 느낌이 들 것이다. 몸무게를 앞으로 옮겨 다리에 실을 때의 자연스러운 탄력을 이용하여 일련의 운동 움직임으로 척추가 구르듯 올라오게 한다. 무릎과 발로 바닥을 누르면서 이 운동 사슬을 시작하여, 넓적다리와 골반 기저근을 단단하게 만들고, 골반과 꼬리뼈를 앞으로 옮기며, 마지막으로 척추와 머리가 따라 올라와 자세의 시작점으로 돌아온다.

올라오는 동안 팔꿈치를 구부리거나 팔로 잡아당기면, 이 운동 사슬을 통한 몸의 연결성을 잃게 될 것이다. 팔꿈치가 구부러지면 대개 반사적으로 손과 손가락으로 몸을 끌어올리려 하게 된다. 이는 잘못된 인식에 따른 움직임으로 거의 항상 실패로 끝나며, 허리 통증, 목근육 손상으로 이어진다. 올라오는 데에 목표를 두기보다는 자세의 내적 작업에 맡기고, 더 나아가기 전에 이 동작을 제대로 할 수 있는 힘과 지구력을 기르자.

이 움직임 전체를 완전히 익히기 전에는 진도를 더 나가지 않는다. 더 깊은 후굴을 지지할 코어 힘이 아직 없을 것이기 때문이다. 될 때까지 이 움직임을 매일 3~5번 반복하고, 라구바즈라아사나를 반복 수련한 뒤 후굴 수련으로 나아간다.

유연한 수련자일수록 이 자세에 특히 주의를 기울여야 하고, 다음 자세로 넘어가려고 이 자세에서 요구되는 노력을 건너뛰지 않아야 한다. 라구바즈라아사나를 통해 얻어지는 안정성 없이 더 나아가면 허리와 어깨에 부상당할 위험이 있다. 왜냐하면 이 자세는 깊고 강한 후굴인 다음 자세를 위해 다리와 코어의 힘과 기반을 다져 주는 시험대와 같기 때문이다. 아쉬탕가 요가는 수련 시간이 쌓이면서 복잡한 동작을 할 수 있도록 몸을 체계적으로 훈련할 수 있게 고안되었다. 그 여정을 서두르지 말자.

무릎 꿇고 선 자세로 다섯 번 호흡한 뒤, 숨을 들이쉬며 손을 허리에 짚는다. 숨을 내쉬며 자세를 안정시킨다. 양손을 무릎과 정렬하여 바닥에 짚는다. 숨을 들이쉬면서 무릎을 가슴 쪽으로 들어 올리고, 넓적다리를 안쪽으로 더 돌리며, 발을 바닥에서 들어 올리고, 뒤꿈치는 엉덩이 쪽으로 당겨, 한 호흡 동안 균형을 유지한다 (사진 6.4). 필요하면 앞에서 설명한 대로 수정하여 진행한다. 최대한 높이 들어 올린 후 숨을 내쉬면서 몸을 띄워 차투랑가 단다아사나로 들어간다. 숨을 들이쉬며 앞으로 굴러 우르드바 무카 슈바나아사나로 들어간 뒤, 다시 숨을 내쉬며 뒤로 굴러 아도 무카 슈바나아사나로 간다.

효과

혈액 순환이 향상된다.
심혈관 기능이 강화된다.
코어, 넓적다리, 등이 강해진다.
깊은 후굴을 위해 몸이 준비된다.
엉치뼈가 이완된다.
의지력이 강해진다.

카포타아사나 Kapotasana A and B
왕 비둘기 자세 A와 B
드리쉬티: 나사그라이(코끝)

떠올리기만 해도 두려움이 느껴지는 자세들이 있다. 유연한 척추를 타고난 것이 아니라면, 카포타아사나 같은 자세를 수련해야 한다는 상상만으로도 부정, 회피, 걱정에서부터 슬픔, 나약함, 심한 공포까지 다양한 감정이 일어날 수 있다. 유연성을 타고난 수련자에게도 아쉬탕가 요가 체계에서 제시된 바른 정렬법으로 자세에 들어가는 것은 상당한 도전이다.

내면의 알아차림을 향한 영적 여정에 왜 이토록 극단적 자세가 필요한지 의문을 제기하는 수련자도 있다. 바른 방법으로 인내심을 가지고 집착 없이 수련하면, 카포타아사나는 자신의 잠재의식이라는 연못의 맨 밑바닥에 이르는 여행이 된다. 따라서 이 자세를 제대로 익혔다면 자신을 어느 정도 파악했다고 볼 수 있다.

카포타아사나처럼 도전적인 자세를 만날 때 우리가 배워야 할 첫 번째 수업은 더 깊이 들어가기 위해 몸과 싸워서는 안 된다는 것이다. 정신적 무장을 해제하고 육체적 긴장을 풀어 내는 동안, 맑고 고요한 상태를 유지하는 법을 배워야 한다. 각자가 가진 내면의 장애물을 이토록 선명하게 비추어 주는 맑은 거울 같은 아사나는 많지 않다. 아쉬탕가 요가에서 배우는 기본 수업 중 하나는 어려움을 피해 도망치는 대신, 세상이 무너지는 듯한 상황 속에서도 용기를 유지하는 법이다. 카포타아사나는 극한의 스트레스 상황을 경험해 볼 수 있는 실험실과 같다. 인터미디어트 시리즈가 왜 '지옥 훈련 주간'인지를 아직 실감하지 못했다면, 이제 여기에서 실감하게 될 것이다. 만일 이 자세를 수련하는 동안 몸과 마음의 가장 어두운 곳으로 가라앉는 듯한 느낌이 들거나, 여러 가지 부정적인 감정과 극심한 육체적 감각이 일어난다면, 자신이 바른 길을 걷고 있다고 믿어도 좋다.

어느 날 나는 스리 K. 파타비 조이스가 지도하는 인터미디어트 시리즈 수업에 참여하고 있었는데, 그때 내 모든 감정의 버튼이 눌리는 경험을 했다. 대개는 자세마다 다섯 번의 호흡 동안만 유지하는데, 구루지는 그날 카포타아사나만 훨씬 긴 시간 동안 유지하도록 했다. 나는 호흡을 세기 시작했고, 열 번에 이르자 도대체 언제까지 이 자세를 유지해야 하는지 몰라 불안감이 들기 시작했다. 스무 번째 호흡에 다다르자 나는 스스로와 타협하며 자세를 조금이라도 풀어 보려고 했다. 서른 번째 호흡에 이르자 호흡이 거칠어지며 온몸에 열기가 높아졌고, 불안과 두려움이 심해졌다. 마흔다섯 번째 호흡에서는 내 마음이 패배감이라는 어두운 공간으로 들어갔고, 거의 포기할 뻔했다. 그러나 참고 유지했다. 아마도 스승에 대한 존중 때문이었을 것이다. 그러자 갑자기 모든 것이 괜찮아졌고, 통증이 다 사라졌으며, 나는 다시 호흡으로 돌아올 수 있었다.

그때 나는 부정적인 마음 상태의 바로 뒷면에는 모든 도전을 넘을 수 있는 평화롭고 고요한 힘이 있음을 배웠다. 물론, 그때 신체에는 불편함이 있었지만(다시 말해, 그렇게 유지하는 일은 쉽지 않았지만), 갖가지 모습으로 변하는 강렬한 감정들을 겪는 동안 나는 부상으로 이어질 만한 육체적 통증은 없음을 관조할 수 있을 만큼은 맑은 마음을 유지할 수 있었다. 우리는 카포타아사나에서 의심을 통과하여 용기로, 불안을 통과하여 평화로 들어가는 영적 궤도를 배운다. 그것은 내면의 지뢰밭을 가로지르는 나만의 영웅적 서사다. 그 여정의 끝에는 부드럽고 견고한 지혜와 사랑, 연민의 힘이 있을 것이다.

카포타아사나를 인터미디어트 시리즈의 첫 번째 관문 자세로 보는 데는 이유가 있다. 극도로 힘든 자세에서 몸을 지지할 힘과 함께 깊은 수준의 유연성이 요구되기 때문이다. 이 동작의 정렬과 에너지 흐름을 제대로 익히기 위해, 다음 자세로 넘어가기 전 카포타아사나에서 십 년 동안 머무른 사람도 있다. 유연성을 타고난 수련자라 할지라도 카포타아사나를 주 6일 수련의 일부로 받아들이려면 높은 수준의 기술과 헌신이 필요하다. 이 자세를 서둘러 지나쳐 버리지 말고, 그 과정에서 일어나는 강렬한 감정이나 극심한 육체적 감각도 피하지 말자. 이는 아주 정상적이며, 이 수련이 주는 이로운 정화 작용의 일부이기 때문이다. 근육이 타는 듯한 느낌은 힘과 유연성의 한계에 도전하고 있음을 의미한다.

어려움은 받아들여야 하지만, 결코 몸을 상하게 하거나 부상을 입어서는 안 된다. 만일 관절에, 특히 척추나 어깨관절에 날카로운, 찌르는 듯한 느낌이 들면, 즉시 자세에서 빠져나온다. 이런 느낌은 더 나아가지 말라는 신호이며, 정렬에 문제가 있을 수 있음을 보여 주는 신호다. 지나치게 밀어붙이면 내적인 몸을 느끼는 데 필요한 고조된 감각이 상실될 수 있다. 육체적, 감정적 힘듦과, 부상의 조짐을 보여 주는 통증을 구별하려면 정신이 맑고 명료해야 한다. 아무리 힘든 요가 자세도, 카포타아사나도 결코 부상은 필요하지 않다. 필요한 것은 아무리 오래 걸릴지라도 수련을 그만두지 않겠다는 끈질긴 결의다.

인터미디어트 시리즈 수련이 이 지점에 이르면, 척추를 따라 흐르는 에너지 흐름이 증가하여 매일 수련의 질이 꽤 달라지기 시작할 것이다. 이렇게 에너지가 신경계에 더해지면 기초 대사율이 높아지며, 몸과 마음의 영적 진동이 높아진다. 이 새로운, 높아진 에너지 흐름에 적응하느라 잠시 수면 패턴이 방해를 받더라도 염려할 필요는 없다. 수련 시간이 길어지면서 에너지도 더 많이 소모될 것이다. 그러니 하루 종일 피로감에 시달린다 해도 놀라지는 말자.

카포타아사나 전쟁 이야기를 듣고도 도망치지 않고 도전을 받아들일 준비가 되었다면, 이제 시작해 보자. 아도 무카 슈바나아사나에서 숨을 들이쉬며 앞으로 점프하여 곧바로 무릎 꿇고 선 자세로 들어온다. 이 자세로 들어올 때는 무릎을 최대한 몸통 쪽으로 당기고 코어를 활성화하여 최대한 부드럽게 착지한다. 무릎 바로 위로 엉덩이, 상체, 어깨와 머리를 정렬시켜 무릎으로 선다. 숨을 내쉬며 손을 허리에 짚어 준비하되, 아직은 뒤로 구부리지 않는다. 다시 숨을 들이쉬어 척추 마디 사이에 공간을 만들고, 배를 끌어당기며, 골반을 앞으로 내밀고, 다리는 바닥에 붙인다. 우슈트라아사나로 들어가는 것처럼 등을 약간 뒤로 젖힌다. 양손을 가슴 앞에서 합장하고, 어깨는 앞으로 말고, 가슴을 들어 올리며, 머리를 뒤로 떨어뜨리고, 다리는 더욱 단단히 바닥에 붙인다(사진 6.24).

카포타아사나로 들어가는 가장 전통적이고 난도 높은 방법은 몸 전체를 뒤로 활처럼 구부리고, 한 번의 조화로운 날숨에, 어깨를 바깥쪽으로 회전하며, 손으로 뒤꿈치를 잡고, 팔꿈치를 바닥으로 낮추고, 넓적다리를 안쪽으로 회전시키며 넓적다리 앞쪽 근육(넙다리 네 갈래근)의 힘을 쓰고, 골반 기저근을 단단하게 만들고, 척추 마디 사이의 공간을 유지하는 것이다(사진 6.25). 이 움직임을 제대로 해내는 수련자는 별로 없으며, 이 자세를 처음 배우는 사람은 절대 이 방법으로 접근하면 안 된다. 아직 시작 단계이거나 타고난 허리 유연성이 없다면, 이 동작을 여러 단계로 나누어 접근해야 한다.

카포타아사나로 가장 쉽게 들어가는 방법은 움직이는 속도를 늦추고 자세를 취하는 동안 추가 호흡을 많이 하여, 몸과 마음이 강해지고 열릴 수 있는 여유를 충분히 주는 것이다. 이 과정을 급히 서두르면, 타고난 척추 유연성이 있더라도 척추에 압박이 가해지거나 신경계에 좋지 않은 영향을 미칠 수 있다. 무릎 꿇고 선 준비 자세에서 몸을 길게 늘여 공간을 확보하고, 숨을 내쉬면서 팔꿈치를 구부리고, 어깨는 앞으로 회전시키며, 엄지로 엉치뼈(천골)를 누른다(사진 6.20). 몇 번 호흡한 다음, 몸과 마음이 편안하고 호흡이 안정되었을 때만 다음 단계로 진행한다.

사진 6.24

편안하게 느껴지면, 앞에서 설명한 것처럼 양손을 가슴에서 합장하고, 2~5회 호흡하여 척추를 열어 준다(사진 6.24). 이렇게 깊은 척추 신전 상태에서 허리를 안전하게 보호하려면, 유연성을 뒷받침하는 힘이 반드시 필요하다. 이어지는 일련의 움직임들은 육체적 지구력을 시험한다. 그러니 서두르지 않도록 주의하자. 더 깊이 들어갈 준비가 되었다면, 숨을 들이쉬면서 팔꿈치를 모아 머리 위로 팔을 뻗고, 머리를 부드럽게 뒤로 떨어뜨린다. 골반을 더 앞으로 내밀고, 넓적다리는 바닥에 붙인다(사진 6.26). 호흡이 짧아지는 느낌이면, 아쉬탕가 요가 체계의 핵심인 '소리를 내는 깊은 호흡법'을 적용하여 의식적으로 더 깊이 호흡한다. 뒤로 떨군 상태에서 2~5회 호흡하여 어깨를 열어 주고 후굴이 온몸에 퍼지게 한다. 양손이

사진 6.25

뒤꿈치 쪽으로 내려가게 하고, 눈으로 발끝을 찾아본다.

척추 마디 주변에서 찝히는 느낌이 들면, 즉시 올라와서 다시 엄지로 엉치뼈(천골)를 받쳐 준다. 척추 관절에 날카롭게 찌르는 느낌은 아직 움직임에 필요한 힘이 갖추어지지 않았음을 보여 주는 신호다. 그러니 더 나아가기 전에 준비 자세에서 더 오래 머물러 충분히 힘을 길러 주자. 만일 등근육과 넓적다리 힘이 강력하게 쓰이면서 가슴과 어깨가 열리는 느낌이라면, 움직임의 핵심을 제대로 수행하고 있는 것이므로 자신 있게 지속하면 된다.

사진 6.26

발이 보이면, 손을 뒤꿈치 위에 올릴 수 있을 것이다(사진 6.27). 어깨를 바깥쪽으로 회전한 상태에서 팔꿈치를 중앙으로 모아 뒤꿈치를 향해 손을 뻗어 낸다. 만일 뒤꿈치를 잡으려고 할 때 어깨가 바깥쪽으로 벌어진다면, 시간이 지나면서 어깨가 상할 위험이 있으므로 더 나아가지 않도록 한다. 공중에서 바로 뒤꿈치를 잡으려면, 골반을 앞으로 강하게 내밀면서 척추 마디 사이에 공간을 만들어 유지하고, 어깨 회전을 조절할 수 있어야 한다. 숙련자는 결국 이 방법으로 카포타아사나로 들어가야 하고, 더 깊이 들어갈 때도 같은 방법을 써야 한다. 공중에서 바로 이 자세에 들어가는 전환을 연습할 때, 때로는 선생님의 도움이 아주 큰 도움이 될 수 있다.

사진 6.27

그러나 대다수 수련자는 뒤로 젖힌 상태에서(사진 6.26) 뒤꿈치를 보지 못하고, 손도 뒤꿈치 위로 가져가지 못할 것이다. 그렇다면 다른 방법으로 카포타아사나 정자세를 향해 나아가야 할 것이다. 만일 요가 매트를 볼 수 있다면, 뒤로 젖힌 상태에서 손을 내려 바닥에 살포시 짚어 준다(사진 6.28). 이렇게 하려면 라구바즈라아사나에서 기른 힘을 모두 써야 한다. 숨을 내쉬면서 손이 바닥에 닿기 위해 필요한 만큼만 골반을 뒤로 이동한다. 라구바즈라아사나에서 했듯이 골반과 다리의 힘을 써 준다. 아직 요가 매트가 보이지 않는다면, 너무 세게 착지하여 척추가 눌릴 수 있으므로 더 나아가지 않는다.

사진 6.28

요가 매트에 손을 짚었으면, 거기서부터 진짜 여정이 시작된다. 몸무게를 손에 싣고 싶겠지만, 몸무게는 계속 앞쪽에, 다리에 싣고 있어야 한다. 골반을 앞쪽으로 들어 올려 유지하려면 골반 기저근을 단단하게 활성화해야 한다. 그러지 않으면 등 아랫부분이 짧아지며 눌리게 된다. 팔을 가급적 편 상태로 유지하고 팔꿈치만 최소한으로 구부린다. 몸무게는 계속 앞쪽에 두고, 머리는 바닥에서 들어 올리며, 어깨 외회전을 엄격히 유지한 상태에서 손가락으로 걷듯이 움직여 손을 발 가까이 가져온다. 머리가 바닥에 닿으면 더 깊이 들어갈 수 없다. 그러나 만일 자신에게 휴식이 필요하고 넓적다리와 허리가 지쳐 가고 있다면, 정수리를 바닥에 대

사진 6.29

사진 6.30

고 한 호흡 쉬어 가도 좋다(사진 6.29). 단, 이렇게 정수리를 바닥에 댄 상태에서는 손을 걷듯이 움직여 발 가까이 가져가면 안 된다. 만일 이 상태에서 손을 걷듯이 안으로 움직여 자세로 더 깊이 들어가려면, 골반을 앞으로 더 많이 보내고, 머리를 바닥에서 들어 올려야 하며, 손을 걷듯이 움직여 발 쪽으로 더 가까이 들어가기 전에 한 번 더 골반을 앞으로 보내 주어야 한다. 힘이 허락하는 범위 내에서, 들어 올리고, 걸어 들어가고, 머리를 바닥에 대고 휴식하는 이 과정을 여러 번 반복해도 좋다.

어느 시점이 되면 발끝이 보이거나 만져질 것이다. 여기서 두 번째 유혹이 찾아온다. 손을 걷듯이 움직여 발바닥을 지나 뒤꿈치까지 올라가려 하지 말자. 왜냐하면 발은 미끄럽고 마찰력이 좋지 못하기 때문이다. 만일 발바닥을 지나 뒤꿈치까지 올라가려 하면, 골반의 지지력을 잃을 수도 있다. 그러니 대신에, 손가락이 발목뼈와 정렬될 때까지 발 바깥쪽 바닥을 따라 걸어 들어간다(사진 6.30). 여기까지 와야만 손을 뒤꿈치에 올리는 것이 안전하다. 뒤꿈치를 잡으려고 할 때 골반은 더 앞으로 보내고, 발끝은 바닥으로 눌러 주며, 오른손 손가락으로 거미처럼 걸어서 오른 발목 골을 따라 올라와 뒤꿈치를 잡아 준다. 골반은 계속 앞을 향하게 하면서 들어 올린다. 오른발 뒤꿈치를 잡자마자 손가락으로 감싸 최대한 단단하게 잡아 주며, 손꿈치로 뒤꿈치를 밀어낸다.

다음에는 왼손 손가락으로 거미처럼 걸어서 왼 발목 골을 따라 올라와, 오른손의 과정을 반복하여 양발 뒤꿈치를 잡는다. 머리는 바닥에서 들리고 팔꿈치는 조금만 구부린 상태를 유지한다(사진 6.27). 여기에서 숨을 들이쉬어 골반 기저근이 더 활성화되고 척추가 더 깊이 늘어나게 한다. 숨을 내쉬면서 천천히 머리를 바닥으로 낮추고, 넓적다리는 안으로 회전하며, 골반을 앞으로 밀어 준다. 골반 기저근은 계속 조여 주고, 팔꿈치는 중앙으로 모아 내회전이 되게 한다. 이 자세를 유지하며 적어도 다섯 번 호흡한다.

만일 뒤꿈치에 도달할 수 없다면, 갈 수 있는 곳까지만 가고, 자세가 깊어질 때까지 매일 세 번 반복한다. 호흡, 자세, 응시점이라는 트리스타나의 세 가지 도구를 적용하여 감정 상태를 조절한다. 카포타아사나를 유지하는 동안 신경계에 스트레스가 가해질 수 있는데, 그러면 호흡이 짧거나 빨라지고, 불안이나 밀실 공포증 같은 느낌, 강한 부정적 감정이 일어날 수 있으며, 사지가 떨릴 수 있다. 이러한 느낌이나 현상 중 하나를 경험하더라도 마음을 차분하고 맑게 유지하도록 하자. 어떠한 경우에도 적절한 방법을 따르지 않은 채 급하게 자세에서 빠져나오지는 말자. 부상의 위험이 있기 때문이다. 만일 신경계에 스트레스가 가해져 마음이 균형을 잃을

것 같으면, 천천히 조심스럽게 자세에서 빠져나
와 잠시 쉬었다가 다시 시도해 본다.

　카포타아사나를 능숙하게 할 수 있는 고도 숙
련자라면 자세로 더 깊이 들어가 볼 수 있다. 공
중에서 뒤꿈치를 잡을 수 있게 되면, 앞에서 설
명한 것과 같은 방법으로 손을 걷듯이 움직여 종
아리 뒤쪽을 따라 무릎을 향해 간다. 손가락이
최대한 무릎 뒷면과 가까운 지점까지 가면, 숨을
내쉬면서 팔꿈치를 바닥으로 낮춘다(사진 6.31).
만일 우르드바 다누라아사나에서 발목을 잡을
수 없다면, 위 방법은 절대 시도하지 않아야 한
다. 이런 움직임에 익숙하지 않다면, 이 심화 자
세는 미루어 두자. 손으로 잡을 뒤꿈치가 없기
때문에 자세를 안정시키기가 더욱 어렵게 느껴
질 것이다. 이 가장 깊은 카포타아사나를 유지하
려면, 척추 마디 공간을 늘려 내는 한편, 코어와
다리의 힘을 더 써야 한다.

사진 6.31

　다섯 번 호흡하면서 카포타아사나에 자리 잡
은 뒤, 어깨 정렬을 유지한 상태에서 뒤꿈치를
놓아 준다. 팔꿈치를 펴내며, 최대한 발 바깥쪽
바닥과 가까운 곳을 손으로 누른다(사진 6.32). 손
가락은 발을 향하게 하고, 팔을 펴며 골반은 강
하게 앞으로 밀어 준다. 어깨의 외회전에 특히
주의를 기울이자. 이 회전은 팔꿈치를 귀 쪽으로
모아 줄 것이다. 무릎을 바닥으로 밀어내며, 넓
적다리는 안쪽으로 당긴다. 발을 계속 활성화해

사진 6.32

주고, 척추는 골반 바닥에서부터 위로 들어 올린다. 라구바즈라아사나에서 했듯이
골반을 앞으로 보내며 몸을 들어 올린다. 카포타아사나의 이 두 번째 단계는 첫 번
째 단계와 마찬가지로 어렵다. 서둘러 지나가거나 생략하지 않도록 하자. 이 자세
로 머물며 적어도 다섯 번 호흡한 다음, 숨을 들이쉬면서 양손을 모아 합장하는 자
세로 돌아온다(사진 6.24).

　만일 자세에서 나올 때 추가 지지가 필요하면, 양손을 모아 합장하는 자세로 돌

114

사진 6.33

아오기 전에 엄지손가락으로 엉치뼈(천골)를 눌러 준다(사진 6.20). 허리가 충분히 강하게 느껴지면, 숨을 들이쉬면서 가슴 앞 합장 자세를 거쳐 양손을 곧바로 허리에 얹는다(사진 6.18). 숨을 내쉬면서 자세를 안정시킨다. 양손을 무릎과 정렬하여 바닥에 짚는다. 숨을 들이쉬고 무릎을 가슴으로 들어 올린다. 넓적다리를 안으로 더 회전시키며, 발이 바닥에서 들리게 하고, 뒤꿈치는 엉덩이 쪽으로 당겨 한 호흡 동안 균형을 유지한다(사진 6.4). 필요하면 앞에서 설명한 대로 수정하여 진행한다. 가급적 높이 들어 올린 뒤, 숨을 내쉬면서 몸을 띄워 차투랑가 단다아사나로 들어간다. 숨을 들이쉬면서 몸을 앞으로 굴려 우르드바 무카 슈바나아사나로 들어가고, 다시 숨을 내쉬면서 몸을 뒤로 굴려 아도 무카 슈바나아사나로 들어간다.

깊은 후굴 직후에 이어지는 이 전통 빈야사는 매우 어렵게 느껴질 것이다. 그러나 이 빈야사는 척추를 원래 자리로 되돌리고, 엉치뼈(천골)나 등 아랫부분 주위에 쌓인 긴장이나 압박을 풀어 내는 데 필수적이다. 마음을 가다듬는 시간이 필요하면, 동작을 이어 가기 전 호흡을 안정시키는 발라아사나(아기자세, 사진 6.33)에서 휴식을 취해도 좋다. 이 자세를 완성할 수 없다면, 더 나아가지 말고 곧바로 후굴 및 마치는 자세 시퀀스로 연결한다.

효과

불안, 우울, 공포 증상의 완화에 도움이 된다.
소화와 배설 기능이 향상된다.
혈액 순환이 향상된다.
심혈관 기능이 강화된다.
등, 어깨, 허리근이 강해지고 늘어난다.
신경계가 강화된다.

숩타 바즈라아사나 Supta Vajrasana
잠자는 벼락 자세
드리쉬티: 나사그라이(코끝)

아도 무카 슈바나아사나에서 양팔 사이로 점프하여, 다리를 뻗어 앉은 상태로 들어온다. 숨을 내쉬며 오른쪽부터 다리를 접어 파드마아사나(연꽃 자세)로 들어간다. 양팔을 등 뒤로 감아 왼손으로는 왼발을, 오른손으로는 오른발을 잡아 연꽃 자세를 묶어 준다(사진 6.34). 이때 왼발을 먼저 잡고, 등을 뒤로 활처럼 구부려 손이 발에 더 가까이 다가가게 한다. 마치는 자세에 나오는 요가 무드라처럼 앞으로 숙이는 것이 아니다. 숩타 바즈라아사나로 들어가려면 척추를 깊이 늘여 주어야 한다. 가슴을 열고, 어깨를 바깥쪽으로 회전하며, 고관절을 회전시키고 엉치뼈(천골)를 앞으로 기울여 견고한 기반을 만들어 준다.

사진 6.34

파드마아사나에서 발을 잡는 것은 시작에 불과하다. 발을 잘 잡기 위해 손으로 발을 단단히 누르고 발끝을 살짝 앞으로 뻗는다. 등을 뒤로 깊게 활처럼 구부려 팔꿈치를 등 뒤에서 서로 교차시키고, 가슴을 들어 올리며 어깨는 안으로 회전시킨다. 연꽃 자세를 완전히 묶어 주어야만 시작할 준비가 된 것이다. 묶은 연꽃 자세(때로는 밧다 파드마아사나로 불린다)는 기술적으로는 숩타 바즈라아사나의 출발점이지만, 이 자세의 시작과 활성화는 (밧다 파드마아사나와 요가 무드라를 연결하는) '마치는 자세'에서 사용되는 것과는 다르다는 점에 유의하자.

이 움직임이 어렵게 느껴지면, 시작하기 전에 밧다 파드마아사나로 앉아서 다섯 번 호흡을 하면 도움이 될 것이다. 발이 미끄러우면 자세로 들어가기 전에 발 위에 수건을 얹는다. 만일 파드마아사나를 할 수 없고 이 자세를 처음 배우고 있다면, 더 나아가지 않는다. 만일 이미 이 자세에 능숙하지만 어떤 부상 때문에 파드마아사나를 취하기 어렵다면, 다리를 교차하고 팔을 뒤로 감아 넓적다리를 잡는 방법으로 수정하여 진행할 수 있다. 만일 파드마아사나는 취할 수 있는데 발을 제대로 잡기 어렵다면, 정자세를 향해 몸을 뒤로 넘기려 하기 전에 발을 제대로 잡을 수 있도록 충분히 수련한다.

숩타 바즈라아사나에 들어가는 제일 쉬운 방법은 무릎을 눌러 주는 조력자의 도움을 받는 것이다(사진 6.35). 도와줄 사람이 없으면, 벤치나 소파 등 무릎을 지나치게 압박하지 않으면서 몸무게를 견뎌 줄 정도로 무거운 물건 아래에 무릎을 두면 된다. 유연성이 아주 좋으면 스스로 정자세로 들어갈 수 있을 것이다(사진 6.36). 무릎을 안정시킨 후, 숨을 들이쉬어 척추 마디 사이에 공간을 만들고, 가슴 중앙(복장뼈)을 들어 올리며, 골반 기저근을 조여 준다. 숨을 내쉬며, 만들어 낸 공간 안으로 기대듯이 들어가 정수리를 바닥으로 낮춘다. 뒤로 넘어가면서 손으로 누른다. 가능하면 팔꿈치는 바닥에서 뜬 상태로 유지한다.

만일 손으로 발을 잡을 수는 있지만 뒤로 넘어가는 동안 계속 잡고

사진 6.35

있을 수는 없다면, 다음과 같은 연습 방법이 있다. 첫째, 발을 계속 잡은 채로 무릎을 바닥에 대고 누를 수 있는 만큼만 내려간다. 둘째, 손으로 발을 계속 잡고 있으면서, 내려가고 올라오는 동안 계속 발을 잡고 있는 데 필요한 만큼만 무릎이 뜨도록 둔다. 마지막 방법은 스트랩이나 수건을 이용하여 발을 잡거나 조력자의 손을 잡아 자세로 들어가는 것이다.

발로 단단히 누르고 발끝은 앞으로 뻗어 낸 상태에서 다섯 번 깊은 호흡을 한다. 만일 발가락 잡은 손을 느슨하게 하면, 손이 미끄러져 올라오기 힘들어진다. 이제 발을 계속 잡고 있는 채로, 숨을 들이쉬면서 기반부터 정수리까지 척추를 위로 굴리듯 올라온다. 숨을 내쉬면서 다시 머리를 뒤로 떨어뜨려 바닥으로 내려갔다가, 숨을 들이쉬면서 곧바로 올라온다. 이 과정을 멈춤 없이 세 번 연속 반복해 준다. 그리고 숨을 내쉬면서, 머리를 뒤로 바닥에 내리고, 자세를 유지하며 다시 다섯 번 호흡한다. 숨을 들이쉬면서 척추를 일으켜 밧다 파드마아사나로 돌아온다. 숨을 내쉬면서 자세를 안정시킨다. 발을 놓는다. 숨을 들이쉬면서 파드마아사나 상태로 바닥에서 들어 올린다. 숨을 내쉬면서 뒤로 점프하여 차투랑가 단다아사나로 들어간다. 숨을 들이쉬며 몸을 앞으로 굴려 우르드바 무카 슈바나아사나로 들어가고, 숨을 내쉬며 뒤로 굴려 아도 무카 슈바나아사나로 들어간다.

인터미디어트 시리즈를 시작하는 강한 후굴 구간의 마지막에 이 자세를 해 주면, 앞선 자세들에서 강력하게 만들어진 것과 상반되는 척추 늘임 패턴을 이용하여 척추를 부드럽게 이완시킬 수 있다. 어깨를 안으로 회전시켜, 카포타아사나에서 요구

사진 6.36

된 깊은 바깥 회전을 풀어 이완시킬 수 있다. 숩타 바즈라아사나를 수련하면 고관절이 열리는 동시에 강해지고, 조이면서도 바깥으로 회전하도록 준비된다. 이와 같은 고관절과 코어의 움직임에 능숙해지면, 앞으로 나올 카란다바아사나처럼 더 어려운 자세들에 대비될 수 있다. 연꽃 자세에서 뒤로 젖히면 허리근(요근)이 늘어나고 몸의 코어가 재정비된다. 손을 묶어 정자세로 들어가는 과정의 중요성을 간과하지 말자. 숩타 바즈라아사나를 숩타 비라아사나의 변형으로 지칭하는 요가 종류도 있는데, 아쉬탕가 요가에서 숩타 바즈라아사나는 완전히 묶인 연꽃 자세에서만 진행된다. 잠자는 벼락(인드라 신의 무기)은 이 자세가 요구하는 상당한 힘을 의미하는 강력한 이미지다.

효과

척추가 안정된다.
어깨가 스트레치 된다.
발과 손가락이 활성화된다.
가벼운 호흡기 장애 증상의 완화에 도움이 된다.
소화 기능이 향상된다.

바카아사나 Bakasana A
두루미 자세 A

드리쉬티: 나사그라이(코끝)

바카아사나를 기점으로 인터미디어트 시리즈의 다음 구간으로 넘어간다. 바카아사나는 이어지는 자세들을 위해 몸을 준비시키고 척추를 재정렬하는 데 중요한 역할을 담당한다. 이 기본적인 '팔 균형 자세'는 아쉬탕가 요가 체계에서 네 개 시리즈 전부의 전환 방법으로 쓰이는데, 이 시리즈들은 내 매일 수련의 일부이기도 하다. 하지만 이 자세는 오직 인터미디어트 시리즈에서만 단독 자세로 다섯 호흡 동안 유지된다. 이 자세가 요구하는 팔이음뼈(어깨뼈와 빗장뼈)의 견고한 구조적 기초에 코어 힘을 결합하는 법을 익히면, 더 어려운 '팔 균형 자세'들에 더 쉽게 접근할 수 있을 것이다. 깊은 후굴 직후 바카아사나를 하는 것은 팔로 균형 잡는 활성화된 발라아사나를 하는 것과 같다. 등을 말고 어깨 힘으로 밀어 올리면서 활성화된 코어 힘을 쓰면, 고관절을 구부리고, 넓적다리를 당겨 안으로 회전시키며, 엉치뼈(천골)를 이완시킬 수 있다.

아도 무카 슈바나아사나에서, 숨을 들이쉬며 앞으로 점프하여 쪼그린 자세로 들어오며, 양쪽 엄지발가락은 붙인다. 팔을 단단하게 뻗어 양손은 어깨너비로 바닥을 짚는다. 원칙적으로 시선은 코끝에 두어야 하지만, 이 자세를 처음 배울 때는 손가락 조금 앞쪽의 바닥을 보는 것이 도움 된다. 어깨를 벌리고, 어깨세모근(삼각근)을 단단하게 하고, 작은가슴근(소흉근)을 활성화하며, 넓은등근(광배근)을 쓰면서, 손가락 끝으로 바닥을 가볍게 움켜쥔다. 무릎을 겨드랑이 쪽으로 당겨, 견고한 팔의 토대를 향해 앞으로 기울여 준다(사진 6.37). 몸무게를 팔에 갑자기 확 실어 버리거나 등을 평평하게 하지 않는다. 몸을 공중에서 앞으로 움직이면서 들어 올려, 몸무게를 어깨와 코어의 힘에 실어 준다. 아래쪽 갈비뼈를 몸 중심 쪽으로 끌어당기고, 조여진 아래쪽 갈비뼈 근육 위로 앞톱니근(전거근)을 덮어 주는 느낌으로 힘을 써 준다. 골반 기저근을 단단하게 하고, 배근육을 단단히 조이며, 무릎을 구부리고, 고관절이 구부러지게 한다. 등 윗부분을 살짝 말면서 더 앞으로 기울여 주되, 어깨세모근(삼각근)이 손가락 끝보다 너무 앞으로 나가게 하지는 않는다. 숨을 들이쉬며 발끝을 골반 쪽으로 당겨 올리고, 꼬리뼈를 말아 주며, 발이 바닥에서 떠오르게 한다(사진 6.38). 양쪽 엄지발가락을 서로 당겨 붙여 주고, 뒤꿈치도 붙인 상태로 유지한다. 모든 것을 중앙으로 끌어당기며, 다섯 번 호흡하는 동안 이 자세를 유지한다. 손으로 바닥을 밀어내듯이 강하게 밀면서 호흡할 때마다 더 높이 들어 올린다. 아랫배를 활성화하기 위해 두덩뼈(치골)를 배꼽 쪽으로 당기며, 무릎은 겨드랑이 쪽으로 민다.

고층 빌딩 꼭대기에서 손으로 빌딩 전체를 땅으로 완전히 눌러 넣는다고 상상해 보자. 이렇게 할 때 당신의 힘은 지구 중력축의 자연적 힘과 연결될 것이다. 당신의 에너지가 지구 중심에 다다르면, 반사되어 돌아와 당신의 몸을 들어 올리는 느낌을 준다. 당신의 노력을 삶의 자연적 에너지 흐름에 더 많이 연결시킬수록 자세가 더 쉬워질 것이다. 그저 밀어붙이는 힘을 쓰기보다는 몸을 자연적 중심선으로 최대한 정렬해 주고, 중심에서 벗어난 느낌이 들면 근육 힘으로 밀어붙이지 말고, 몸의 에너지 중심 쪽으로 당겨 모아 준다.

프라이머리 시리즈의 전환 과정에서는 까마귀 자세와 두루미 자세를 구별하지 않아도 되고, 서로 바꿔 써도 된다. 그러나 인터미디어트 시리즈에서는 이 두 자세의 차이를 이해하는 것이 중요하다. 바카아사나는 종종 까마귀 자세로도 불리는데, 이 둘은 명확히 구분되는 자세다. 바카아사나에서는 팔이 펴져야 하고, 두

사진 6.37

사진 6.38

루미 자세로 번역된다(사진 6.38). 반면, 카카아사나(까마귀 자세)는 팔을 구부리며, 더 쉽고 바닥에 더 가깝다(사진 6.39). 타고난 힘이 부족한 수련자에게는 바카아사나 가 거의 불가능하게 느껴질 수 있으니, 바카아사나에 필요한 코어의 힘, 어깨의 안 정성, 손목의 유연성이 길러질 때까지는 카카아사나라는 완화된 자세를 수련할 수 있다.

카카아사나에서는 바카아사나와 달리 무릎을 겨드랑이가 아닌 위팔의 바깥 끝과 맞추어 준다. 팔꿈치를 손목과 정렬되도록 구부리고, 다리를 서로를 향 해 조여, 위팔이 만들어 내는 선반 위에 단단하게 고정시켜 준다. 무게를 앞으로 기울이면서 기반으로 밀고 들어간다. 팔꿈치가 양옆으로 너무 벌 어지지 않게 하고, 팔꿈치를 계속 안쪽으로 적극 당겨서 손목과 정렬되 게 한다. 팔꿈치를 굽히고 있어 위팔이 선반을 이루므로 여기에 정강이 를 올려놓을 수 있는데, 이는 이 자세의 이로운 점이자 불리한 점이다. 카 카아사나의 정렬이 제공하는 마찰력에 지나치게 의존하면, 어깨 힘을 덜 사용하게 되어 바카아사나에 필요한 힘을 기를 수 없기 때문이다. 따라 서 바카아사나에서 설명한 어깨, 가슴, 몸통 및 코어의 활성화를 가급적

사진 6.39

유지하도록 하자. 카카아사나가 안정되게 느껴지면, 골반 기저근에서부터 손으로 강하게 누르면서, 배근육을 단단하게 하고 엉덩이를 들어 올리며 팔을 최대한 펴서 바카아사나로 전환할 수 있는지 보자(몇 년에 걸친 수련이 필요할 수도 있다).

바카아사나를 수련하기 시작할 때, 손목에 금방 피로가 쌓이는 느낌이 들 것이다. 천천히 시작하여 충분한 시간을 두고 자세를 수련하자. 만일 손 관절 어디에라도 날카롭고 찝히는 듯한 느낌이 들면, 자세에서 나와 손의 정렬을 점검하고, 잠시 쉬었다가 다시 진행한다. 주의 깊게 손과 손가락의 위치를 잡는다. 손가락은 계속 정면을 향하게 하고, 손목은 몸통과 직각을 이루며 두덩뼈(치골)와 정렬되게 하고, 손가락 끝에 힘을 준다. 손가락 간격은 너무 좁지도 멀지도 않은 중립 상태로 유지한다. 손바닥의 중심이 아날로그 시계의 중심이라고 상상해 보자. 그리고 오른손 엄지는 열 시 방향에, 새끼손가락은 두 시 방향에 두고, 왼손도 이와 대칭되게 위치시킨다. 손이 바깥쪽을 향하거나 손가락을 지나치게 펼치면, 손목이나 손가락 힘줄에 좋지 않은 압박이 가해질 수 있으니 주의한다. 몸의 자연 중심선과 같은 선에 손가락과 손목을 두면, 몸무게를 더 수월하게 지지할 수 있을 것이다.

만일 올바른 자세 유지를 위해 옷의 마찰력이 필요하여 긴 바지를 입고 있다면, 반바지를 입는 도전을 해 보자. 이를 통해 몸의 힘만으로 무게를 바닥에서 들어 올려 유지하는 법을 익힐 수 있을 것이다. 땀이 많이 난 상태에서 반바지를 입으면 더욱 효과적이다. 왜냐하면 팔에서 미끄러지지 않기 위해 들이는 노력이야말로 몸의 중심을 끌어당기고 더 강하게 들어 올리는 데 필요한 코어 힘을 기르는 가장 빠른 길이기 때문이다. 매일 수련과 전환 과정에서 최선을 다해 이 자세를 추가로 몇 호흡 더 유지하면, 몸과 마음의 힘과 안정성을 기르는 데에 도움이 된다. 팔 균형 자세를 빨리 지나가 버리고 싶은 마음이 들겠지만, 반대로 더 해 주면 수련 수준이 향상될 것이다. 어려운 자세를 더 오래 수련하면, 그 자세들은 당신의 가장 좋은 스승이 될 것이다. 역경을 받아들이는 법을 배워 보자. 그러면 그 역경은 당신을 더 강하게 만들어 줄 것이다. 만일 바카아사나의 도전을 회피해 버리면, 이 도전을 계속 반복하여 받게 될 것이다. 이 자세는 바른 어깨 정렬과 코어 힘을 가르쳐 주는 기본 자세이기 때문이다. 그러니 이 도전을 지금 직면하여 그 과정에서 용기를 기르는 편이 낫다.

적어도 다섯 번 호흡한 뒤, 숨을 들이쉬면서 팔로 받치면서 몸을 앞으로 더 기울이고 바닥을 더 강하게 밀어내며, 코어를 더 조여 주고, 몸을 팔에서 살짝 들어 올린다. 무게를 앞으로 더 이동하는 데 필요한 만큼만 팔을 구부리되, 어깨를 계속 안정시키고 팔꿈치는 계속 손목과 일직선을 이루게 한다. 숨을 내쉬며 아래쪽 갈비뼈를 안으로 끌어당기고, 넓적다리는 서로를 향해 조이며, 두 다리를 공중에 띄워 곧바로 차투랑가 단다아사나로 들어간다. 숨을 들이쉬면서 우르드바 무카 슈바나아사나로 들어가고, 숨을 내쉬며 몸을 뒤로 굴려 아도 무카 슈바나아사나로 들어간다. 바카아사나에서 점프 백을 하는 것은 대개 프라이머리 시리즈의 두 자세인 부자피다아사나(어깨 누르는 자세)와 숩타 쿠르마아사나 다음의 전환 과정에서 익히게 된다. 그런데 이런 전환 동작보다 바카아사나에서 곧바로 점프 백을 하는 것이 더 쉽다. 만일 도저히 팔에서 무릎을 떼지 못하겠다고 느끼면, 어깨 쪽으로 살짝 기댔다가 엉덩이는 위로, 다리는 뒤로 보내면서 바닥을 밀어내면 점프 백을 위한 추진력을 만들 수 있다. 만일 이 자세에서 점프 백을 할 수 없으면 더 나아가지 않는다. 천천히 힘을 기르고, 수련하는 내내 힘에 더 많은 중점을 두어 보자.

오직 두려움 때문에 바카아사나에서 점프 백을 하지 못하는 경우도 있다. 그렇다면 몸무게를 앞으로 안전하게 기울이는 법을 익혀야 한다. 앞으로 넘어지는 데 대한 두려움을 극복하는 한 가지 방법은 바카아사나로 들어간 뒤, 묵타 하스타 쉬르샤아사나(삼각대 머리서기)를 하듯 정수리를 바닥으로 누를 만큼 앞으로 많이 기울여 보는 것이다. 이 정도로 많이 가 보면 앞쪽 공간으로 기울이는 것이 안전함을 몸과 마음으로 익히게 되고, 그러면 점프 백을 할 수 있게 될 것이다.

효과

엉치뼈가 이완된다.
코어 힘이 길러진다.
손목, 어깨, 가슴이 강화된다.
자신감이 향상된다.

바카아사나 Bakasana B
두루미 자세 B
드리쉬티: 나사그라이(코끝)

만일 바카아사나에서 점프 백을 하는 것이 두려움이나 불안감을 일으켰다면, 점프하여 바카아사나로 들어가는 것은 '태양의 서커스' 단원만이 할 수 있는 마법 같은 묘기처럼 느껴질 것이다. 이 움직임은 나에게 엄청난 불안을 느끼게 했을 뿐 아

사진 6.40

니라, 내 존재와 수련에서 힘이 가지는 진정한 의미에 대한 믿음을 시험했다. 움직임의 주요 요소를 분석해 본 결과, 바카아사나에서 점프 백을 할 수 있으면 당연히 점프해서 이 아사나로 들어갈 수 있다고 나는 단언할 수 있다. 특정 시간 안에 자세를 완성하겠다는 집착을 내려놓고 필요한 노력을 하면서 여정을 따르다 보면, 생각하는 것보다 훨씬 빨리 그날이 다가올 것이다. 첫째 비결은 어느 단계에 있든 겸허하게 노력을 쏟는 것이다. 처음부터 물구나무서듯 공중에 몸을 들어 올린 상태에서 곧바로 자세로 들어오려 하지는 말자. 처음에는 바카아사나 B를 하다가 바닥에 쿵 떨어지더라도 만족하고, 거기서부터 시작하자. 나도 그렇게 시작했다.

가장 난도 높은 전통 방법은 아도 무카 슈바나아사나에서 시작하여, 한 번의 긴 호흡에 점프하여 곧바로 정자세로 들어가는 것이다(사진 6.38). 이렇게 할 수 있으려면 자신감, 신체 제어 능력, 정신력 단련이 필요하다. 이 자세에 필요한 모든 요소를 갖추었다면, 점프하여 곧바로 바카아사나로 들어갈 수 있을 것이다. 시선은 앞으로, 매트 위 손가락 사이를 바라본다. 손으로 바닥을 누르고, 코어에서부터 움직임을 시작한다. 어깨세모근(삼각근)을 견고하게 하고, 넓은등근(광배근)을 조이며, 골반 기저근을 활성화한다. 점프 스루 하여 앉은 자세로 들어올 때처럼, 무릎을 깊게 구부려 몸을 뒤로 빼고 추진력을 만든다. 다음에는 바닥을 더 강하게 누르고 팔은 곧게 편 채로 몸무게를 중심으로 끌어당기면서, 앞으로 뛰며 골반과 가슴, 어깨를 앞으로 보낸다. 무릎을 가슴으로 끌어당기며, 몸무게가 팔로 쏟아지듯 이동되는 것을 느낀다(사진 6.40). 무릎이 가슴에 닿으면 등을 말아 준다. 너무 높게 뛰거나 물구나무서려 할 필요는 없다. 그냥 바닥에서 45도 정도로 앞으로 뛰어, 팔에 착지할 때까지 그 움직임을 따른다. 숨을 내쉬면서 배근육을 조이고, 어깨를 앞으로 보내고, 엉덩이를 낮추어 바카아사나로 착지한다. 가급적 팔 뒷면에 충돌하듯 착지하지 않는다. 무릎을 팔 쪽으로 낮추는 동안, 내려가려는 충동에 저항해 보자. 자세를 취하는 동안 계속 어깨 힘으로 밀어낸다. 바카아사나를 유지하며 다섯 번 호흡한다.

만일 바카아사나로 점프하여 들어가는 것이 불가능하게 느껴지면, 몇 단계로 나누어 더 쉽게 접근해 보자. 일단 발로 손 가까이 걸어와서, 뛰어야 할 거리를 좁혀준다. 아도 무카 슈바나아사나에서 점프하는 대신, 훨씬 가까운 지점에서 점프해 본다. 팔에서 15센티쯤 떨어진 거리에서 시작해도 좋다(사진 6.41). 이 준비 자세를 다섯 호흡 동안 유지하는 것만으로도 어깨 힘이 길러질 것이다. 어깨세모근(삼각근)을 손바닥 위쪽에 두고, 팔꿈치를 구부리고, 숨을 들이쉬면서 앞으로 뛰어 (더 높이 들리고 우아한 바카아사나가 아닌) 카카아사나로 착지한다. 이렇게 위팔을 착지할 선반으로 만들어 주면, 더 넓은 면적으로 몸무게를 받쳐 줄 수 있다. 점프하여 무릎을 곧바로 겨드랑이에 갖다 대는 대신, 정강이를 위팔 세 갈래근(삼두근)이 만드는 안전한 면 위로 착지시키면 훨씬 쉽게 균형을 잡을 수 있다.

사진 6.41

짧은 거리에서 뛰어 팔에 착지하는 데 한 달간 꾸준히 성공하면, 매달 1인치(2.54센티)씩 거리를 늘려 본다. 그러면 1년 후에는 아도 무카 슈바나아사나에서 바카아사나로 완전히 뛰어 들어갈 수 있을 것이다. 카카아사나 착지에 성공했다면, 최대한 엉덩이를 높이고 팔을 편 상태를 팔 기반이 얼마나 받쳐 줄 수 있는지 보자. 앞으로 너무 나가 넘어지면 머리를 박을 것 같은 지점에 큰 베개를 두는 것도 도움이 된다. 앞으로 고꾸라져도 푹신한 곳으로 떨어진다는 생각만으로도 바카아사나로 점프할 자신감이 생길 것이다.

마지막으로, 앞으로 떨어지면서 정수리를 묵타 하스타 쉬르샤아사나 자세로 착지하는 연습을 해 보자. 자신을 두렵게 하는 바로 그 대상으로 부상 없이 들어가 보면, 시도해 볼 자신감이 생긴다. 하루에 최소 세 번, 최대 다섯 번 연습해 본다. 다섯 번 시도해도 성공하지 못하면, 집착하지 말고 놓아주자. 자신이 할 수 있는 최선의 바카아사나 자세를 유지하며 적어도 다섯 번 호흡한 다음, 숨을 내쉬며 뒤로 점프하여 곧바로 차투랑가 단다아사나로 들어간다. 숨을 들이쉬며 우르드바 무카 슈바나아사나로 들어가고, 숨을 내쉬며 몸을 뒤로 굴려 아도 무카 슈바나아사나로 들어간다.

많은 수련생이 바카아사나로 점프하여 들어가는 데 실패하는데, 그 이유는 점프해 들어가는 동작에 너무 많은 중점을 두거나 힘을 기르는 과정 중에 포기해 버리는 등 이 자세에 관한 정신적 장애를 만들기 때문이다. 노력과 이완 사이의 절묘한 균형점을 찾아보자. 그러면 어느 날 몸을 앞으로 띄워 바카아사나로 들어가게 될 것이다. 이 동작의 목적이 꼭 체조 선수처럼 몸을 제어하여 낮추는 것은 아니다. 그보다는 다음 두 가지를 익혀야 하는데, 첫째는 팔과 코어의 견고한 기반으로 몸무게를 이동시키는 방법이고, 둘째는 몸 뒷면에서부터 앞으로 움직이는 것을 신뢰하는 법이다. 자신의 엉덩이가 어디로 향하는지 볼 수 없는 상태에서 점프하여 바카아사나로 들어가려면, 일종의 맹목적인 믿음과 신뢰를 기를 필요가 있다. 근사하게 할 필요는 없지만, 연결되고 강한 느낌은 들어야 한다. 또한 얼마나 자세를 잘하는지는 중요하지 않으며, 얼마나 잘 노력하는지가 중요하다. 힘을 기르는 과정을 서두르지 말고, 자세의 수행에 관해 스트레스를 받지도 말자. 그저 최선의 노력을 하고, 어떤 결과에 대한 집착은 내려놓자. 기술적 측면에 집중하면, 몸은 몇 년에 걸친 수련을 통해 자연히 강해질 것이다.

효과

엉치뼈가 이완된다.
코어 힘이 길러진다.
손목, 어깨, 가슴이 강화된다.
자신감이 향상된다.
물구나무서기를 위한 준비가 된다.

바라드바자아사나 Bharadvajasana
현자 바라드바자에게 헌정하는 자세
드리쉬티: 파르쉬바(측면)

이 자세는 바라드바자에게 헌정되었는데, 그는 베다 경전(Veda)의 찬가들을 지은 것으로 알려진 7명의 전설적 리쉬(rishi), 즉 삽타리쉬(Saptarishi) 중 한 명이다. 인도의 위대한 현자의 이름을 딴 자세를 수련하면 그 현자의 영적 상태를 닮아 갈 수 있다는 말이 있다. 바라드바자는 앙기라사 리쉬의 후손이며, 리그 베다의 여섯 번째 만달라를 지었다고 한다. 그는 학구적 노력, 아유르베다의 연구, 명상 수행으로도 유명하다.

앞서 나오는 깊은 후굴 다음에 해 주는 바라드바자아사나의 비틀기는 척추를 중립 위치로 되돌려 놓는 데 중요한 역할을 한다. 비틀기도 일종의 척추 늘임이지만, 인터미디어트 시리즈의 다음 두 자세에서 비트는 움직임은 에너지를 몸의 중심축 쪽으로 다시 가져오는 역할을 한다. 자세로 들어갈 때는 모든 근육을 몸 중심으로 끌어당긴다고 생각해 보자. 에너지를 회전하여 밖으로 보내고 싶은 유혹이 들겠지

사진 6.42
사진 6.43

만, 말 그대로 중심 안으로 비틀어 들어갈 때 바라드바자아사나의 이로움을 느낄 수 있다. 에너지가 척추 마디를 타고 흐르면, 후굴로 인해 고조된 내적 자각을 경험할 수 있고, 다음 구간의 자세에 필요한 척추 힘을 기를 수 있다.

　아도 무카 슈바나아사나에서 시작하여, 숨을 들이쉬면서 양팔 사이로 점프 스루하여 다리를 편 상태로 앉는다. 숨을 내쉬며 왼 다리를 뒤로 구부려 안으로 회전시키고, 오른 다리를 바깥으로 회전시키며 반연꽃 자세로 접는다. 오른팔을 등 뒤로 감아 오른손으로 오른발을 잡아 묶고, 왼손은 오른 무릎 아래에 넣고 바닥을 누르되 손가락은 왼 무릎을 향하게 하며, 몸을 오른쪽으로 비틀어 준다(사진 6.42와 6.43). 오른 어깨 너머를 응시한다. 왼 다리를 뒤로 구부릴 때는 인터미디어트 시리즈의 크라운차아사나, 프라이머리 시리즈의 트리앙 무카 에카파다 파스치마따나아사나와 같은 방법으로 구부린다. 이때 무릎의 비틀림은 최소화하고, 왼쪽 고관절의 안쪽 회전을 활용한다.

　이 동작을 하는 동안 무릎에서 통증이 느껴지면, 더 밀어붙이지 말고 자세를 풀거나, 엉덩이 아래에 수건이나 블록을 받쳐 자세를 완화해 준다. 고관절의 깊은 안쪽 회전이 이루어지면, 바라드바자아사나를 수행하는 동안 양 궁둥뼈(좌골)를 바닥에 견고하게 뿌리내린 상태를 유지한다.

오른 다리를 반 연꽃 자세로 접을 때, 오른 발등은 왼쪽 서혜부 주름을 따라 얹되, 역시 무릎관절의 비틀림은 최소화하며 고관절 회전을 활용한다. 발이 안전하게 자리를 잡으면, 오른발로 왼쪽 서혜부를 가볍게 눌러 내려 골반과 궁둥뼈(좌골)를 더 단단히 바닥에 붙인다. 이상적인 다리 각도는 최소 45도이며, 편안하게 느껴지는 것보다 조금 더 넓은 간격이다. 처음 스리 K. 파타비 조이스에게 이 자세를 배울 때 그는 내 매트 위에 서서 최소 45도 또는 그 이상 각도를 만들며 내 다리 간격을 넓혀 주고는 했다.

이 자세의 전체 기반은 다리와 골반, 고관절에 있다. 골반 기저근을 조이고 궁둥뼈(좌골)를 바닥으로 누르며 아랫배를 끌어당기는 한편, 고관절을 서로 반대되는 방향으로 회전시킨다. 엉치뼈(천골)가 다소 말리는 느낌도 기반의 일부로 받아들인다. 기반이 흐트러질 수 있으니, 자세로 들어갈 때 궁둥뼈(좌골)를 들어 올리거나 엉덩이를 끌어올리지 않는다. 오른손을 뻗어 오른발을 잡을 때는 오른 어깨뼈를 등 쪽으로 굴려 내리면서 움직임을 시작한다. 등 윗부분이나 가슴을 지나치게 뒤로 멀리 돌리지는 말고, 오른 어깨를 밖으로 너무 멀리 돌리지 않아도 된다. 대신, 어깨를 몸 중심선 쪽으로 당겨서 발을 잡아 준다. 오른발을 잡았으면, 부드럽게 아래로 눌러 골반을 안정시키고, 오른 어깨세모근(삼각근), 넓은등근(광배근)과 앞톱니근(전거근)을 조여 비트는 움직임을 몸 중심으로 모아 준다. 기반을 견고하게 유지하면서, 살짝 앞으로 기울이고, 가슴우리(흉곽)를 젖히며, 중심선을 따라 척추를 비틀어 주며, 가슴 중앙의 복장뼈와 두덩뼈(치골)는 정렬시켜 유지한다. 왼팔을 앞으로 뻗고, 어깨를 안으로 회전시키며 비트는 움직임에 포함시킨다. 왼손을 오른 무릎 아래에 넣어 왼손꿈치로 바닥을 단단히 누르고, 손가락은 왼 무릎을 향하게 하면서 손가락 끝으로 바닥을 살짝 움켜쥐며, 숨을 내쉬면서 바라드바자아사나 정자세로 들어간다(사진 6.42). 척추를 오른쪽으로 멀리 기울이거나 엉덩이를 들어 올리지 않으면서 손으로 바닥으로 누르려면 상당한 수준의 유연성이 필요하다. 몸 중심선을 향해 비트는 움직임을 끌어당겨 이 두 가지 보상적 움직임[2]을 최소화해 보려 최선을 다해 보자. 정말 필요하다면, 엉덩이는 바닥에 밀착되어 있되, 왼손은 정자세에 미치지 못하는 자세로 몇 번 호흡하고, 또 왼손은 바닥에 밀착되어 있되 궁둥뼈(좌골)는 살짝 들린 자세로 다시 몇 번 호흡해도 좋다. 만일 양 궁둥뼈(좌골)가 바닥에 계속 밀착되어 있다면, 들이쉬는 숨마다 공간을 만들어, 내쉬는 숨마다 그 공간 안으로 비틀어 들어간다.

2 Compensatory movement. 특정 부위의 힘이나 유연성이 부족할 때 다른 부위의 힘이나 유연성을 과하게 써서 보완하려는 움직임을 뜻한다. —옮긴이

바라드바자아사나에서 다섯 번 호흡을 한 다음, 숨을 들이쉬며 양손을 바닥에 짚고 발을 교차하여 몸을 들어 올린다. 숨을 내쉬며 뒤로 점프하여 차투랑가 단다아사나로 들어간다. 숨을 들이쉬며 몸을 앞으로 굴려 우르드바 무카 슈바나아사나로 들어간 뒤, 숨을 내쉬며 뒤로 굴려 아도 무카 슈바나아사나로 들어간다.

숨을 들이쉬며, 양팔 사이로 점프 스루 하여 다리를 펴고 앉는다. 숨을 내쉬며, 왼쪽으로 바라드바자아사나에 들어가되, 동일한 해부학적 지침을 주의 깊게 적용한다(사진 6.43). 다섯 번 호흡한 뒤, 숨을 들이쉬며 양손을 바닥에 짚고 발을 교차하여 몸을 들어 올린다. 숨을 내쉬며, 뒤로 점프하여 차투랑가 단다아사나로 들어간다. 숨을 들이쉬며, 몸을 앞으로 굴려 우르드바 무카 슈바나아사나로 들어간 뒤, 숨을 내쉬며 뒤로 굴려 아도 무카 슈바나아사나로 들어간다.

자세의 에너지가 중심선을 따라 모이면, 프라나(생명 에너지)가 수슘나 나디를 따라 위로 이동한다. 깊은 후굴은 신경계를 따라 움직이는 강력한 전기적 힘을 깨운다. 몸의 중심을 향해 비틀어 주면, 그 에너지를 중심선 따라 위로 이동시킬 수 있다. 프라나가 상승하며 전류가 척추 에너지 중심에 불을 붙이는 듯한 감각을 느껴보자. 이 에너지가 자유롭게 막힘없이 흐를 수 있도록 척추 정렬을 유지하며 끌어올려 주는 것이 중요하다. 제대로 된 정렬로 바라드바자아사나를 유지할 수 있게 되면, 척추 끝의 꼬리뼈에서 시작하여 정수리에서 끝나는 강력한 에너지 상승 흐름을 느낄 수 있을 것이다.

바라드바자아사나와 다음 자세인 아르다 마첸드라아사나는 사마나 프라나 바유(samana prana vayu)를 활성화하는데, 이 바유는 균형을 잡아 주는 프라나로서 복강에서 쉬고 있다. 이 사마나가 활성화되면 소화력이 좋아지고, 몸과 마음이 안정되며 고요해진다. 사마나는 정화의 불인 아그니의 미묘한 형태이며, 처음에는 신체적 불로 시작하여 궁극에는 영적 자각의 빛으로 진화한다. 인터미디어트 시리즈 초반의 깊은 후굴 이후 바라드바자아사나와 아르다 마첸드라아사나를 수련하면, 사마나를 중심 통로로 모아 영적 깨어남을 향하게 할 수 있으며, 순수 의식의 빛이라는 가장 높고 참된 목적을 향해 나아가게 할 수 있다.

효과

척추와 엉치뼈가 정렬된다.
어깨와 가슴이 열린다.
스트레스가 완화된다.

소화가 촉진된다.
사마나가 활성화된다.

아르다 마첸드라아사나 Ardha Matsyendrasana
절반 물고기의 신 자세
드리쉬티: 파르쉬바(측면)

마첸드라나트(Matsyendranath)는 84명의 마하싯다(위대한 싯다) 중 한 명이다. 그의 출생과 기원은 인도의 전설적인 전통 신화에 자세히 묘사되어 있다. 마첸드라나트의 이름은 '절반은 물고기, 절반은 인드라 신'으로 번역된다. 어떤 전설에 따르면, 그는 물고기에게 삼켜져 그 배 속에 있을 때 쉬바 신이 가르치는 만트라를 들었다. 그는 신성한 만트라를 통해 죽음에서 구원받았고, 물고기가 마침내 놓아줄 때까지 11년간 수련을 지속할 수 있었다고 한다. 또 다른 전설에 따르면, 그는 물고기로부터 창조되어 물 원소를, 우주의 통치자인 인드라 신의 신성한 원소와 결합했다고 한다. 또 다른 전설에 따르면, 쉬바가 자신의 가르침을 완벽하게 수용하는 불멸의 그릇이 될 수 있도록 생명의 다섯 가지 원소로 마첸드라나트를 만들었다고 한다.

스와미 스와트마라마의 《하타 요가 프라디피카》에 따르면, 마첸드라나트는 위대한 싯다 중 한 명으로서 하타 요가 수련을 통해 시간의 굴레에서 해방되었다고 한다(하타 요가 프라디피카 1장 9절). 그는 또한 고락샤나트라는 유명한 요가 수행자의 스승으로 알려져 있으며, 두 사람의 관계는 요가 전통에서 이상적인 스승 제자 관계, 성스럽고 존경받는 유대의 표본으로 제시된다.

마지막으로, 마첸드라나트는 티벳과 네팔의 탄트라 불교도들에게는 관세음보살(Avalokitesvara)과 동일시되는 바즈라야나(Vajrayana, 금강승) 싯다로 여겨진다. 앞에서 말했듯이, 위대한 현자의 이름을 딴 자세를 수련하면 수련자의 에너지가 그 현자의 에너지와 연결될 수 있다고 한다. 깊은 후굴로 프라나를 증가시킨 다음에 곧바로 이렇게 강력한 아사나를 둔 것을 보면, 이 두 비틀기가 인터미디어트 시리즈의 변환 부분으로서 가지는 중요성을 알 수 있다.

아도 무카 슈바나아사나에서 시작하여, 숨을 들이쉬며 양팔 사이로 점프 스루 하여 다리를 펴고 앉는다. 자세의 기반으로서 골반을 안정되게 유지하고, 왼쪽 고관절을 가볍게 외회전시키며 무릎을 구부린다. 왼 무릎이 두덩뼈(치골)와 정렬되고 왼발 뒤꿈치는 오른 엉덩이 바깥쪽에 접하도록 무릎을 몸 중심선으로 가져온다. 왼발

사진 6.44

사진 6.45

위에 앉지 말아야 하며, 왼발 끝을 힘 있게 뻗어, 자세를 유지하는 동안 엄지발가락 밑부분으로 뻗어 낸다. 오른 무릎은 왼 다리 위로 구부려 세워 주고, 골반을 안정되게 유지하며 오른 고관절이 부드럽게 안으로 회전되게 한다. 오른 발목의 바깥쪽으로 왼 무릎의 윗부분, 안쪽 가장자리를 눌러 준다. 오른 무릎은 가슴 중앙의 복장뼈와 정렬시킨다. 이 자세로 앉는 것이 불편하면, 더 나아가기 전에 다리와 골반의 정렬을 연습하며 몇 번 호흡하는 것이 좋다.

　숨을 내쉬며, 아랫배를 최대한 끌어당기고, 척추를 들어 올려 마디 사이에 공간을 만든 다음, 오른쪽으로 비틀며 자세로 들어간다. 왼쪽 아랫배를 골반의 안쪽 공간으로 끌어당기고, 이 활성화를 이용해 몸통 전체를 오른쪽으로 기울이고 오른 고관절 안으로 돌리면서 비트는 동작을 시작한다. 가슴우리(흉곽) 왼쪽을 안으로 그리고 오른쪽으로 끌어당기며, 강하게 중심선 쪽으로 조여 준다. 이 움직임을 이용해 오른 고관절의 내회전 방향으로 몸을 접어 모아 준다. 왼 어깨는 앞을 향해 내회전시키고, 왼손은 오른 종아리 바깥선을 따라 오른발을 향해 뻗어 준다. 엄지손가락은 새끼발가락 밑부분에, 집게손가락은 엄지발가락 밑부분에 맞추어 오른발을 잡는다. 왼쪽 어깨세모근(삼각근)과 오른 무릎 바깥쪽을 붙여 서로 눌러 준다. 왼발을 잡을 수 없으면, 더 나아가지 말고 이 움직임이 안정적으로 될 때까지 연습한다.

자세를 완성할 준비가 되었다면, 오른팔을 들고, 오른 어깨뼈를 아래로 끌어내리며, 오른 어깨를 바깥으로 돌리고, 오른손을 등 뒤로 감아 왼 넓적다리 쪽으로 뻗는다. 넓적다리에 손이 닿으면, 손가락으로 가급적 단단히 감싸며 강하게 눌러 주어 엉덩이가 바닥에 밀착되도록 돕고, 비트는 움직임을 몸 중심축으로 가져온다. 마지막으로, 머리를 오른쪽으로 돌리고 그쪽을 응시하여 아르다 마첸드라아사나로 완전히 들어간다(사진 6.44와 6.45). 왼 넓적다리를 잡을 수 없으면, 그냥 최대한 멀리 팔을 뻗어 준다. 언젠가는 어깨, 척추, 고관절이 충분히 열려 이 아사나를 온전히 표현할 수 있게 될 것이다.

자세를 취하는 내내 숨을 들이쉴 때마다 공간을 만들고, 내쉴 때마다 그 공간을 이용하여 중심선을 향해 더 깊게 비틀어 준다. 척추를 따라 상승하여 정수리까지 도달하는 에너지를 느껴 보자. 아래쪽 갈비뼈를 계속 끌어당기면서 척추 전체를 비틀어 주자. 직전 자세에서 시작된 사마나의 활성화는 아르다 마첸드라아사나에서도 계속된다. 이 자세를 통해 깊은 후굴 이후 엉치뼈(천골)가 이완되게 하고, 곧바로 이어지는 깊은 바깥 회전 자세를 위해 고관절과 등이 준비되게 하자. 골반을 계속 바닥에 밀착시키면서, 척추는 골반에서 강하게 위로 끌어올린다. 자세로 더 깊이 들어가기 위해 골반을 비틀지는 말자. 엉치뼈(천골)가 다소 말리더라도 양 궁둥뼈(좌골)는 계속 바닥에 누르되, 등 아랫부분에 지나치게 무게를 싣거나 이 부분이 지나치게 말리지 않게 한다. 골반을 바닥으로 누르는 힘과, 골반의 기반에서 끌어올리는 힘 간의 균형점을 찾아 비트는 움직임으로 들어간다.

아르다 마첸드라아사나로 들어갈 때, 팔로 너무 강하게 밀지 말고, 골반 바닥의 뿌리에서부터 전체 움직임이 시작되게 한다. 몸통을 말 그대로 중심축을 향해 비틀어 주며, 옆으로 기울여 비트는 움직임이 수월해지게 한다. 팔 힘을 이용해 밀어붙이면, 이완이 필요한 상황에서 긴장을 일으키게 된다. 근육 힘을 적절한 수준으로만 쓰고, 자세를 완성하는 데 필요한 근육과 움직임을 세밀하게 알아야 한다. 숙련자는 점프 스루 하여 앉은 다음, 한 번의 내쉬는 숨에 물 흐르듯 움직여 재빨리 아르다 마첸드라아사나로 들어갈 수 있을 것이다. 그 수준에 이를 때까지 호흡과 정렬에 주의를 기울이며 한 단계씩 꾸준히 나아가자. 어떠한 움직임도 빨리 하도록 몸을 밀어붙이거나 강제하지 말자.

아르다 마첸드라아사나에서 다섯 번 호흡한 다음, 숨을 들이쉬면서 양손을 바닥에 짚고, 발을 교차하고, 몸을 들어 올린다. 숨을 내쉬며 뒤로 점프하여 차투랑가

단다아사나로 들어간다. 숨을 들이쉬며 몸을 앞으로 굴려 우르드바 무카 슈바나아
사나로 들어가고, 내쉬며 몸을 뒤로 굴려 아도 무카 슈바나아사나로 들어간다.

　숨을 들이쉬며 다시 양팔 사이로 점프 스루 하여, 다리를 뻗고 앉는다. 숨을 내쉬
며, 동일한 해부학적 지침을 주의 깊게 적용하여 반대쪽 아르다 마첸드라아사나로
들어간다. 다섯 번 호흡한 뒤, 숨을 들이쉬며 양손을 바닥에 짚고, 발을 교차하여,
몸을 들어 올린다. 숨을 내쉬며 뒤로 점프하여 차투랑가 단다아사나로 들어간다.
숨을 들이쉬며 몸을 앞으로 굴려 우르드바 무카 슈바나아사나로 들어간 뒤, 내쉬며
몸을 뒤로 굴려 아도 무카 슈바나아사나로 들어간다.

효과

궁둥뼈(좌골) 신경통과 천식 증상의 완화에 도움이 된다.
척추와 엉치뼈가 정렬된다.
어깨와 가슴이 열린다.
스트레스가 완화된다.
소화가 촉진된다.
사마나가 활성화된다.

7

에너지 상승, 고관절 열기, 다리를 머리 뒤에 거는 자세

다리를 머리 뒤에 거는 동작은 요가보다는 서커스에 가깝게 생각될 수 있으나 많은 혜택을 주는 움직임이다. 처음에는 이상해 보일 수 있지만, 매일 인터미디어트 시리즈 수련을 계속 하다 보면, 어느 순간 이 움직임이 매일 아침의 루틴으로 정착될 것이다. 나도 처음에는 다리를 머리 뒤로 넘길 수 없었다. 그러나 나의 개인 수련과 지도 경험에 비추어 볼 때, 성실하게 인내심을 가지고 접근하면 거의 누구나 이 움직임에 필요한 바깥 회전을 만들어 낼 수 있다. 수련을 계속 하기만 하면 고관절은 꽤 쉽게 열린다.

에너지적 측면에서 고관절은 골반 부위의 강력한 프라나 흐름과 연관되어 있다. 생명력을 자극하려면 이 관절들이 충분히 열려야 한다. 나의 수련 경험상, 고관절을 여는 것은 골반 중심 깊은 곳에 있는 에너지를 깨우는 일과 직접 연관되었다. 과학적 방법으로 증명할 수는 없는 일이지만, 내가 다리를 머리 뒤에 걸 때 일어나는 깊은 고관절 바깥 회전은 이다(ida)와 핑갈라(pingala) 나디(nadi)를 따라 에너지가 강하게 흐르게 하는데, 내 경우에 다른 자세로는 그러지 않았다.

요가의 내적 작업은 척추 뿌리에서 잠자는 에너지를 깨워, 중심축(수슘나 나디)을 따라 강력하게 끌어올리려는 것이다. 다리가 머리 뒤에 걸려 있으면, 다리의 무게와 고관절 주위의 경직된 근육이 함께 작용하여 척추를 눌러 내린다. 이 압박을 이기지 못해 무너져 버리면, 허리 디스크처럼 심각한 척추 부상이 올 수 있다. 그러나 만일 몸 중심에서 솟아오르는 힘으로 몸을 끌어올려 다리를 뒤로 밀어내면, 깨워 낸 에너지를 척추 위로 더 끌어올릴 수 있다.

순전히 물리적 측면에서 보면, 이 원리가 어떻게 작용하는지 알 수 있다. 다리로 누르고 이에 맞서 밀어 올리면 저항 압력이 생긴다. 각 자세에서 다섯 번 호흡한 뒤 다리를 풀면, 저항 압력으로 생긴 에너지가, 다리를 머리 뒤에 걸어 놓기 위해 필요했던 앞쪽과 위쪽 방향으로 터져 나가듯이 흐른다. 머리 뒤와 어깨에는 인도 전통에서 마르마(marma) 점으로 알려진, 경혈점과 같은 에너지 지점들이 있다. 다리를 머리 뒤에 거는 자세들은 경락 마사지처럼 이러한 지점들을 자극한다.

　기본적으로 강하고 유연한 고관절은 건강한 요가 수련과 직결된다. 다리를 머리 뒤에 걸어 유지하는 것은 이 강한 움직임을 완수하는 데 필요한 고관절의 깊은 바깥 회전이 가능함을 보여 준다. 고관절의 유연성 부족은 몸의 그 부위에—신체적이든 감정적, 영적이든—갇혀 있는 에너지가 있음을 의미할 수도 있다. 고관절을 알기 위해 자신의 중심으로 들어가는 여행은 의식의 새로운 측면을 깨울 것이다. 고관절의 회전을 느끼는 법을 배우게 되면, 마음 역시 확장되어 자신의 새로운 부분을 받아들이게 될 것이다. 중요한 것은 단순히 자세 그 자체가 아니라, 자신이 느끼는 충분한 내적 자각과 감각이다. 타고난 유연성은 좋지만 내적 자각이 부족한 사람도 있고, 반대로 내적 자각은 좋지만 유연성이 부족한 사람도 있다. 자신이 이 스펙트럼 가운데 어디에 있든, 주어지는 가르침의 가치는 같다. 수련은 몸과 마음의 모든 불균형을 바로잡아 균형 잡히게 한다.

에카 파다 쉬르샤아사나 Eka Pada Sirsasana
한 발 목 뒤로 거는 자세

드리쉬티: 파당구쉬타(발가락)

사진 7.1

　아도 무카 슈바나아사나에서 숨을 들이쉬며 앞으로 점프하여, 오른 다리는 구부려 오른팔 위에 걸어 감싸 주고, 왼 다리는 양팔 사이로 뻗어 내며 들어온다. 어깨를 통해 기반을 단단히 눌러 주고, 골반 기저근을 조여 올리는 힘으로 착지를 조절한다(사진 7.1).

　에카 파다 쉬르샤아사나의 준비 자세로 곧바로 점프하여 들어가는 움직임을 무시하지 말아야 한다. 이 움직임을 통해 나머지 인터미디어트 시리즈 자세에 필요한 힘과 유연성, 조절력을 복합적으로 익힐 수 있기 때문이다. 처음에 움직임의 난이도를 조정할 필요가 있다면, 오른발 엄지발가락을 오른손 약간 앞쪽 바닥에 착지시키고 왼 다리는 양팔 사이로 뻗어 내는 방법을 시도해 본다. 오른 발가락이 주는 약간의 추가 지지만으로도 준비 자세로 들어가는 움직임을 이해하는 데 필요한 기초 지식을 얻게 될 것이다. 엉덩이가 어깨 한참 위로 오도록 높이 점프하는 것도 가능하지만, 이 움직임을 처음 배울 때는 그렇게 할 필요도 없고 권장하지도 않는다. 그냥 엉덩이가 어깨선 이하로 오도록 뛰고, 어깨와 코어 힘이 이루는 기반을 향해 앞으로 점프하는 데에 더 초점을 맞추도록 한다. 바닥에 가까울수록 움직임을 조절하기 쉽고 넘어지는 데 대한 두려움도 없어질 것이다.

만일 이 움직임을 전혀 할 수 없거나, 앞으로 점프하여 오른 다리를 팔 위로 감을 수는 있지만 착지 조절이 어렵다면, 신경근 기억과 힘을 기르기 위해 완성된 준비 자세에서 한 호흡 동안이라도 몸을 들어 올리는 연습을 해 보자(사진 7.1). 이 착지 자세는 대개 전환 과정으로만 쓰이지만, 몇 번의 호흡 동안 유지하면 힘을 기르는 데에 도움이 될 것이다.

숨을 내쉬면서 자리에 앉아, 오른 다리로 오른팔을 감싼 채로 양 궁둥뼈(좌골)를 바닥에 붙인다. 이제 다리를 머리 뒤로 걸어 줄 준비가 되었다. 오른 다리를 옆으로 구부리며 시작하되, 오른 무릎이 오른쪽을 향하고 정강이는 두덩뼈(치골)와 평행하게 한다. 자세를 만드는 시작 단계에는 넓적다리가 위팔을 감싸고 있어도 무릎은 뒤를 향해 있는데, 이는 오른 고관절의 회전이 아직 충분히 이루어지지 않았음을 의미한다. 다음 단계로 넘어가려면 고관절이 바깥으로 회전해야 하는데, 무릎이 바깥쪽을 향하면 이 회전이 잘 이루어졌음을 나타낸다. 오른발은 왼 어깨와 같은 선에 맞추어 정렬해 준다. 양손을 오른 발목 아래로 넣어, 양 손바닥으로 발목 앞부분을 감싼 뒤 양쪽 엄지손가락을 교차하여 발목 바깥을 받쳐 준다. 등은 최대한 곧게 펴고 정수리까지 위로 뻗어 내며, 왼 발가락을 응시한다. 이제 골반 기저근을 조여 주고, 아래쪽 갈비뼈는 몸 안으로 끌어당겨 이 가벼운 척추 구부림을 지지해 준다(사진 7.2)(사진은 동작 설명과 다름―옮긴이).

사진 7.2

이 단계에서는 오른쪽 고관절을 최대한 이완해 주는 것이 중요하다. 다리가 아닌 골반 기저근, 등근육과 팔 힘을 이용하여 다리를 계속 들어 준다. 이러한 고관절의 이완은 골반 안에 깊은 공간을 만들어 주어 고관절이 바깥으로 충분히 회전되게 한다. 유연성이 필요한 동작을 할 때는 그에 앞서 공간을 만들고 이완해 주어야 한다. 이제 충분한 시간을 가지면서 고관절이 열렸는지 느껴 보자. 만일 무릎에서 통증을 느끼거나 이 동작을 할 수 없다면, 더 나아가지 말고 고관절을 여는 훈련을 해 보자. 이 준비 자세를 유지하며 스무 번 호흡한다.

이 자세에서 더 나아갈 수 있기 전에는 인터미디어트 시리즈의 진도를 더 나가지 않는 것이 좋다. 대신, 왼쪽 에카 파다 쉬르샤아사나에서도 충분한 시간을 두고 수

사진 7.3

련한 다음, 후굴로 넘어간다.

더 나아갈 준비가 되었다면, 등을 최대한 곧게 편 상태에서 몸 중심축을 따라 정렬해 준다. 고관절에서 만들어진 공간을 활용하여 오른발을 부드럽게 얼굴 앞으로 가져오며, 이때 오른 무릎은 오른쪽으로 더 밀어내어 몸통과 오른 넓적다리 사이에 공간을 만들어 준다. 오른 무릎을 오른쪽으로 더욱 보내며 오른발을 오른 귀 쪽으로 당긴다(사진 7.3). 등은 최대한 쭉 펴고, 모든 움직임이 오른 고관절에서 시작되게 한다. 발을 귀 쪽으로 가져올 때, 오른 어깨는 안으로 회전시키며 앞으로 가져와 오른 종아리 밑을 받쳐 준다. 이 종아리 위치 이동은 다리를 머리 뒤에 거는 자세의 바른 정렬에 중요하다. 아랫배를 끌어당기고 꼬리뼈를 살짝 말아 주면, 이 움직임에 필요한 힘을 골반 기저근의 지지를 통해 찾을 수 있을 것이다.

이 자세를 유지할 수 있다면, 다리를 머리 뒤로 넘길 준비가 된 것이다. 척추를 곧게 유지하며 코어를 조인 상태에서, 머리를 조금 앞으로 내밀며 숙여 준다. 오른 다리가 아니라 팔의 힘을 써서 오른발을 머리 뒤로 밀어 준다. 오른발이 머리 뒤로 넘어가면, 오른 발목을 잡고 있던 오른손은 놓아 준다(왼손은 유지한다). 왼손으로 오른발을 왼쪽으로 당기고, 오른 팔꿈치로 넓적다리를 몸통에서 뒤로 멀리 밀어낸다. 무릎은 가급적 계속 바깥쪽을 향하게 한다. 왼팔을 구부리고, 전체 팔이음뼈(어깨뼈와 빗장뼈)를 견고하게 하며, 왼손 끝으로 오른 발가락을 잡고 가볍게 잡아당겨, 오른 정강이를 어깨선 따라 왼쪽으로 가져온다. 머리를 숙여 다리가 머리 뒤로 미끄러져 들어갈 공간을 만들어 준다. 다리가 머리 뒤에 걸리면, 머리를 들어 다리를 뒤로 밀어내 다리가 제자리에 오게 한다. 팔 힘이 아닌 팔이음뼈(어깨뼈와 빗장뼈), 목과 코어 힘을 써 준다. 양손은 가슴 앞에서 합장하고, 천장을 바라보며 에카 파다 쉬르샤아사나의 첫 단계로 들어간다(사진 7.4).

오른 무릎이 뒤를 향하지 않도록 주의한다. 무릎의 방향을 보면 고관절의 회전 상태를 알 수 있다. 무릎이 뒤를 향한다면 고관절의 회전이 아직 충분히 이루어지지 않았다는 뜻이고, 무릎이 옆을 향한다면 고관절이 밖으로 회전했다는 뜻이다. 에카 파다 쉬르샤아사나로 안전하게 들어가려면 깊은 바깥 회전이 필요하다. 만일 다리를 머리 뒤로 넘기려 하는 동안 고관절이 바깥으로 회전하지 않으면, 무릎이 돌아가거나 비틀리거나 부상을 입을 수도 있다. 조심스

사진 7.4

럽게 인내심을 가지고 성실하게 고관절을 바깥으로 회전하면, 에카 파다 쉬르샤아사나로 들어가는 움직임이 수월해진다.

자세로 들어가기 위해 등을 너무 말면 척추에 무리가 갈 수 있다. 척추 디스크(추간판탈출증)가 있더라도 반다의 힘으로 등을 지지하며 고관절의 바깥 회전을 계속 연습할 수 있다. 그러나 깊은 척추 구부림 자세를 지나치게 강하게 밀어붙이지는 않도록 하고, 디스크 증상이 심하면 이 자세를 피한다. 팔이음뼈(어깨뼈와 빗장뼈)가 무너지지 않도록 주의한다.

오직 자세에 자리 잡고 정렬과 코어 힘을 점검한 다음에만 더 나아간다. 등과 목, 오른 무릎이 편안하게 느껴지면, 머리 뒤로 넘긴 다리를 오로지 오른 고관절의 바깥 회전 및 코어, 등, 목의 힘만으로 유지할 수 있는지 보자. 오른 고관절과 오른 다리를 중앙선으로 모아, 양쪽 궁둥뼈(좌골)의 간격을 좁히고, 오른 무릎은 힘 있게 접고 어깨를 눌러, 머리 뒤로 넘어간 다리를 지지해 준다.

다리가 자꾸 풀리려 하면, 어깨와 목, 코어 힘으로 다리를 뒤로 밀어냄으로써 자세를 유지하려 해 본다. 이때 아래쪽 갈비뼈는 중앙으로 모아 준다. 만일 머리 뒤로 넘긴 다리를 유지하려면 손으로 발을 잡거나 누구의 도움을 받아야만 하고, 혼자 유지할 힘은 없거나 자꾸 상체가 무너진다면, 양손으로 턱을 받쳐 올려 지지력을 보강해 본다. 이렇게 손으로 머리를 받친 채로 몇 번 호흡을 한 다음, 다시 양손을 합장한 뒤 자세를 유지해 본다.

양손을 합장한 상태에서 에카 파다 쉬르샤아사나를 유지하는 것은 고난도 자세지만, 그래도 아직 절반의 동작일 뿐이다. 다리를 머리 뒤로 넘기는 자세를 처음 해 보는 수련자라면 더 나아가기 전에 이 자세를 유지하며 5~10번 호흡을 하면 도움이 될 것이다. 이 동작에 익숙한 숙련자는 준비 자세로 점프하여 들어간 뒤 즉시 한 번의 내쉬는 숨에 다리를 머리 뒤에 걸어 보자. 또한 숙련자라면 가장 전통적인 방식, 즉 손을 합장한 준비 자세로 한 호흡만 하고 바로 에카 파다 쉬르샤아사나로 들어가는 방식을 시도해 볼 수 있다.

오른 다리를 머리 뒤에 걸어 놓은 상태로 왼 다리를 향해 몸을 앞으로 접어 내려가는 다음 단계에서는 더 깊은 고관절 바깥 회전과 코어 힘이 요구된다. 준비 자세가 안정된 다음, 숨을 내쉬며 가슴 중앙의 복장뼈가 왼 무릎을 향하도록 몸을 접어 내려가며, 두덩뼈(치골)는 몸 중심축을 향하게 한다. 턱을

사진 7.5

왼 정강이에 갖다 대고, 왼 발가락을 응시하며, 양손은 왼발 바깥으로 감아 왼손으로 오른 팔목을 잡아 준다(사진 7.5). 이것이 에카 파다 쉬르샤아사나의 정자세다. 몸을 앞으로 접어 내려갈 때 오른 다리가 풀려 버리는 경우가 많다. 몸을 앞으로 접을 때 등은 가급적 곧게 유지하고, 가슴 중앙의 복장뼈를 왼 무릎 쪽으로 가져가며, 아랫배를 강하게 끌어당기고, 어깨와 목, 등 윗부분으로 오른 다리를 강하게 밀어 올린다.

이렇게 할 수 없다면 팔꿈치가 바닥에 닿을 때까지 반만 내려간 뒤, 앞으로 완전히 내려갈 준비가 될 때까지 바닥을 이용하여 기반을 보강해 주자. 몸을 접어 내려가는 과정이나 정자세에서는 어깨와 목 힘을 유지해 주어야 한다. 유연성을 받쳐 줄 수 있는 힘으로 자세를 유지한다. 턱을 정강이에 댈 수 없다면, 이마를 정강이에 갖다 대려 해 보고, 꾸준히 수련하여 처음에는 코를, 다음에는 턱을 대 보자. 오른발을 왼 어깨 쪽으로 누르고 여섯 개의 깊은 고관절 돌림근을 써서 외회전을 안정시켜 오른 다리 힘을 활성화한다. 여섯 개의 깊은 고관절 돌림근에는 궁둥구멍근(이상근), 위쌍둥이근(상쌍자근), 속폐쇄근(내폐쇄근), 아래쌍둥이근(하쌍자근), 바깥폐쇄근(외폐쇄근), 넙다리네모근(대퇴방형근)이 포함된다. 이 근육들은 큰볼기근(대둔근) 속에 깊이 묻혀 있어서 여섯 개의 깊은 근육이라고 하며, 고관절을 둘러싼 근육군의 일부로서 고관절의 회전과 안정화를 조절한다. 이 자세에서 적어도 다섯 번 호흡을 한다.

숨을 들이쉬며 다시 몸을 세워 앉아 양손을 합장한다. 팔이음뼈(어깨뼈와 빗장뼈)와 목의 힘으로 다리를 머리 뒤에 계속 걸어 놓으며, 숨을 들이쉬면서 에카 파다 쉬르샤아사나의 첫 번째 자세로 돌아온다(사진 7.4). 숨을 내쉬며 자세를 안정시킨다. 다시 올라와 앉는 과정에서 다리가 빠지면 손으로 다시 위치를 잡아 준다. 필요하면, 다음 단계로 나아가기 전에 이 자세로 머물면서 몇 번 더 호흡해도 좋다.

에카 파다 쉬르샤아사나에서 나올 준비가 되었으면, 숨을 내쉬면서 양손을 바닥에 짚되, 손가락이 왼발 끝을 향하게 하고, 양손은 어깨너비보다 조금 넓게 벌린다. 엄지손가락은 넙적다리 밑에 놓이게 하고, 손꿈치는 넙적다리의 위쪽 바깥선과 정렬시키되 서혜부 주름보다 약간 앞에 오게 한다. 숨을 들이쉬며 어

사진 7.6

깨를 통해 기반을 누르면서, 코어를 강하게 조이고, 왼 넙다리뼈의 머리를 고관절 절구 안으로 끌어당기고, 머리를 살짝 젖히며 몸 전체를 바닥에서 들어 올린다. 등을 약간 말아 주며, 어깨와 몸무게는 앞으로 옮겨 손과 손가락에 실어 준다. 어깨 힘으로 밀어 올리며 코어를 조여 몸을 들어 올린다. 왼 다리는 오른 정강이를 향해 들어 올리며, 엉덩이는 앞으로 보내고, 왼발 끝을 천장 방향으로 뻗어 낸다(사진 7.6). 오른 무릎은 계속 구부리고 오른 다리를 고정시킨 상태를 유지한다. 숨을 내쉬면서 오른 다리를 머리 뒤에서 풀어내 오른 위팔에 걸어 잠그고, 처음 준비 자세로 돌아온다(사진 7.1).

사진 7.7

차투랑가 단다아사나로 돌아가는 강력한 움직임은 양 무릎을 모두 구부리고 양발 끝을 오른손 바로 뒤에 정렬하는 것으로 시작된다. 팔꿈치를 구부리며 가슴을 앞으로 낮추어 준다(사진 7.7). 필요하면 여기서 추가 호흡을 하되, 발끝이 바닥에 닿지 않도록 한다. 숨을 내쉬면서 기반을 누르며 코어를 조이고 다리를 펴면서 뒤로 점프하여 차투랑가 단다아사나로 들어간다.

숙련자라면 한 번의 내쉬는 숨에 몸을 들어 올려 뒤로 점프하는 움직임을 부드럽게 이어 갈 수 있을 것이다. 서두르지 말자. 한 번의 안정된 호흡으로 움직임을 완수할 수 없다면, 필요한 만큼 더 호흡을 하며 이어 간다. 발끝을 바닥에 대고 뛰는 식으로 이 동작을 흉내 내지는 말자. 대신, 힘을 기를 수 있도록 가능한 범위의 작은 단계로 나누어 접근해 준다. 에카 파다 쉬르샤아사나는 자세를 할 수 있는 유연성뿐 아니라, 전체 과정 동안 자세를 유지할 수 있는 힘과 지구력을 요구한다.

차투랑가 단다아사나로 착지한 다음, 숨을 들이쉬며 몸을 앞으로 굴려 우르드바 무카 슈바나아사나로 들어가고, 내쉬며 뒤로 굴려 아도 무카 슈바나아사나로 들어간다. 숨을 들이쉬며 왼쪽을 향해 앞으로 점프한다. 아도 무카 슈바나아사나에 이르기까지 동일한 움직임을 왼쪽으로 반복한다. 한쪽 고관절이 다른 쪽보다 더 뻣뻣하게 느껴질 수 있는데, 이는 아주 정상적이다. 뻣뻣한 쪽에서 몇 번 더 호흡해 주면 몸이 점점 더 균형 잡힐 것이다.

아쉬탕가 체계에서는 다리를 머리 뒤에 거는 자세의 대안이나 완화 자세가 없다. 한쪽 다리를 머리 뒤로 넘길 수 없다면, 양다리를 머리 뒤로 넘기는 다음 자세로 나아가기 어려울 수밖에 없다. 에카 파다 쉬르샤아사나를 할 수 없다면, 이 자세에 머물면서 고관절이 열릴 때까지 인내심을 가지고 성실하게 수련해야 한다. 이 자세를 건너뛰고 더 나아가지 않도록 한다. 아쉬탕가 요가에서 장애물에 부딪혔을 때, 수련은 그 장애물에 온전한 관심을 기울이고 몸의 소리에 겸허히 귀 기울임으로써 장애물을 존중하라고 요구한다. 그러면 호흡, 자세와 응시점의 힘으로 몸은 자연스럽게 열릴 것이다.

효과

목이 강해진다.

어깨, 목, 등 윗부분을 따라 주요 에너지 점들이 자극된다.

마음이 집중되고 강해진다.

허리 통증이 완화된다.

바깥 회전을 통해 고관절이 열린다.

드위 파다 쉬르샤아사나 Dwi Pada Sirsasana
두 발 목 뒤로 거는 자세

드리쉬티: 나사그라이(코끝)

양다리를 머리 뒤에 거는 것은 인터미디어트 시리즈의 관문 자세 중 하나다. 아쉬탕가 요가 수련을 그만두는 사람들은 대부분 이러한 관문 자세들 중 하나에서 그렇게 할 것이다. 쉬운 대안 자세나 애매한 완성 자세가 없으므로(양다리를 모두 머리 뒤로 넘기지 못하면 다른 방법이 없다) 드위 파다 쉬르샤아사나가 더 어렵게 느껴질 수 있다. 드위 파다 쉬르샤아사나에서 몇 년간 멈추어 있는 사람도 있을 것이고, 어쩌면 평생 머무는 사람도 있을지 모른다. 겁을 주려는 것이 아니라, 이 아사나의 어려움을 제대로 예상할 수 있도록 알려 주는 것이다. 드위 파다 쉬르샤아사나에서는 고관절 바깥 회전, 코어 힘, 등 아랫부분의 이완, 등 윗부분의 지지, 신체 지구력이 함께 요구되는데, 이 점을 가벼이 여기지 않아야 한다. 이 자세는 충분히 존중하고 온전한 관심을 기울여야 한다. 이 자세는 파티용 묘기가 아니며, 인내, 무집착, 용기, 끈기와 받아들임 같은 깊은 요가적 가치를 배울 수 있는 자세다. 오로지 육체적 관점에서만 이 자세에 접근하면, 이 자세는 당신을 변화시킬 힘을 갖지 못할 것이다. 아사나 수련을 통해 마음과 영혼이 변화되게 하겠다는 의도와 목적이야말로 요가 여정의 성공에 가장 중요한 것이다. 이는 관문 자세에서 더욱 극명하게 드러난다.

만일 에카 파다 쉬르샤아사나로 더 쉽게 들어가기 위해 완화된 방법을 썼다면, 양다리를 머리 뒤로 넘길 때는 그런 점이 불리하게 작용할 것이다. 양다리가 머리 뒤로 넘어가야 하므로 양쪽 고관절 모두 깊은 바깥 회전을 위해 이완되어야 하고, 골반 양쪽 모두 고르게 바닥으로 눌러야 한다. 양 어깨는 다리 무게와 동등하게 밀어 올리는 힘을 써야 한다. 머리로 한 다리가 아닌 두 다리를 지탱해야 하므로 에카 파다 쉬르샤아사나에서보다 두 배로 강한 목 힘이 요구된다. 골반 안쪽 깊은 곳의 고관절 기반은 흐르지 못하고 막혀 버린 채 깊이 자리한 감정의 저장고다. 드위 파다 쉬르샤아사나에서 요구되는 만큼 깊이 고관절을 열다 보면 용감한 가슴을 기르지 않을 수 없게 된다. 이 자세 자체만으로도 골반 안에서 잠자고 있는 어두운 감정을 드러낼 수 있을 뿐 아니라, 자세의 강도로 인해 의심, 좌절, 분노 등 요가 수련에서 가장 강력한 장애물이 촉발되어 직접 경험하게 되는 경우가 많다. 타고난 유연성이 있는 수련자도 드위 파다 쉬르샤아사나는 어렵게 느껴질 것이다. 왜냐하면 양다리를 머리 뒤에 걸고 균형을 잡으면서 바닥에서 들어 올리려면 강한 체력이 필요하기 때문이다. 드위 파다 쉬르샤아사나의 매일 수련을 자신의 중심을 향한 영적 탐구의 기회로 삼을 수도 있다. 이 자세의 여정을 이런 식으로 받아들이면, 설사 양다리를 모두 머리 뒤에 걸지 못하더라도, 변화가 찾아올 것이다.

아도 무카 슈바나아사나에서 숨을 들이쉬며 앞으로 뛰어, 넓적다리로 위팔 선반을 감싸고, 무릎은 구부리며, 엄지발가락을 모으되 양 발목은 교차하지 않는다(사진 7.8). 숨을 내쉬면서 골반을 바닥으로 내리고, 왼 다리는 왼 위팔 선반을 계속 감싸고 있되, 오른 다리는 풀어 바닥으로 내린다. 오른 다리를 쭉 펴지 말고 가벼운 바깥 회전 상태로 살짝 구부린다. 그래야 드위 파다 쉬르샤아사나에서 요구되는 양 궁둥뼈(좌골)의 균형을 느끼는 데 도움이 되기 때문이다. 숨을 들이쉬면서 왼쪽 여섯 개의 깊은 고관절 돌림근을 이완시켜 고관절이 자연스럽게 깊은 외회전 상태로 들어가게 한다. 양손으로 왼발을 잡고, 에카 파다 쉬르샤아사나에서 설명한 방법대로 다리를 머리 뒤로 넘긴다.

드위 파다 쉬르샤아사나에서는 왼 다리부터 시작한다. 다리를 들어 올리는 힘은 팔이 쓰게 하고, 다리 근육은 이완시켜 고관절의 가동 범위를 최대화하는 것이 중요하다. 자세를 취하는 동안 내내 코어 근육은 계속 단단하게 한다. 직전 자세에서처럼 양손 합장으로 다리를 지지하는 대신, 목과 어깨가 그 역할을 하게 한다. 만일 왼 다리가 머리 뒤에 편안히 자리 잡고, 어깨는 단단하고, 목은 왼 정강이를 뒤로 밀어내며, 당신이 위를 쳐다보고 있다면, 이제 오른 다리를 머리 뒤로 넘길 준비가 되었다. 이때 왼 다리를 머리 뒤에 걸어 놓기 위해 왼쪽 여섯 개의 깊은 고관절 돌림근이 활성화되어 있어야 한다. 왼 무릎을 힘 있게 접어, 왼발 끝이 최대한 오른 어깨 쪽을 향하게 한다. 양 무릎을 펴지 않도록 주의한다. 두 무릎을 모두 구부린 상태를

사진 7.8

사진 7.9

사진 7.10

사진 7.11

유지하여 아사나를 고정한다. 머리로 왼 다리 위치를 고정한 뒤에는 다리가 미끄러져 빠지지 않도록 머리를 숙이지 말고 들어서 유지한다.

골반이 약간 뒤로 기울어지도록 둔다. 이 미세한 움직임으로 엉치뼈(천골) 공간이 넓어지고, 등 아랫부분이 이완되며 길어질 수 있다. 척추를 똑바로 세우려 하지 말고 가볍게 말아서, 코어 힘으로 움직임을 지지한다. 왼손을 골반 약간 앞에 짚고, 왼 팔꿈치는 왼 무릎 아래에서 구부린 상태로 견고하게 유지하고, 왼 어깨로 왼 다리를 뒤로 밀어낸다. 계속 위를 쳐다본다. 머리를 숙이지 말고, 왼팔로 왼 다리를 머리 뒤에 걸어 놓으려 하지 않는다. 만일 손의 도움 없이 왼 다리를 머리 뒤에 걸어 놓을 수 없다면, 드위 파다 쉬르샤아사나를 할 수 있을 만큼 충분히 고관절이 열리지는 않았을 수 있다.

더 진행할 준비가 되었다면, 오른 어깨를 앞으로 굴려 안쪽 회전이 조금 이루어지게 하고, 오른 무릎은 바깥쪽을 향하게 하며, 오른손으로 오른 발목을 밑에서부터 잡는다. 오른 팔꿈치를 앞으로 몸 중심선 쪽으로 가져오면서, 오른 발목을 뒤로, 위로 밀어 올린다(사진 7.9). 이렇게 움직이는 동안 머리 위치를 바꾸지 않는다. 오른 발목을 충분히 뒤로 밀어서, 오른 종아리가 오른 어깨 뒤로 넘어갈 공간을 만들어 준다. 만일 종아리가 어깨 뒤로 완전히 넘어가지 않으면, 드위 파다 쉬르샤아사나로 깊게 들어갈 수 없을 것이다. 그러니 더 나아가기 전에 충분한 시간을 두고 이 움직임을 제대로 익혀 보자.

오른 다리가 어깨 뒤로 넘어가면, 살짝 오른쪽으로 열어 발끝이 뒤통수에 닿게 한다(사진 7.10). 오른손으로 모든 움직임을 만들어 내려고 하지 말자. 양 발끝이 서로 닿으면 발과 발끝을 활성화하며, 오른손은 놓고, 양발이 움직임을 완성하게 한다. 양발을 서로 걸고 발끝을 당겨 자리를 잡는다. 무릎은 구부리고, 양손을 바닥에 짚고, 다리로 어깨를 단단히 누른다(사진 7.11). 프라이머리 시리즈에서 부자피다아사나로 들어갈 때처럼 발목을 조인다. 오른 무릎을 구부리며 여섯 개의 깊은 고관절 돌림근을 모두 사용하여 오른 다리를 왼 다리 위로 걸어 준다. 이것이 드위 파다 쉬르샤아사나로 깊게 들어가는 첫 번째 단계다. 오직 발목을 교차하여 자세를 유지할 수 있을 때만 발끝을 뻗어 낸 완성 자세로 나아가도록 한다.

자세가 편하게 안정되었다면, 양발을 벌리고, 발목과 정강이가 교차한 상태에서 발끝을 뻗어 내며, 무릎을 강하게 구부려, 머리 뒤로 넘긴 다리를 유지한다. 그다음, 양손을 합장하여 엄지가 가슴 중앙의 복장뼈 중심에 오게 한다. 어깨와 목으로 종아리를 뒤로 밀어내며, 위를 쳐다본다(사진 7.12). 자세를 유지하며 다섯 번 호흡한다. 발끝을 너무 급하게 뻗어 내면, 다리가 목 뒤에서 미끄러지며 자세가 풀려 버릴 것이다. 그러니 발끝을 뻗기 전, 발끝의 당김을 이용하여 견고한 기반을 만들어 준다. 만일 다리를 머리 뒤에 걸어 놓은 상태에서 발끝을 뻗을 수 없다면, 발끝을 당겨 발목을 교차한 상태에서 양손을 합장해도 된다. 수련이 쌓이면 드위 파다 쉬르샤아사나를 온전히 유지하며 발끝도 뻗어 낼 수 있을 것이다.

발끝을 뻗어 내고 있든 당기고 있든, 무릎은 강하게 구부려 유지하고, 위쪽을 응시하면서 어깨로 강하게 종아리를 뒤로 밀어낸다. 어떤 수련자들은 균형점을 찾는 데 어려움을 느낀다. 골반을 안정시키기 위해 반다들을 조이고, 골반을 뒤로 가볍게 기울인다. 골반 좌우에 고르게 몸무게를 실어 준다. 등이 지나치게 말릴 수 있으므로 엉치뼈(천골)로 균형을 잡지는 않도록 한다. 프라이머리 시리즈의 나바아사나처럼 궁둥뼈(좌골)와 꼬리뼈 사이에서 균형점을 찾는다. 척추 마디 사이에서 공간과 지지를 최대한 확보하기 위해 척추를 계속 들어 올린다.

코어가 허리를 제대로 지지하지 못하면 척추에 부상 위험이 있으니 조심스럽게

사진 7.12

사진 7.13

접근한다. 균형 잡기 어렵다고 해서 벽에 기대어 자세를 시도하면, 자세를 지지하는 데 필요한 코어 힘을 기를 수 없다. 그러니 그러는 대신에 선생님의 도움을 받거나, 그저 매일 3~5회 반복 시도해 본다. 그러다 보면 서서히 필요한 힘과 유연성이 길러질 것이다. 서두를 필요 없다.

드위 파다 쉬르샤아사나의 다음 단계로 진행하려면, 양손을 골반 약간 앞에 짚되 어깨너비로 또는 그보다 조금 더 넓게 벌린다. 팔꿈치를 구부리며 시작한다. 코어를 조이며 천천히 팔을 쭉 펴고 어깨 힘으로 누르면서, 몸을 살짝 앞으로 기울이며 몸무게를 손에 실어 준다. 빗장뼈가 안으로 무너지지 않게 하고, 목과 팔이음뼈(어깨뼈와 빗장뼈)로 다리를 뒤로 밀어낸다. 위쪽을 응시하며, 어깨와 목 근육을 견고하게 써서 드리쉬티를 지지한다. 숨을 들이쉬면서 몸을 바닥에서 들어 올려, 드위 파다 쉬르샤아사나 자세를 유지한다(사진 7.13). 자세 유지를 위해 무릎을 최대한 강하게 구부려 주는 한편, 상체는 동등한 힘으로 다리를 뒤로 밀어내야 한다. 이 작용과 반작용은 자세를 더 어렵게 만들지만, 동시에 더 깊고 유지하기 쉽게 한다.

사진 7.14

많은 수련자가 이 두 번째 부분을 첫 번째 부분보다 더 어려워한다. 다리를 유지한 채 몸을 들어 올리려면 역동적인 힘이 필요하기 때문이다. 발이 미끄러지며 자세가 풀릴 것 같으면, 몸을 들어 올려 다리를 머리 뒤로 넘긴 자세를 안정시킨 상태에서, 한 번 더 발끝을 당겨 단단하게 잠가 준다. 그다음 더 안정되게 느껴지면 천천히 발끝을 뻗어 준다. 이 동작을 하는 동안 내내 발끝은 뻗어 낸 상태를 유지할 수 있도록 계속 수련한다. 이 자세를 유지하며 적어도 다섯 번 호흡한다.

사진 7.15

숨을 내쉬며 발과 다리를 풀어 티띠바아사나에서 균형을 잡아 준다(사진 7.14). 앞과 같은 내쉬는 숨에 엉덩이를 들고 발끝은 바닥을 향해 뻗어 낸다(사진 7.15). 그다음 두 무릎을 동시에 구부리며 다리를 뒤로 보내 바카아사나로 들어간다(사진 7.16). 티띠바아사나에서 두 다리를 동시에 뒤로 가져오는 데 어려움을 느끼는 수련자도 있을 것이다. 이 경우, 몸을 한쪽으로 기울이며 한 번에 한 다리씩 뒤로 가져온다(사진 7.17). 이 방법을 선택했다면, 양다리를 모두 뒤로 구부린 다음, 바카아사나를—이 자세가 카카아사나처럼 보이더라도—잠시 유지한다.

사진 7.16

기반을 느끼는 데 필요한 시간 이상으로 바카아사나를 유지하지는 않는다. 자세가 안정되면, 즉시 바카아사나 A, B에서 설명한 것과 같은 방법으로 뒤로 점프한다. 숨을 내쉬며 다리를 뒤로 뻗어 곧바로 차투랑가 단다아사나로 들어간다. 숨을 들이쉬면서 우르드바 무카 슈바나아사나로 들어가고, 다시 내쉬면서 몸을 뒤로 굴려 아도 무카 슈바나아사나로 들어간다.

드위 파다 쉬르샤아사나에서 뒤로 점프하는 것은 프라이머리 시리즈의 부자피다아사나와 숩타 쿠르마아사나에서 익힌 전환과 거의 같다. 더 많은 근지구력이 필요하기에 드위 파다 쉬르샤아사나에서 뒤로 점프하는 것이 다소 더 어렵기는 하다.

사진 7.17

만일 위쪽을 응시하면서 양다리를 머리 뒤에 유지할 수 없거나, 그 자세에서 뒤로 점프할 수 없다면, 더 나아가지 않는다. 천천히 힘과 유연성을 길러 가고, 전체 수련 내내 힘과 고관절 바깥 회전에 더 중점을 두도록 한다. 드위 파다 쉬르샤아사나가 주는 가르침을 서둘러 지나치거나 간과하지 말자. 인내심을 가지고 성실하게 수련하고, 제한된 시간 안에 특정한 형태를 이루고자 하는 욕심을 내려놓자.

효과

목이 강해진다.
어깨, 목, 등 윗부분을 따라 주요 에너지 점들이 자극된다.
마음이 집중되고 강해진다.
허리 통증이 완화된다.
바깥 회전을 통해 고관절이 열린다.

요가니드라아사나 Yoganidrasana
요기의 잠자는 자세
드리쉬티: 브루마디야(제3의 눈 센터)

요가니드라아사나는 누운 자세에서 접근하므로 드위 파다 쉬르샤아사나보다 쉽게 느껴질 수 있다. 그렇지만 자세 순서를 바꾸어서는 안 되며, 요가니드라아사나를 앞선 자세를 준비하는 스트레칭으로 쓰는 것도 바람직하지 않다. 이 두 자세를 다른 측면에서 동일한 원리 위에 쌓아 가는 별개의 수업으로 존중해야 한다. 두 자세는 상호보완적이지만, 드위 파다 쉬르샤아사나에서 요구되는 힘과 유연성을 함께 기르기 전에는 요가니드라아사나로 나아가지 않도록 한다. 만일 앞선 자세에서 배워야 할 수업을 건너뛰어 버리면, 고관절과 등 아랫부분에서 요구되는 더 많은 유연성을 지탱할 코어 힘을 기르지 못하게 되며, 그러면 요가니드라아사나에서 부

사진 7.18

사진 7.19

상으로 이어질 수도 있다. 수련의 깊은 영적 측면을 몸과 마음에 충분히 받아들일 수 있도록, 더 나아가기 전에 충분한 시간을 두고 각 자세를 익히자.

아도 무카 슈바나아사나에서 숨을 들이쉬며 앞으로 점프 스루 하여, 다리를 펴고 누워 자세를 준비한다. 요가니드라아사나에 들어가는 데는 좀 더 쉬운 방법과 깊은 방법, 두 가지가 있는데 어느 방법으로 해도 좋다.

좀 더 쉬운 방법부터 시작해 보자. 무릎을 구부리고 발끝을 당기며 발바닥이 천장을 향하게 하고, 발날을 잡아 준다. 어떤 종류의 요가에서는 이를 행복한 아기 자세라고 부르는데, 아쉬탕가 요가에서는 별도 이름이 없으며 그저 요가니드라아사나 준비 자세 중 하나일 뿐이다(사진 7.18). 엉치뼈(천골)를 바닥에서 들어 올리며, 양 고관절을 모두 바깥쪽으로 회전시켜, 무릎이 바깥을 향하게 하고, 발바닥을 얼굴 쪽으로 가져온다(사진 7.19). 양 어깨를 모두 앞으로 회전하고, 목은 조금 떨어뜨리고, 손으로 발목을 잡아, 숨을 내쉬면서 두 발을 머리 뒤로 넘기되, 왼발 아래 오른발이 오도록 교차해 준다. 발이 교차되면, 발끝을 당겨 좀 더 깊이 들어가고, 목을 왼 발목이나 정강이 쪽으로 누르며, 양손이나 손가락을 등 아랫부분이나 엉치뼈(천골) 근처에서 맞잡아 묶어 준다. 마지막으로, 발가락을 펼쳐 발끝을 뻗어 내고, 제3의 눈 센터 쪽을 응시한다(사진 7.20).

이 방법으로 자세로 들어가려면 고관절의 쉬운 바깥 회전, 열린 어깨,

사진 7.20

강인한 목, 그리고 자세로 들어가는 방법에 대한 원활한 이해가
필요하다. 이 방법은 쉬울 뿐 아니라, 한두 호흡 만에 다리를 머
리 뒤로 넘기는 움직임까지 물 흐르듯 진행할 수 있다는 장점이
있다. 반면, 자세로 아주 깊이 들어갈 수는 없고, 등 아랫부분이
많이 말려서 척추 지지가 약해질 수도 있으며, 빨리 움직이다 보
니 부상으로 이어질 수도 있다는 점을 단점으로 꼽을 수 있다. 고
관절이 비교적 경직되어 있거나, 자세로 더 깊이 들어가고자 하
는 사람에게는 권하지 않는다.

사진 7.21

　요가니드라아사나로 들어가는 두 번째 방법은 똑같이 누운 자세에서 시
작하되, 한 번에 한 다리씩 가져온다. 이 방법을 따르면 자세로 더 깊이 들
어갈 수 있고, 척추를 더 곧게 유지할 수 있으며, 그래서 근육의 지지를 더
받을 수 있다. 등을 대고 누운 자세로 시작한다. 오른 무릎을 가볍게 구부
리며 발바닥으로 바닥을 짚어 지지해 주고, 왼 고관절을 바깥쪽으로 회전
시킨다. 양손으로 왼 발목을 잡아 왼발을 최대한 이마 가까이 가져오며, 왼
무릎은 바깥을 향하게 한다. 이 동작을 누워서 하는 에카 파다 쉬르샤아사
나로 생각하면서, 그 자세의 주의사항과 지침을 그대로 적용한다.

사진 7.22

　몸을 바닥에서 살짝 들어 올리고, 왼 어깨를 앞으로 회전시키며, 머리를
앞으로 숙이고, 왼 정강이를 목 뒤로 넘겨 다리 위치를 잡아 준다. 다리가
머리 뒤에 놓이면, 왼손은 놓고, 오른손으로 왼발을 당겨서 왼 넓적다리가
최대한 몸통 가까이 오게 한다. 다리가 제자리에 놓이면, 왼 어깨와 목으로
정강이를 뒤로 눌러 고정시킨다(사진 7.21). 손으로 다리 위치를 유지하지
않는다. 에카 파다 쉬르샤아사나와 드위 파다 쉬르샤아사나를 바르게 수련

사진 7.23

했다면, 다리를 머리 뒤에 유지할 수 있는 유연성과 힘이 충분히 길러졌을
것이다.

　이제 오른 다리를 바닥에서 들어 올리고, 오른 고관절을 바깥으로 회전
하여, 오른 무릎이 바깥쪽을 향하게 하며, 오른발을 최대한 왼 어깨 가까이
가져온다(사진 7.22). 오른 어깨를 앞으로 조금 말아 주며, 오른발이 넘어갈
공간이 확보될 만큼만 몸을 들어 올린다. 드위 파다 쉬르샤아사나처럼 발
끝을 붙여 주고, 발을 이용하여 자세가 더 깊어지게 하고, 발끝을 당겨 다
리가 완전히 머리 뒤에 놓이게 한다.

　이 단계에서는 오른 어깨가 오른 종아리 밑으로 미끄러져 들어갈 공간을
만들어 주는 것이 중요하다. 오른 종아리가 뒤로 움직이지 않으면 거기서

막혀 버릴 것이다. 자세로 더 깊이 들어가려면, 양손을 뒤로 뻗어 오른손으로는 왼 발을, 왼손으로는 오른발을 잡고, 양발이 최대한 서로 멀어지도록 당겨 준다. 가슴 을 종아리보다 위로 들어 올리기 위해 팔을 머리 위로 뻗어 척추와 어깨에 공간을 만들고 늘여 주면 도움이 될 것이다(사진 7.23). 마지막으로, 양손을 등 아랫부분 밑 으로 감아 열 손가락을 서로 걸거나 손목을 잡아 주고, 머리와 목으로는 발을 뒤로 누른다(사진 7.20). 가능하면 발과 발 사이의 공간을 통해 뒤통수를 바닥으로 눌러 준다. 자신의 몸과 수련으로 더 깊이 들어가길 원하는 헌신적 수련자에게 나는 주 로 이 방법을 추천한다.

어떤 방법으로든 요가니드라아사나에 최대한 깊이 들어갔다면, 코어 근육을 조 여 척추를 최대한 길게 늘여 준다. 가슴을 들어 올리며 어깨로 종아리를 누른다. 아 랫배를 끌어당기고, 등 밑의 바닥과 골반 기저근으로 척추를 지지해 준다.

요가니드라아사나를 직역하면 '요기의 잠자는 자세'이지만, 이 자세에서 정말 자 려고 하지는 말자! 자세의 구조적 통합을 유지하는 데 필요한 힘을 알맞게 쓰는 가 운데 휴식과 이완의 편안함과 안락함을 느껴 보기 바란다. 이 아사나에서는 다리를 '베개'로 여기고 몸을 '매트리스'로 여겨 보자.

전통 하타 요가 문헌에서는 요가니드라를, 마음이 깨어 있는 상태와 수면 상태 사이에서 균형을 유지하는 명상적 상태의 수련으로 설명한다. 이 초의식 상태에서 는 미묘한 감각 지각력이 높아지고 마음은 자연스럽게 내면을 향한다. 이와 같은 명상적 마음은 감각 기관의 능력을 안으로 돌려 내면을 직접 지각할 수 있게 하는, 아쉬탕가 요가의 다섯째 가지인 프라티야하라(pratyahara)에 이르게 한다. 요가니드라 아사나에서 요가니드라를 수행하는 것이 권장되는 것은 아니지만, 이 자세를 하는 동안 내면의 깨어 있는 상태를 더 강하게 기를 수 있을 것이다. 어떤 아사나에서든 몸 전체를 흐르는 미묘한 에너지를 원활하게 전체적으로 느끼는 것이 좋다.

요가니드라아사나는 누운 자세로 하므로 얇은 매트에서 하면 추간판(척추 마디 사 이의 디스크)에 압박이 느껴질 수 있다. 그러므로 두꺼운 매트에서 하거나, 이 자세를 시작하기 전에 몸 아래에 수건을 깔아 주자. 두꺼운 매트나 수건 을 써도 척추에 통증이 느껴진다면, 자세를 풀고 나온다.

요가니드라아사나로 들어가는 데 필요한 유연성과 힘은 앞선 두 자세를 통해 충분히 길러질 것이다. 그러니 아쉬탕가 요가를 알맞게 수련하여 몸을 열어 냈다면 요가니드라아사나를 어렵지 않게 수행할 수 있을 것이다. 그 렇다면 이 자세는 관문 자세가 아니라, 앞선 자세들의 정렬, 열림, 에너지가 깊어지고 표현되는 통합적 자세로 볼 수 있다.

사진 7.24

다섯 번 호흡한 뒤, 숨을 내쉬며 손을 풀고, 머리를 숙여 발을 풀어 준다. 다시 숨을 들이쉬며 차크라아사나(바퀴자세, 사진 7.24)를 통해 뒤로 구른다. 어깨관절을 축으로 몸을 둥글게 회전시킨다. 코어 힘을 이용하여 목 위로 몸을 들어 올려 넘긴다. 차크라아사나 움직임은 프라이머리 시리즈의 규칙적 수련을 통해 익혔을 것이다(차크라아사나에 대한 자세한 설명은 《아쉬탕가 요가의 힘》 1권 참조). 숨을 내쉬며 팔꿈치를 구부려 차투랑가 단다아사나로 들어간다. 숨을 들이쉬며 몸을 앞으로 굴려 우르드바 무카 슈바나아사나로 들어가고, 숨을 내쉬며 몸을 뒤로 굴려 아도 무카 슈바나아사나로 들어간다.

효과

마음이 차분해진다.

어깨, 목, 등 윗부분을 따라 주요 에너지 점들이 자극된다.

허리 통증이 완화된다.

바깥 회전을 통해 고관절이 열린다.

티띠바아사나 Tittibhasana A, B, C, D
반딧불이 자세 A, B, C, D

드리쉬티: 나사그라이(코끝)

아쉬탕가 요가의 전통 방식에 따라 프라이머리와 인터미디어트 시리즈의 앞선 자세를 모두 익혔다면, 티띠바아사나를 할 때 유연성에 큰 문제는 없을 것이다. 쿠르마아사나, 숩타 쿠르마아사나, 드위 파다 쉬르샤아사나, 요가니드라아사나의 통합적 수련을 통해 티띠바아사나에 필요한 모든 신체 능력이 갖추어진다. 아쉬탕가 요가 체계에서 이 자세가 주는 진정한 도전은 힘과 지구력에 있다. 오직 유연성의 기반이 충분히 만들어진 뒤에야 수련은 활동적이고 역동적 자세에서 힘과 유연성을 결합하도록 요구함으로써 당신의 한계를 시험한다.

프라이머리와 인터미디어트 시리즈에 나오는 앞선 자세들은 대부분 하나 또는 두 부분만으로 구성되었지만, 티띠바아사나는 최소 다섯 단계를 거쳐 진행되는 복잡하게 연결된 동작이며, 원칙적으로 중단 없이 이어 가야 한다. 상당히 민첩하고 몸이 탄탄한 수련자라도 티띠바아사나의 전체 움직임이 끝날 때쯤이면 넓적다리

사진 7.25

앞쪽 근육(넙다리 네 갈래근)처럼 자세를 지지하는 근육들이 지쳤다는 느낌이 들 것이다. 나는 매일 수련 때마다 이 자세를 해도 인터미디어트 구령 수련에 참여할 때마다 어려움을 느낀다. 자세가 끝나 갈 때면 나의 넓적다리 앞쪽 근육(넙다리 네 갈래근), 허리, 어깨는 늘 타는 듯한 느낌이다. 그러니 티띠바아사나를 수련에 포함한 초반에 이와 비슷한 감각을 느껴도 당황하지 않기 바란다.

이 자세는 상당한 힘이 필요하다. 그러니 앞선 자세들을 충분히 익혀서 유연성의 기초를 확실히 다지기 전까지는 티띠바아사나로 나아가지 않아야 한다. 이를 무시하고 그냥 진행하면, 유연성을 제한하는 방향으로 힘이 길러질 수 있다. 수련의 논리를 존중하자. 그리고 유연성이 부족하면, 시간이 흐르면서 천천히 몸이 열리도록 성실하고 겸허하게 수련을 이어 가자. 고관절, 허리, 어깨에 유연성이 부족한 상태에서 이 자세로 점프해 들어가면, 몸을 지지하는 근육이 지치면서 부상을 입을 위험이 있다. 서두르지 말고 인내하면서, 오직 몸이 준비되었을 때만(또는 선생님이 허락했을 때만) 이 자세를 수련에 추가하자.

아도 무카 슈바나아사나에서 숨을 들이쉬며 앞으로 점프하되, 양발이 손 앞으로 최대한 멀리 착지하도록 뛴다. 점프할 때는 손목을 바닥에 단단히 고정하고, 손꿈치가 바닥에서 떨어지지 않게 한다. 넓적다리를 어깨 위에 걸어 뒤꿈치를 들어 올린 다음, 다리를 펴면서 코어를 조이고 기반으로 눌러 내린다. 숨을 들이쉬면서 몸무게를 손으로 옮기고, 몸을 바닥에서 들어 올려 티띠바아사나 A로 들어간다(사진 7.25). 다리를 너무 넓게 벌리거나, 넓적다리가 팔 아래로 미끄러져 내려가지 않게 한다. 코끝을 응시하면서, 이 자세를 유지하며 다섯 번 길고 안정된 호흡을 한다.

민첩하고 강한 수련자라면 아도 무카 슈바나아사나에서 곧바로 이 자세로 점프하여 들어갈 수 있을 것이다. 처음부터 이 방법을 시도하지는 말자. 이 자세가 익숙해질 때까지 시간을 두고 규칙적으로 수련하다가, 새로운 도전을 해 보고 싶을 때 시도해 보자.

티띠바아사나로 점프하려면, 숨을 들이쉬면서 엉덩이를 앞으로, 팔 기반 위로 맞추어 보낸다. 다리를 약간 벌리고 몸통은 어깨와 정렬하여 균형을 잡는다(사진 7.26). 숨을 내쉬면서 천천히 어깨를 앞으로 보내고, 척추를 구부리며, 코어를 조이고, 엉덩이를 내리면서, 넓적다리를 어깨 위로 감아 주며 몸을 낮추어 티띠바아사나로 들어간다. 이 전환은 쉽지 않으며, 힘과 유연성의 역동적인 혼합이 필요하지만, 수련을 계속하다 보면 언젠가는 성공하는 날이 꼭 올 것이다.

어깨로 종아리를 뒤쪽으로 밀어내고, 넓적다리로는 어깨를 조여 주며 티띠바아사나 A를 유지한다. 꼬리뼈를 안으로 말고, 아랫배를 깊이 끌어당겨 척추가 조금 구부러지게 한다. 코어는 계속 견고하게 조인다. 넓적다리를 살짝 안으로 회전시키며 넓적다리 앞쪽 근육(넙다리 네 갈래근)을 써서 다리를 완전히 뻗어 낸다. 넓적다리로 어깨를 조여 팔 위에 최대한 높이 유지되게 한다. 가슴을 열고 지지받게 하면서, 빗장뼈를 넓게 펴고 몸무게가 가슴 중앙의 복장뼈를 향해 안으로 쏟아져 내리지 않게 한다. 만일 가슴 한가운데 복장빗장(흉쇄)관절에서 통증이 느껴지면, 팔이음뼈(어깨뼈와 빗장뼈)를 조여 힘을 쓰는데 특히 더 초점을 둔다. 통증이 너무 심해지면, 몸을 지지할 만큼 힘이 생길 때까지 자세 수련을 미룬다.

엉덩이와 발을 어깨선에 맞추어 들어 올리는 티띠바아사나 A도 있지만, 아쉬탕가 요가에서는 엉덩이를 낮추고 발끝은 들어 올려 머리 위를 향하게 한다. 아쉬탕가 요가 정렬에 주의하며 티띠바아사나 A로 들어가고, 골반 기저근의 힘으로 몸을 들어 올려 지지한다. 다섯 번 호흡한 뒤, 숨을 내쉬면서 무릎을 구부려 다시 발을 바닥으로 낮춘다. 넓적다리가 타는 듯한 느낌이더라도 어깨를 넓적다리 뒤에서 빼지 말고 유지하여 힘을 기르는 과정을 받아들인다. 꾸준히 수련한다면 한 달 후에는 더 강해져 있을 것이다.

양발이 바닥에 놓이면, 몸통을 다리 사이로 넣고, 어깨를 종아리 뒤로 이동한다. 필요하면 한 번에 한 다리씩 위치를 잡아 주어도 좋다. 한쪽 뒤꿈치를 들어 올려, 어깨로 종아리 근육을 앞으로 밀어내며 더 깊이 들어간 다음, 뒤꿈치를 다시 바닥

사진 7.26

152

사진 7.27

사진 7.28

에 내린다(사진 7.27). 반대쪽도 똑같이 반복하여 자세를 잡아 준다.

다음에는 어깨를 안으로 회전하며 팔로 넓적다리와 등 아랫부분을 감아 준다. 등을 말면서 어깨를 종아리 쪽으로 눌러 준다. 엉치뼈(천골)나 등 아랫 부분 선에서 양손의 손가락을 걸거나 한쪽 손목을 잡아 양손을 묶어 준다. 다리를 펴고, 뒤꿈치를 요가 매트의 바깥 모서리와 정렬하며, 가슴을 넓적다 리 사이로 통과시키고 배꼽 쪽을 바라보며 티띠바아사나 B를 완성한다(사진 7.28). 아랫배를 최대한 끌어당기고, 코어로부터 몸을 지지한다. 자세를 유지 하며 다섯 번 호흡한다.

티띠바아사나 C는 지구력 시험이다. 등 뒤에서 손가락이나 손으로 묶은 상태를 유지하면서, 양발 사이의 매트 한 지점을 바라본다. 숨을 들이쉬며 오른발을 앞으로, 그리고 내쉬며 왼발을 앞으로 내딛는다 (사진 7.29와 7.30). 네 번 더 반복하여 총 열 걸음을 앞으로 걸어 준다. 다시 숨을 들이쉬며 오른발을 뒤로, 내쉬며 왼 발을 뒤로 보내며 걷는다. 네 번 더 반복하여 총 열 걸음 을 뒤로 걸어, 다시 출발점으로 돌아온다. 엉덩이나 발을 너무 높이 들지 말고, 가급적 자연스럽게 걷는다. 최소한 매트 길이만큼 걸어 주고, 온전한 걸음을 위해 필요하다 면 매트를 벗어나도 좋다. 처음 몇 번은 이렇게 움직일 때 넓적다리가 타는 듯한 느낌일 것이다. 이것으로 티띠바아 사나 C가 마무리된다.

이제 양발을 최대한 가까이 모은 뒤, 뒤꿈치는 살짝 떨 어뜨린 상태로 두 발을 가급적 평행하게 해 준다. 손은 풀 어주되, 넓적다리 뒤의 어깨 위치는 그대로 유지한다. 발 목 앞에서 양손을 깍지 끼고, 머리와 목을 이완시켜 바닥 으로 내리고, 최대한 다리를 펴서 티띠바아사나 D로 들어 간다(사진 7.31). 자세를 유지하며 다섯 번 호흡하는 동안, 뒤꿈치는 서로 멀어지고 발끝은 서로 가까워지게 움직인 다. 다리를 펴고, 목 긴장을 풀고, 손은 깍지 낀 채로 유지 한다. 티띠바아사나 D에서 두 발을 평행하게 할 수 없다 면, 뒤꿈치를 정렬하고 발끝은 바깥을 향하게 돌리면 조 금 더 쉬울 것이다. 자신이 할 수 있는 가장 깊은 티띠바 아사나 D를 유지하며 다섯 번 호흡한다. 자세를 유지하면

서 넓적다리는 안으로 회전시켜 다리로 몸통을 조여 주고, 어깨로 다리 뒷면을 밀어내며, 몸무게를 양 발바닥에 골고루 실어 준다.

티띠바아사나 D는 이 자세의 절정이라 할 수 있다. 마음을 안정되고 고요하게 유지하고, 당황하지 말자. 부상 위험은 거의 없으나, 깊은 근육 작용으로 힘의 한계를 시험하게 될 것이다.

마지막으로, 손을 풀고 팔꿈치를 구부리며, 손을 발 뒤쪽 바닥에 짚는다. 머리를 들면서 무릎을 조금 구부린다. 팔로 바닥을 누르고, 팔이음뼈(어깨뼈와 빗장뼈)는 견고하게 하며, 골반 기저근을 조이고, 넓적다리 앞쪽 근육(넙다리 네 갈래근)은 단단하게 한 상태에서, 숨을 들이쉬면서 무게중심을 앞으로 기울이며 몸을 바닥에서 들어 올려 한 번 더 티띠바아사나 A로 들어간다(사진 7.25). 넓적다리를 안으로 회전시키며, 발끝을 모으고, 발을 몸에서 멀리 뻗어 내는 동시에, 넙다리뼈 머리를 절구 안으로 끌어당겨 골반 기저근을 안정시킨다. 때로는 균형을 더 잘 잡고 움직임을 안정시키기 위해, 또는 힘과 인내력을 기르기 위해 이 자세를 유지하면서 몇 번 더 호흡할 수도 있다. 그러나 자세가 잘 자리 잡혔다면 굳이 그렇게 할 필요가 없다. 티띠

사진 7.31

바아사나 A로 들어간 다음, 숨을 내쉬며 다리를 뒤로 보내 바카아사나로 들어간다(사진 7.16). 바카아사나를 유지하지 말고 그저 전환 자세로만 이용하며, 바카아사나 A, B 및 드위 파다 쉬르샤아사나에서 설명한 방법대로 뒤로 점프한다. 숨을 내쉬면서 뒤로 점프하여 차투랑가 단다아사나로 들어간다. 숨을 들이쉬며 몸을 앞으로 굴려 우르드바 무카 슈바나아사나로 들어가고, 내쉬며 몸을 뒤로 굴려 아도 무카 슈바나아사나로 들어간다.

티띠바아사나는 인터미디어트 시리즈의 이 구간을 마무리하고 도전하며, 여기에서 고관절의 깊은 바깥 회전은 에너지가 척추를 따라 상승하게 하고, 척추는 힘과 유연성으로 고르게 지지받는다. 티띠바아사나를 위해서는 고관절이 열리고 강해야 하며, 인터미디어트 시리즈의 마지막 구간에서 요구되는 역동적 제어력이 발휘되어야 한다. 모든 요가 수련이 그렇듯, 힘과 유연성의 균형이 자리 잡힌다면, 그것은 균형 잡힌 마음이 신체적으로 표현되는 것이다. 그러니 지금 하고 있는 아사나의 현재 경험에 차분히 집중하는 고요한 마음을 수련하는 내내 유지해 보자. 그러면 노력의 결과에 집착하지 않으면서 내면에 집중할 수 있을 것이다.

효과

손목이 강해진다.
넓적다리근육이 쓰인다.
마음의 힘이 길러진다.
체력과 지구력이 길러진다.

8

강인함: 어깨와 척추의 역동적 제어

힘을 요구하는 자세는 항상 나에게 어려웠고, 수련할 때마다 여기에 집중한다. 내가 아쉬탕가 요가 체계를 사랑하는 이유 중 하나는 더 강해지도록 끊임없이 도전하고, 약하게 타고난 부분에서 힘을 발견하게 해 주기 때문이다. 내 수련이 안정기에 접어들 때마다, 기존의 자세를 바라보는 새로운 자세나 방식이 늘 주어져서 힘에 관해 더 깊이 알아차리게 된다. 전통 요가 철학에서는 아사나 수련을 힘과 우아함 사이의 균형, 또는 견고함과 편안함 사이의 균형이라고 말한다. 힘을 기르는 연습을 할 때마다 단순한 상체 힘이 아닌 코어 힘에 집중하면, 신체를 미묘한 몸과 통합하고 아사나 수련에서 완벽한 균형을 찾게 될 것이다.

후굴에서는 척추 신전을, 다리를 머리 뒤로 거는 자세에서는 척추 구부림을 익혀야 했다면, 인터미디어트 시리즈의 힘을 기르는 자세에서는 척추 전체를 역동적으로 제어하는 법을 익혀야 한다. 한마디로, 수련을 통해 척추의 신전과 구부림을 자유자재로 할 수 있어야 한다. 어깨는 이 움직임의 견고한 기반이 된다. 인터미디어트 시리즈의 이 구간에서는 단순한 육체적 힘 또는 강한 힘을 넘어, 스트레스에 대한 신경계의 반응을 제어하는 훈련으로 익힌 능력을 활용해야 한다. 강력한 척추 신전과 구부림을 오가는 동안 어깨 힘을 유지하면, 급격한 변화 가운데에서도 평정심을 유지할 수 있게 된다.

다소 강하거나 뻣뻣하게 타고나 후굴과 전굴 수련에서 엄청난 연습이 필요했던 수련자라면 이 구간에서 수련이 쉬워짐을 느낄 것이다. 반면, 유연성에 중점을 둔 앞선 두 구간을 비교적 수월하게 지나온 수련자라면 여기서 진정한 도전을 마주하게 될 것이다. 그저 근육을 강화하여 힘을 쓰는 것이 아니라, 힘을 쓰고 빼는 것 사이의 완벽한 균형을 찾는 것이 중요하다. 아쉬탕가 요가 수련을 통해 자신뿐 아니라 타인에게 열려 있고 공감하는 힘을 찾게 될 것이다.

요가 수행은 결코 외적 결과만을 추구하지 않는다. 신체에 힘든 도전적인 자세들조차 강인한 신체뿐 아니라 강인하고 안정된 마음을 주기 위한 것이다. 인터미디어트 시리즈의 역동적인 힘 자세는 이처럼 안정된 마음과 강인한 몸을 만드는 데 꼭 필요하다. 이 아사나들을 연습하는 동안 내면에서 평화로운 자리를 찾는 데 어려움을 느낄 것이다. 어느 순간 몸과 마음에서 그 평화로운 자리를 경험하게 된다면, 그것이 바로 요가의 정수다. 요가는 그냥 편안한 상태에 머무르기보다는 자신의 경계들과 한계들에 도전하게 하여, 어느 날 내면에 있는 자기의 무한한 본성을 경험하게 하려 한다. 이 자세들을 통해 강인한 몸뿐 아니라, 강인한 마음과 안정된 감정의 균형도 함께 길러 보자.

내가 요가에서, 그리고 아마도 삶에서 가장 크게 배운 것은 힘이었다. 타고난 힘이 없었지만 15년의 수련은 나를 훨씬 강인하게 만들어 주었다. 요가는 자신의 한계를 만나고, 이 한계를 거울삼아 자신을 비추게 한다. 나는 요가를 통해 내가 난관에 부닥치면 몸도 마음도 그만두고 무너져 내리고 포기해 버리는 경향이 있음을 깨달았다. 견디기 어려운 상황이 되면 내 안의 동굴로 기어들어 가 무너져 내리고 싶었다. 그렇게 만들어진 내 감정의 블랙홀에서 나를 꺼내는 데는 며칠, 몇 달, 때로는 몇 년이 걸리기도 했다. 그러면서 내가 배운 교훈은 어떤 일이 일어나든, 그 상황이 얼마나 힘들든 포기하지 않는 것, 결코 포기하지 않는 것이었다. 요가를 수련하면서 기른 힘은 내게 고통 속에서 의미를 찾을 힘, 내 삶의 주인공이 될 힘, 그리고 내 환상들이 부서지고 남은 잿더미 속에서 희망을 발견할 힘을 주었다. 자기 내면의 힘을 발견하는 것이야말로 아쉬탕가 요가의 참된 힘이다.

핀차마유라아사나 Pinchamayurasana
아래팔 균형 / 꼬리 펼친 공작 자세
드리쉬티: 나사그라이(코끝)

아쉬탕가 요가는 다른 무엇보다 영적 수련이다. 그러므로 이 요가는 몸을 얼마나 강하게 쓰는지 또는 자세가 얼마나 완벽한지로 성공 여부를 판단하는 운동이 아니다. 얼마나 많은 자세 교정을 받았는지 또는 선생님에게 얼마나 많은 관심을 받았는지로 좋은 요가 수업인지 여부를 판단할 수도 없다. 그렇지만 처음에는 선생님의 자세 지도가 거의 필수적이고, 꼭 필요할 때는 선생님의 도움을 받는 것이 이상적이다.

그런데 혼자 여러 번 시도해 보는 것이 더 유익할 때조차 선생님의 손길에 지나치게 의존하는 경우를 가끔 본다. 나는 최근 마이소르에서 R. 샤랏 조이스 선생님이 어시스트 선생님들에게, 어려운 팔 균형 자세나 후굴을 시도하는 몇몇 수련생을 도와주려 하지 말고 먼저 스스로 해 볼 수 있도록 한동안 놓아두라고 하는 말을 들었다. 그분이 실제로 한 말은 "고생하게 그냥 놓아두세요" 또는 "넘어지게 그냥 두세요"였다. 이 말은 요가 수련이라는 맥락에서 통증과 괴로움의 가치를 직접 가리키며, 수련자 자신에게 성장과 발전의 가장 큰 잠재력이 있음을 암시한다.

새로운 자세를 배울 때는 두려움과 통증이 생기는 몸과 마음 속의 자리로 가기 위해 선생님의 도움이 필요할 때가 있다. 그러나 어느 정도 시간이 지나면 자신의 신경계를 강화하여 자신의 내면 의지로 이런 자리들을 마주해야 할 것이다. 가장 어려운 자세들에 담겨 있는 가르침을 배우려면 반드시 직접 경험해야 하는 것들이 있는데, 매일 지도자의 도움을 받으려 하면 때로는 그것들을 경험하지 않고 회피하는 셈이 될 수도 있다.

예를 들어, 핀차마유라아사나 같은 자세에서 넘어지는 데 대한 두려움을 극복하려면 거리낌 없이 안전하게 넘어지는 법을 배워야 한다. 항상 벽에 의존하거나 선생님의 도움을 받는다면, 이 자세를 스스로 능숙하게 해내는 데 필요한 자신감을 키우지 못할 것이다. 그러니 넘어지는 법을 배워야 한다.

처음 핀차마유라아사나를 배울 때 나는 몇 번이나 넘어지고 또 넘어졌다. 스무 번도 넘게 넘어진 날도 있다. 나는 초조했지만 단호했고, 그렇게 18개월 동안 시도하고 넘어졌더니, 어느 날 균형을 잡고 유지할 수 있게 되었다. 잘못 읽은 게 아닐까 싶겠지만, 정말 1년 반 동안 매일 시도한 뒤에야 이 자세에서 균형 잡는 법을 배울 수 있었다. 자세를 익히는 동안 지구력을 기르기 위해 일주일에 한 번은 벽을 사용했고, 대부분 혼자 수련했기에 뒤로 넘어가더라도 잡아 줄 사람이 없었다. 벽에 대고 연습할 때는 힘을 기르기 위해 25번의 호흡 동안 자세를 유지했다. 뒤로 넘어가면 바로 다시 일어나 또 시도했다. 나의 등은 강하기보다는 유연한 편이어서, 이 자세에서 균형을 익히려면 척추를 제어할 수 있을 만큼 강해져야만 했다. 핀차마유라아사나 수련은 내게 인내심(나는 원래 잘 참는 사람이 아니다), 끈기(거의 매일 그만두고 싶었다), 그리고 결국은 자신감(나 자신의 힘을 믿는 법을 배워야 했다)을 배우는 수업이었다. 모든 자세는 사람마다 걸리는 시간도 다르고 주는 가르침도 다르다. 중요한 것은 힘들고 아프고 괴로운 순간을 만날 때마다 그저 노력을 하는 것이다.

사진 8.1

사진 8.2

사진 8.3

넘어질 줄 알아야 한다. 안전하게 넘어지는 법을 배워야 한다. 그리고 무엇보다 중요한 것은, 오래 걸리더라도 다시 일어나 시도할 수 있는 힘을 길러야한다는 것이다. 넘어질 때의 불편한 감정을 회피하려는 태도로 수련한다면, 요가가 주는 가르침을 온전히 받아들일 수 없다. 통증과 괴로움을 마주하는 법을 배우면, 수련의 의미를 깨닫게 될 것이다. 넘어지는 법을 배우면, 고통이무엇인지를 이해하게 되며, 고통을 마주하고 받아들이고 결국은 친구로 삼는 법을 배우게 된다. 이것이 바로 요가의 가장 깊은 가르침의 핵심이다.

아도 무카 슈바나아사나에서 숨을 내쉬며 팔꿈치를 어깨너비로 바닥에 대고, 발은 손을 향해 걸어 들어와 준비한다(사진 8.1). 만일 무릎을 바닥에 대지 않고 곧바로 이 자세로 들어올 수 있으면, 더 많은 힘과 지구력을 기를 수 있다. 그러나아직은 이 동작이 낯설고 어렵게 느껴진다면, 아도 무카 슈바나아사나에서 무릎을 바닥에 대고 핀차마유라아사나 기반을 만들어 준다. 손목과 손을 팔꿈치와 정렬한다. 팔꿈치가 자꾸 벌어지면, 어깨너비보다 조금 좁게 시작한다. 그러면 아래팔이 미끄러져 바깥으로 벌어지더라도 팔꿈치가 어깨너비로 고정될 수 있을 것이다. 어깨세모근(삼각근)의 강력한 조임과, 돌림근(회전근) 안쪽의 조인 상태에서 늘여 내는 방식의 특별한 수축을 통해 팔이음뼈(어깨뼈와 빗장뼈)를 견고하게 잡아 준다. 넓은등근(광배근)을 단단하게 하고, 골반 기저근을 조인다. 양 아래팔 사이, 약간 엄지 쪽에 가까운 매트 위의 한 점을 응시한다. 그 점이 작을수록 마음도 그 점에 더 잘 집중하게 될 것이다. 위팔을 바닥과 수직으로 세운 상태에서, 최대한 팔꿈치와 가까워지도록 발로 걸어 들어간다. 걸어 들어가는 동안 앞으로 무너지거나 얼굴이 바닥에 너무 가까워지지 않게 한다.

여기까지 왔으면 핀차마유라아사나를 위한 완벽한 준비가 된 것이다. 이 자세를 유지하면 자세에 필요한 근육 힘을 기를 수 있다. 이 준비 자세가 어렵게 느껴진다면, 정자세를 시도하기 전에 여기서 5~10번 호흡한다.

팔이음뼈(어깨뼈와 빗장뼈)의 구조적 통합과 골반 기저근의 견고한 활성화로 기반을 견고하게 다졌다면, 이제 핀차마유라아사나로 들어 올릴 준비가되었다. 이 자세로 들어가는 방법은 적어도 세 가지가 있는데, 제일 쉽고 접근하기 좋은 방법부터 소개하고, 어려워지는 순서대로 나머지 두 방법을 소개해 보겠다.

준비 자세에서 가능한 많은 무게를 어깨로 옮기며, 왼 다리를 곧게 들어올리고 오른 발끝으로 올라온다(사진 8.2). 자신이 원하는 대로 오른 다리든 왼 다리든 어느 쪽을 들어도 무방하지만, 한 다리씩 들어 올려 핀차마유라아사나로 들어간다면, 다리를 번갈아 바꾸어 양쪽 어깨와 골반의 균형을 맞추어야 한다. 몸 무게를 더 앞으로 이동시키기 위해 팔꿈치가 약간 앞으로 구부러지는 것은 허용하되, 앞으로 무너지지 않도록 주의한다. 어깨세모근(삼각근)을 조이고 어깨를 견고하게 유지한다. 들어 올린 다리의 발끝을 뻗어 내고 근육 전체를 조여 강하게 왼 다리를 위로 뻗어 올린다. 어깨와 코어를 단단하게 유지한 상태에서, 왼 다리가 어깨선과 중심선을 지나 더 멀리 뒤로 가게 한다. 코어를 조여 척추를 지지하고 있다면, 등이 조금 활처럼 휘어도 괜찮다. 숨을 들이쉬면서, 오른 발가락이 자연스럽게 바닥에서 뜰 때까지 엉덩이를 앞으로 보낸다.

만일 무게중심을 앞으로 기울여 들어 올릴 수 없다면, 오른 무릎을 살짝 구부렸다가 가볍게 앞으로 뛰어 무게 이동을 도와준다. 너무 세게 점프하지는 말고, 가급적 몸을 가볍게 띄워 주며, 몸을 앞으로 보내기 위한 최소한의 힘만 써 준다. 너무 세게 차올리면 균형과 어깨가 무너지며 앞으로 넘어가 버릴 것이다. 넘어지는 것이 위험하지는 않으나 적절한 힘으로 뛰면 충분히 피할 수 있다. 넘어가는 것이 두려우면 너무 높게 점프하지 말고, 바닥에서 몇 인치만 위로 점프하여 오른발을 공중으로 조금 띄운 뒤 다시 착지해 본다. 그런 식으로 팔로 균형 잡는 감각에 익숙해져 보자.

지금부터 설명하는 다음 단계는 핀차마유라아사나를 제대로 익히는 데 아주 중요하므로 수련할 때마다 세심한 주의를 기울여 보자. 완성 자세를 시도하기 전에 다리를 가위처럼 벌려서 균형을 잡는다(사진 8.3). 오직 마음이 안정되고 몸을 제어할 수 있을 때만 다리를 모아 올린다. 서둘러 다리를 모으려고 하면, 균형을 잃고 뒤로 넘어가 버릴 것이다. 다리가 가위처럼 벌린 상태로 균형 잡혀 있으면, 천천히 어깨 기반으로 누르며, 코어를 조이고 꼬리뼈를 끌어내린다. 아랫배를 끌어당기고, 갈비뼈는 몸 중심선으로 모으고, 넓적다리를 가볍게 조이며, 다리를 모아 몸통과 정렬하여 핀차마유라아사나를 완성한다(사진 8.4). 어깨 바로 위로 골반을, 골반 바로 위로 다리를 쌓아 올려 몸의 균형을 잡고, 몸 전체를 하나의 매끈한 선으로 정렬시킨다. 등

사진 8.4

이 지나치게 휘거나 어깨가 무너지지 않게 한다. 허리에 무게를 실어 내려 허리뼈 마디에 압박이 가해지지 않도록 주의한다. 중심선을 따라 몸을 정렬한 상태에서 최대한 힘껏 들어 올린다.

한 다리씩 들어 올리거나 점프하는 방법을 익혔다면, 이제 두 다리를 동시에 들어 올리거나 점프할 준비가 된 것이다. 앞에서 설명한 준비 자세와 똑같이 시작한다(사진 8.1). 기반으로 견고하게 누르고 코어를 조이면서, 양 무릎을 가슴 쪽으로 구부린다. 아래쪽 갈비뼈를 중심선 쪽으로 강하게 끌어당긴다. 어깨를 앞으로 조금 기울이되, 45도는 넘지 않게 하며, 골반을 앞으로 보내면서 무릎을 가슴 쪽으로 당겨 붙인다. 무게 이동에 따라 자연스럽게 발끝이 바닥에서 떠오를 것이다. 엉덩이가 어깨 바로 위로 정렬되면, 팔꿈치가 다시 90도를 이루도록 뒤로 누르며 천천히 두 다리를 곧게 펴 준다. 만일 두 다리를 동시에 들어 올릴 수 없으면, 한 다리씩 점프할 때와 같은 방법으로 준비 자세에서 점프해도 된다. 두 다리를 구부려 동시에 들어 올리는 방법에 능숙해지면, 이제 두 다리를 편 상태로 동시에 들어 올려 보자.

준비 자세에서 시작한다. 팔이음뼈(어깨뼈와 빗장뼈)를 견고하게 하고 코어를 조인 상태에서 엉덩이를 어깨 앞으로 이동시킨다. 어깨를 앞으로 보내되 45도를 넘지 않게 한다. 머리가 바닥에 닿는다면 너무 많이 나간 것이다. 무릎을 구부려 가슴으로 당기는 대신, 그저 엉덩이를 앞으로 충분히 보내 다리가 그 방향으로 따라오면서 몸이 바닥에서 들리게 한다(사진 8.5). 다리가 바닥과 평행해지면, 팔꿈치가 90도가 되도록 뒤로 누르고 다리를 곧게 펴 준다. 어깨와 골반 기저근, 다리를 조이면서 몸을 힘껏 들어 올린다.

적어도 다섯 번 호흡하는 동안 완전한 균형을 유지했으면, 이제 핀차마유라아사나에서 점프 백을 해야 한다. 이 자세에서 바로 점프 백을 하려 하면 때로는 조금 두렵게 느껴질 수도 있다. 이 동작을 제대로 하면 체조 스타일의 착지처럼 보인다. 처음에는 이런 식으로 내려오려 하지 말고, 그냥 숨을 내쉬면서 자세로 들어간 것과 같은 방법으로—다리를 모아서 또는 가위처럼 벌려서— 핀차마유라아사나에서 내려온다. 아래팔이 바닥에 붙어 있도록 팔은 같은 자세를 유지한다. 몸을 바닥과 어느 정도 평행하게 유지하며 발을 뒤로 걸어 차투랑가 단다아사나 모양이 되게 한다(사진 8.6). 숨을 내쉬며 팔꿈치를 구부리고, 앞으로 조금 기울인다. 숨을 들이쉬면서 바닥을 밀어내며 양손을 바닥에서 완전히 들어 올린다. 잠시 제어하지 않고 바닥에서 떠 있다가, 숨

사진 8.5

사진 8.6

을 내쉬면서 차투랑가 단다아사나로 착지한다. 바닥에서 겨우 1~2인치 떨어져 있으므로 배나 턱으로 떨어지더라도 거의 다치지 않을 것이다. 이 대안 자세를 통해 움직임의 기초를 익히고 힘과 자신감을 기르다 보면, 어느 날 핀차마유라아사나에서 바로 점프 백을 할 수 있을 것이다. 널빤지 변형 자세에서 차투랑가 단다아사나로 떨어지는 움직임을 세 번 반복한다.

핀차마유라아사나에서 균형을 안정되게 잡을 수 있고 이 대안 자세를 이용해 점프 백을 매일 세 번씩 연습하다 보면, 완성 자세에서 점프 백을 할 준비가 될 것이다. 여기서 가장 중요한 요소인 믿음이 필요하다. 이 동작을 하는 데 필요한 모든 신체적 능력이 갖추어졌다면, 이제 남은 일은 오직 수련을 하면서 그 조각들을 합쳐 주기만 하면 된다. 가장 강하고 가장 잘 제어하는 수련자들이 이 점프 백을 몹시 어려워하는 경우가 가끔 있는데, 이는 내려가는 동안 순간적으로 제어력을 놓아 버려야 하기 때문이다. 착지할 때는 스스로를 잡을 수 있다는 믿음을 가지고 떨어져야 한다.

완성 자세에서 점프 백을 할 준비가 되었으면, 핀차마유라아사나에서 시작하되 팔꿈치를 구부려 얼굴이 약간 바닥 가까이 가게 한다. 등이 조금 휘게 하고, 몸무게를 어깨와 코어에 실어 준다. 숨을 내쉬며 바닥을 누른다. 숨을 들이쉬며 내려오는데, 내려오는 동안 재빨리 손 위치를 바꾸어, 다시 숨을 내쉬며 차투랑가 단다아사나로 착지한다. 숨을 들이쉬며 몸을 앞으로 굴려 우르드바 무카 슈바나아사나로 들어가고, 숨을 내쉬며 몸을 뒤로 굴려 아도 무카 슈바나아사나로 들어간다. 핀차마유라아사나에서 완전히 점프 백 하는 움직임을 급하게 시도하지 않아야 한다는 점을 명심하자. 필요한 신체적 요소들이 충분히 갖추어진 다음에 시도하는 것이 좋다.

벽을 이용해 핀차마유라아사나에서 균형 잡는 연습을 하는 경우가 많은데, 나는 그보다 넘어지는 법을 배우라고 권한다. 힘이 필요한 자세에서 힘과 지구력을 기르기 위해 벽을 이용하는 것은 괜찮지만, 균형 잡는 법을 배우려 할 때는 피하는 것이 좋다. 이 자세를 위해 반드시 벽을 이용해야만 한다면, 일주일에 한 번만 하고, 벽에 기댄 채로 핀차마유라아사나를 유지하며 25~50번 호흡한다. 제대로 자세를 익히려면 넘어지는 법을 배우는 것이 좋다. 넘어지면서 진짜 균형감을 찾을 수 있기 때문이다. 핀차마유라아사나에서 뒤로 넘어갈 때는 후굴 자세로 떨어지는 것이 가장 쉽다. 만일 몸이 너무 앞으로 가고, 등이 활처럼 휘고, 손가락 끝으로 바닥을 움켜쥐거나 골반 기저근을 조여도 이 순간을 멈출 수 없다면, 그냥 등이 활처럼 휘고 발이 머리 뒤 바닥에 후굴 자세로 떨어지게 놓아둔다. 자책하거나 실망하지 말고 차분하게 일어나서 다시 해 본다.

　하루에 다섯 번 이상은 시도하지 않는다. 이로써 정신적 한계를 명확히 그어 준다. 그 이상의 시도와 노력은 도움이 되지 않는다. 편안하게 뒤로 넘어갈 수 있으면 핀차마유라아사나를 제대로 익히고 있는 것이다. 넘어지는 법을 아예 배우지 않으면, 항상 이 자세나 넘어지는 데 대한 두려움을 안고 있을 수밖에 없다. 핀차마유라아사나라는 수단을 통해 요가 여정에 내 몸을 실어 주자. 몇 번을 넘어지더라도 다시 몸을 일으켜 그날 또는 다음 날 시도해 본다. 어느 날 균형이 잡힐 것이다.

효과

어깨, 팔, 등, 코어가 강해진다.
신체적, 정신적 인내력이 길러진다.
감정이 균형 잡히는 데 도움이 된다.
뇌하수체가 자극된다.

카란다바아사나 Karandavasana
히말라야 거위 자세
드리쉬티 : 나사그라이(코끝)

　이 자세는 아쉬탕가 요가에서 가장 어려운 움직임 중 하나라 해도 과언이 아니다. 이 자세에서 좌절하여 아쉬탕가 요가를 그만둔 수련자도 있다. 15년 동안 수련한 결과, 나는 이 움직임을 가르치는 법과 성공적으로 수련하는 법에 어느 정도 익숙해졌다. 카란다바아사나는 힘과 유연성, 정신적 인내력의 한계를 시험한다. 신경계의 역동적 제어와 감정 통제가 요구되는 관문 자세이기도 하다. 이 자세에 숙달하기 위해서는 에카 파다 쉬르샤아사나와 드위 파다 쉬르샤아사나를 통해 얻은 고관절 유연성, 카포타아사나를 통해 얻은 어깨 열림뿐 아니라, 핀차마유라아사나의 침착하고 안정된 힘이 모두 필요하다. 하지만 무엇보다도 매일의 수련을 견디고, 자세에 숙달할 때까지 걸리는 길고도 고된 과정을 견딜 수 있는 정신적 인내력이 필요할 것이다. 인터미디어트 시리즈를 수련하는 백 명의 수련자 가운데, 도움 없이 카란다바아사나를 제대로 완수할 수 있는 사람은 한두 명에 불과한 경우도 드물지 않다.

핀차마유라아사나에서 균형을 유지하고 점프 백을 할 수 있어야만 카란다바아사나를 연습할 준비가 된 것이다. 그전에 이 자세를 시도하면 규칙적으로 연습할 힘이 부족하여 부상으로 이어지거나 심한 좌절을 경험할 수 있다. 그러니 이런 상태에서는 이 자세를 수련에 포함하는 것이 요가 여정에 유익하지 않을 것이다.

아도 무카 슈바나아사나에서 숨을 내쉬며, 핀차마유라아사나 준비 자세와 같이 팔꿈치를 손목, 어깨와 정렬시켜 바닥에 갖다 댄다(사진 8.1). 숨을 들이쉬며 몸을 들어 올리거나 위로 점프하여 핀차마유라아사나로 들어가 균형을 유지한다(사진 8.4). 자세를 안정되게 유지하면서, 숨을 내쉬며 다리를 접어 파드마아사나로 들어간다(사진 8.7). 다리를 아래팔 쪽으로 낮추면서 정강이를 겨드랑이와 정렬한다(사진 8.8). 자세를 유지하며 다섯 번 호흡한다. 다리는 파드마아사나 자세를 유지한 상태로, 숨을 들이쉬면서 다시 핀차마유라아사나로 들어 올린다(사진 8.7). 다리를 파드마아사나에서 풀어 핀차마유라아사나 자세로 균형을 잡는다(사진 8.4). 숨을 내쉬며, 핀차마유라아사나에서 설명한 것과 같은 방법으로, 뒤로 점프하여 차투랑가 단다아사나로 들어간다. 숨을 들이쉬며 몸을 앞으로 굴려 우르드바 무카 슈바나아사나로 들어가고, 숨을 내쉬며 몸을 뒤로 굴려 아도 무카 슈바나아사나로 들어간다. 숨을 들이쉬며 두 발을 양손 사이로 앞으로 점프하고, 고개 들어 위를 쳐다보며 수리야 나마스카라 A의 삽타 자세를 취한다(사진 8.9). 숨을 내쉬며 몸을 앞으로 접어 수리야 나마스카라 A의 아쉬토 자세를 취한다(사진 8.10). 숨을 들이쉬며 곧바로 사마스티티로 올라오며, 선 자세로 돌아올 때 팔을 옆으로 떨어뜨린다.

사진 8.7

말처럼 쉬우면 얼마나 좋겠는가! 이제 자세의 기본 흐름을 알았으니 단계별로 움직임을 분석해 보자. 다양한 요소들을 모두 이해하고 연습하다 보면 어느 순간 할 수 있을 것이다. 카란다바아사나의 첫 번째 도전은 핀차마유라아사나에서 균형을 유지하며, 손의 도움 없이 다리를 파드마아사나(연꽃 자세)로 접는 것이다. 이렇게 하려면 고관절 유연성, 몸 뒷면을 통한 공간적 방위, 어깨와 코어 힘이 복합적으로 필요하다. 아직 핀차마유라아사나에서 균형이 불안정하다면, 먼저 안전하게 쉬르샤아사나에서 이 움직임을 해 보아도 좋지만, 결국에는 용기를 내어 아래팔로 균형 잡은 상태에

사진 8.8

서 해야 한다.

핀차마유라아사나에서 균형을 제대로 잡은 다음, 다리를 가위처럼 벌리되 오른 다리는 몸 앞쪽으로, 왼 다리는 몸 뒤쪽으로 뻗어 준다. 척추를 조금 늘여 주며, 꼬리뼈는 너무 끌어내리려고 애쓸 필요 없다. 코어 근육과 팔이음뼈(어깨뼈와 빗장뼈)의 견고함으로 몸을 지지해 준다. 다리를 최대한 넓게 열어, 다리를 파드마아사나로 접을 공간을 만들어 준다. 오른 무릎을 구부려 오른 고관절을 가볍게 바깥쪽으로 회전시킨다. 오른 발등을 왼쪽 서혜부 주름 쪽으로 가져온다(사진 8.11). 오른발이 제자리에 놓이면 곧바로 오른 무릎을 최대한 강하게 천장 쪽으로 들어 올린다. 코어 근육을 써서 균형을 유지한다.

왼 무릎을 구부려 왼 고관절을 가볍게 바깥쪽으로 회전시킨다. 왼발을 오른 넓적다리 뒷면으로 가져온다. 오른발을 왼쪽 서혜부 주름에 가급적 밀착시킨 상태에서, 오른 넓적다리를 뒤로 천천히 이동한다. 왼발이 오른 서혜부 쪽으로 오도록 왼발을 오른 정강이 너머로 미끄러지듯이 또는 꼼지락거리며 가져온다. 만일 왼발이 오른 정강이를 넘어오지 못하면, 발을 꼼지락거리며 움직여서 말 그대로 발이 정강이를 걸어서 넘게 한다. 두 발이 제자리에 놓이면, 두 무릎을 들어 올리며, 척추를 조금 늘여 주어 파드마아사나에서 무게가 분산되도록 돕고, 골반 기저근의 힘으로 균형을 유지한다(사진 8.7).

완성 자세로 내려오기 전, 먼저 완전한 파드마아사나 상태에서 핀차마유라아사나 균형을 유지할 수 있어야 한다. 이 준비 움직임이 안정되어야만 다음 단계로 나아갈 수 있다. 손의 도움 없이 파드마아사나 자세로 다리 꼬는 연습을 하기 좋은 자세는 '마치는 자세' 중 우르드바 파드마아사나(거꾸로 선 연꽃 자세; 사진 8.12)다. 왜냐하면 어떤 아쉬탕가 시리즈를 수련하든 이 아사나는 매일 수련의 일부로 반복되기 때문이다.

파드마아사나 다리를 한 상태의 핀차마유라아사나에서 균형을 안정되게 잡으며, 팔을 향한 길고도 두려운 하강을 준비한다. 발을 서혜부 주름으로 눌러 넣고 발에 힘을 주어 파드마아사나를 더 촘촘하게 만들어 준다. 넓적다리가 바닥과 평행해질 때까지 엉덩이를 뒤로 보내며 허리부터 접어 준다(사진 8.13). 이 움직임에서의 무게 이동과 균형을 맞추기 위해 엉덩이를 충분히 뒤로 보내지 않으면, 그대로 떨어져 버릴 것이다. 아랫배를 척추 쪽으로 깊이 끌어당겨 골반 안 공간을 확보한다. 넓적다리를 몸통과 가슴우리(흉곽) 쪽으로 접어 조금 더 내려온다(사진 8.14). 제대로 내려오려면 몇 번의 추가 호흡이 필요할 수 있다. 그러니 이 움직임을 완전히 익힐 때까지 필요한 만큼 더 호흡해 보자. 넓적다리를 가슴우리(흉곽) 쪽으로 접었으면, 아

래쪽 갈비뼈를 끌어당기며 배근육을 수축한다. 돌림
근(회전근)을 조이고, 어깨세모근(삼각근)을 강하고 견
고하게 유지한다. 내려가는 동안 얼굴이 바닥에 닿지
않게 한다.

사진 8.9   사진 8.10

　　몸 전체를 깊게 안으로 감아 넣는 것으로 이 하강
움직임을 생각하면 도움이 될 것이다. 어깨를 앞으
로 조금 기울이며, 온몸을 작고 둥글게 조여 말아 주
고, 무릎과 정강이를 겨드랑이 쪽으로 가져와 갖다
대며 카란다바아사나로 들어간다(사진 8.8). 배근육을
수축한 상태에서 엉덩뼈능선(장골능선)은 가슴우리(흉
곽) 쪽으로, 두덩뼈(치골)는 가슴 중앙의 복장뼈 쪽으로 끌어당겨, 이 과정 내내 골
반을 조인 상태로 들어 올려 유지해 준다. 너무 세게 착지하거나 조절 없이 추락하
면, 자세를 완성하기가 더 어려워지므로 주의하자.

　　골반과 어깨의 지지를 통해 들어 올리는 느낌을 포기하지 말고 계속 유지해 보
자. 완성 자세로 있는 동안 코어 근육, 어깨, 골반을 더 강하게 활성화한다. 쉬지는
않되, 마음은 부드러우면서도 강하게 유지한다. 전체 움직임을 위한 마음의 준비
를 한다. 적어도 다섯 번 호흡하는 동안 카란다바아사나를 유지하여 힘을 기르고
균형을 견고하게 한다.

　　정자세를 완성할 수 없으면, 여기서 선생님의 도움을 기다리거나 전체 움직임
을 해낼 수 있을 때까지 이 자세를 매일 3~5번 반복한다. 만일 핀차마유라아사나
로 되돌아오는 전체 움직임을 완성하기 직전이라면, 내려간 상태에서 다섯 번의
호흡 대신 한 번, 두 번 또는 세 번의 호흡 동안만 유지하면 움직임을 더 잘 조절할
수 있을 것이다. 이는 자세 완성을 익히는 동안 허용될 수 있는 대안이다.

사진 8.11

　　내려가는 움직임은 카란다바아사나에서 가장 쉬운 부분이다. 다시 올라오는 움
직임이 가장 어렵다. 이 움직임을 이해하는 열쇠는 '절반은 힘, 절반은 기법'이다.
충분한 근육 힘이 있는데도 이 움직임을 하지 못하는 사람들은 대개 잘못된 기법
을 적용하고 있기 때문이다. 반면, 정확한 기법을 적용하면 부족한 근육 힘을 어느
정도 메울 수 있다. 카란다바아사나에서 올라오는 단계별 방법이 있으며, 이를 성
실하게 따라 연습하면 충분히 해낼 것이다. 절대 서두르지 말고, 설명된 기법의 적
용 없이 이 자세를 시도하지는 말자. 이 기법이 안내하는 여정을 받아들이면, 어느
날 반드시 전체 움직임을 익힐 수 있을 것이다.

　　혼자 힘으로 또는 도움을 받아서 올라올 준비가 되면, 먼저 어깨 쪽으로 살짝 무

사진 8.12

사진 8.13

사진 8.14

게를 이동한다. 어깨가 앞으로 무너지지 않도록 주의하며, 가급적 천천히 움직인다. 무게 이동이 느껴지면, 어깨세모근(삼각근), 넓은등근(광배근), 돌림근(회전근)을 포함하여 전체 팔이음뼈(어깨뼈와 빗장뼈)로 바닥을 눌러 준다. 배근육을 수축하며 무릎을 가슴으로 당긴다. 몸이 막힌 것 같더라도 걱정하지 말고 노력해 본다. 결과가 아닌 기법에 집중한다. 골반과 골반 기저근을 느끼고, 발로 최대한 단단하게 서혜부를 누르면서, 엉덩이를 위로 그리고 견고한 어깨 기반 너머 앞으로 보낸다. 무릎이 팔을 떠나 들리기 시작하면, 성실하게 인내심을 가지고 접근해야 한다. 무릎을 계속 가슴으로 당겨 주지 않으면, 균형을 잃어버려 올라오지 못할 것이다. 엉덩이가 90도 지점에 이를 때까지, 무릎을 가슴으로 당긴 상태에서 엉덩이를 계속 앞으로 보내며 어깨로 바닥을 누른다. 이 지점까지 오면 절반 올라온 것이다(사진 8.13). 여기서 무릎을 천장 쪽으로 들어 올리며 파드마아사나 다리로 균형을 잡는다 (사진 8.7). 바로 파드마아사나를 풀지 말고, 충분히 균형이 잡힐 때까지 여기서 머무른다. 균형이 잘 잡히면, 천천히 다리를 풀어 핀차마유라아사나로 돌아간 다음, 앞에서 설명한 빈야사를 완수하기 위해 점프 백을 준비한다.

올라오는 움직임이 거의 불가능하다고 느끼는 수련자가 많다. 이 움직임을 위한 기술과 힘을 기르는 몇 가지 방법이 있다. 힘을 기르는 가장 좋은, 그리고 아마도 가장 쉬운 방법은 인터미디어트 시리즈를 수련하는 날마다 적어도 한 번은 카란다바아사나를 20~30번 호흡하는 동안 유지하는 것이다. 자세를 그 정도 길게 유지하면, 움직임을 완수하는 데 필요한 정신적, 신체적 인내력을 기를 수 있다. 설령 핀차마유라아사나에서 정자세로 내려갈 수 없더라도, 정자세를 이렇게 긴 시간 유지해 주면 여러모로 도움이 될 것이다. 아직 수월하게 내려가지 못하면, 자세를 유지함으로써 내려가는 데 필요한 근육 힘을 기를 수 있다.

제대로 착지하지 못할 경우, 카란다바아사나로 쉽게 들어가는 방법은 앉은 자세에서 접근하는 것이다. 파드마아사나를 취한 뒤 무릎을 바닥에 대고 몸을 일으켜 시작한다. 핀차마유라아사나와 같은 정렬에 따라 아래팔을 바닥에 갖다 대되, 이번에는 팔꿈치를 정강이와 정렬한다(사진 8.15). 어깨를 벌리고, 코어를 조이고, 아래쪽 갈비뼈를 중앙으로 끌어당기며, 정강이가 위팔을 따라 겨드랑이까지 올라가도록 앞으로 기울여서 완전한 카란다바아사나로 들어간다(사진 8.8). 어깨가 무너지거나 이마를 바닥에 대지 않도록 한다. 두 다리를 동시에 끌어올리기가 어려우면, 한쪽씩 끌어올린다. 파드마아사나 다리가 위팔 세 갈래근(삼두근)을 따라 걸어 올라갈 공간이 생기도록 한쪽씩 조금 기울여 준다(사진 8.16). 정강이를 최대한 겨드랑이 가까이 끌어올린다. 이 자세를 유지하며 20~30번 호흡한다. 그리고 엉덩이를 그대로 바닥으로 떨어지게 둔다. 필요하면 엉덩이가 떨어질 바닥에 충분한 쿠션을 받쳐 착지를 도와준다.

이 방법은 단순히 자세를 위해 필요한 힘을 기르는 수단일 뿐, 정자세를 대체할 수 없음에 유의하자. 자세로 들어오고 나가는 전통적인 방법을 먼저 연습하고, 힘과 지구력을 기르기 위해 두 번째 시도에서 이 수정된 방법에 따라 연습해 보자.

사진 8.15

카란다바아사나를 배울 때 창조적으로 접근해 보면 도움이 된다. 척추, 허리, 코어와 어깨의 움직임을 익히는 데 특히 도움이 되는 한 가지 수단은 쉬르샤아사나에서 정자세를 시도해 보는 것이다(사진 8.17). 앞에서 말했듯이, 이 아사나는 넘어질 위험이나 아래팔로 균형 잡는 부담 없이 안전하게 동작을 연습해 볼 수 있는 자세다.

쉬르샤아사나에서 앞에서 설명한 방법에 따라 다리를 파드마아사나로 접어 준다(사진 8.18). 파드마아사나를 만든 다음, 카란다바아사나에서처럼 다리를 낮춘다. 내려가다 보면 더는 내려갈 수 없다고 느껴지는 지점, 더 내려가면 마치 위험한 강을 건너다 빠져 버릴 듯한 느낌이 드는 지점에 이를 것이다. 쉬르샤아사나의 안정감을 활용하여 이 지점을 탐험해 보자. 마지막으로, 파드마아사나 다리를 위팔 세 갈래근(삼두근) 뒤쪽으로 완전히 낮추되, 몸 전체를 단단하고 작은 공처럼 말아 주며 정강이를 겨드랑이로 가져간다(사진 8.19). 자세를 유지하며 몇 번 호흡한 다음, 팔꿈치로 무게를 실어 내며, 엉덩이를 앞으로 보내고, 앞에서 설명한 방법으로 몸을 펴 준다. 이 전체 움직임을 할 수 있다면, 카란다바아사나를 완수할 수 있는 바른 신경근 패턴이 갖추어진 것이니, 같은 원리를 완성 자세에 적용하면 된다.

사진 8.16

카란다바아사나에서는 발전이 천천히 조금씩 이루어지고 여러 단계에 걸쳐 진행된다. 설령 다리를 낮추어 자세를 성공적으로 유지할 수 있다 해도 이 자세의 전체 동작에 비하면 절반만 이룬 것이다. 매일 내려가서 적어도 다섯 호흡 동안 자세를 유지할 수 있을 때까지 다음 단계로 나아가지 않는다. 타고난 힘이 있는 수련자는 내려가고 올라오는 움직임에 모두 숙달할 때까지 카란다바아사나에 머물러야 한다. 이 움직임을 할 수 없다면 여기서 멈추고 바로 후굴 수련으로 연결한다.

만일 내려간 다음 올라오는 것이 불가능하게 느껴지면, 자세를 두 단계로 나누어 접근해 본다. 먼저 핀차마유라아사나로 올라가 파드마아사나를 만든 다음, 정자세로 내려와 다섯 번 호흡한다. 거기서 그대로 바닥으로 엉덩이를 낮추어 5~10번 호흡하며 휴식을 취한다. 다음에는 지구력을 기르는 연습으로 설명된 방법에 따라 몸을 바닥에서 들어 올린다. 여기서 너무 오래 머물지 말고, 한두 호흡 후 다시 올라온다.

사진 8.17

사진 8.18

사진 8.19

정자세를 위한 또 다른 연습 방법은 카란다바아사나와 쉬르샤아사나를 섞은 방식이다. 먼저 핀차마유라아사나로 올라가서 파드마아사나를 만들고, 정자세로 내려와 다섯 번 호흡한다. 다음에는 팔꿈치로 바닥을 누르고 팔이음뼈(어깨뼈와 빗장뼈)를 견고하게 하면서, 몸을 앞으로 기울인다. 이마를 바닥에 대고 이 힘을 지렛대 삼아, 쉬르샤아사나에서 했던 것처럼, 엉덩이를 위로 그리고 앞으로 들어 올린다. 그동안 내내 다리는 파드마아사나로 단단하게 유지한다. 완전히 올라와 몸이 중심선을 따라 정렬되었으면, 어깨를 바닥으로 단단하게 누르며, 코어 힘으로 몸을 들어 올려 머리를 바닥에서 다시 들어 올리고, 팔 위치를 다시 맞추어 핀차마유라아사나 자세로 돌아간다. 머리를 바닥에서 들어 올려 균형 잡을 때까지 파드마아사나를 해야 한다. 그러지 않으면 앞으로 넘어가거나 기반이 무너질 수 있다.

카란다바아사나의 이런 중간 단계는 모두 근육 힘과 정신적 인내력을 길러 준다. 동작을 할 수 있는 몸의 능력과 자기 자신을 더욱 신뢰하게 되면, 그 믿음에 따라 모든 요소를 맞추어 마침내 카란다바아사나를 완성할 수 있을 것이다. 동작을 하는 내내 어깨 위치를 늘 알아차리자. 어깨 모서리가 앞으로 무너질 것 같은 느낌이면, 이마를 바닥에 대고 지지해 주거나 자세에서 빠져나온다. 힘을 기르는 동안 몸이 불필요한 부상을 입지 않게 해야 한다.

이 책의 서두에서 설명한 대로, 전통적으로 카란다바아사나에 이르면 인터미디어트 이전의 프라이머리 시리즈 수련을 제외하기 시작한다. 인터미디어트 시리즈의 카란다바아사나까지 규칙적으로 수련할 수 있게 되면, 아쉬탕가 요가의 아주 큰 고비를 넘어섰다고 볼 수 있다. 잠시 멈추어 스스로에게 축하를 해 주자. 이 지점까지 성공적으로 수련을 이어 온 사람이 많지 않기 때문이다. 그동안 요가 수련에 쏟아부은 자신의 고된 노력과 헌신을 아낌없이 인정해 주자.

효과

어깨, 팔, 등, 코어가 강해진다.
신체적, 정신적 인내력이 길러진다.
감정이 균형 잡히는 데 도움이 된다.
뇌하수체가 자극된다.
척추와 신경계를 역동적으로 제어할 수 있게 된다.
우울 증상이 완화된다.

마유라아사나 Mayurasana
공작 자세

드리쉬티: 나사그라이(코끝)

공작은 아시아 남부가 원산지이며, 수컷의 아름다운 깃털은 인도의 서사시, 사원의 장식품 및 민속 공예품에 등장한다. 힌두 신 크리슈나는 종종 공작 깃털을 머리에 꽂은 모습으로 그려지고, 다른 신들은 공작에게 '천 개의 눈'이 달린 꼬리를 주어 축복했다고 여겨진다. 마유라(mayura)는 산스크리트 어로 '공작'을 의미하며, 그 어원은 '뱀을 죽이는 자'라고 한다. 실제로 새들은 잡식성이라서 과일, 씨앗, 곡식, 작은 포유류와 파충류를 포함하여 다양한 먹이를 먹는다. 독 있는 뱀과 인간의 배설물 같은 유독 물질도 먹고 소화하는 것으로 알려져 있다.

마유라아사나는 스와미 스바트마라마의 《하타 요가 프라디피카》에 등장한다. 이 책에서는 이 아사나를 상세히 설명하는데, 수련자는 "양 손바닥을 바닥에 대고, 배꼽은 양 팔꿈치 위에 두고 균형을 잡아, 몸을 뒤쪽으로 막대기처럼 뻗어 내야 한다"고 한다(하타 요가 프라디피카 1장 32~33절). 또한 스바트마라마는 마유라아사나가 "머지않아 모든 질병을 없애고, 복부 장애와 가래, 담즙, 가스의 이상으로 인한 문제를 제거하고, 과하게 섭취한 해로운 음식을 소화시키고, 식욕을 증진하며, 가장 해로운 독을 없앤다"고 설명한다.

마유라아사나를 규칙적으로 수련하면 독성 물질을 섭취해도 해를 입지 않는 능력을 가지게 된다고 한다. 《하타 요가 프라디피카》에서 말하는 독은 소화 기관에 들어오는 갖가지 물질적 독소와 불순물뿐 아니라, 아쉬탕가 요가의 시작하는 기도문에 나오는 '삼사라의 독'(할라할라)을 포함한다고 볼 수 있다. 그래서 이런 의미로 이해하면, 우리는 마유라아사나 수련을 통해 육체적, 영적 질병을 일으키는 독소에 대한 면역을 기를 수 있다. 공작은 그 자체로 지혜를 상징하기도 하는데, 지혜야말로 삼사라의 독에 대한 진정한 해독제이며 자유를 주는 것이다. 적어도 마유라아사나는 육체적, 감정적, 정신적 성분을 소화하도록 돕는 자세로 이해할 수 있다.

오래전 마유라아사나를 처음 시도했을 때 나는 들어 올려질 가망이 전혀 보이지 않는 축 처진 바나나 같았다. 힘 좋은 수련자들—대부분 남성이었다—은 힘들이지 않으면서 이 자세를 하는 것 같았는데, 내가 했을 때는 배가 팔꿈치 주위로 무너져 내리는 느낌이었다. 몸무게가 팔꿈치로 실리는 느낌 때문에 자세에서 힘이나 안정성을 찾기가 더 어려웠다. 팔꿈치는 미끄러지며 벌어졌고, 도저히 배꼽 중심에서 안정된 위치를 찾을 수가 없었다. 바닥에서 간신히 들어 올려도 몸을 견고한 막대

기처럼 뻗어 낼 수 없었다. 시간이 지나면서 내가 이 자세를 근본적으로 잘못 이해하고 있었고, 그로 인해 불필요하게 수련 발전이 더뎌졌음을 깨달았다.

마유라아사나 사진을 보면 샬라바아사나(메뚜기 자세)와 비슷하다는 생각이 들 수 있다. 그러나 마유라아사나는 결코 후굴이 아니며, 다리를 뒤로 뻗어 내는 강력한 코어 강화 자세다. 만일 다리를 들기 위해 척추를 뻗어 내면, 배근육도 늘어나며 자세는 그대로 무너져 버린다. 마유라아사나의 기반은 몸의 코어 힘이다. 몸무게를 팔꿈치 위로 실을 때 윗몸의 근육이 몸을 지지할 수 있으려면, 배근육을 단단하게 만들고 끌어당겨야 한다. 만일 몸무게를 몸의 예민한 내부 쪽으로 확 실어 버리면, 이 자세에서 힘을 쓰지 못할 것이다. 뿐만 아니라 팔꿈치가 실제로 복부를 눌러 척추까지 닿으면, 불편해서 자세를 유지할 수 없을 것이다. 우리가 흔히 범하는 실수는 척추를 늘인 상태에서 다리가 올라가리라고 생각하는 것이다. 등을 너무 젖히면 코어와의 연결이 끊어질 위험이 있다.

사진 8.20

마유라아사나를 바르게 이해했다면 이제 자세를 시도해 보자. 사마스티티에서 시작하여 숨을 들이쉬며, 골반에서부터 몸을 앞으로 숙이고, 두 발은 골반 너비로 벌려 준다. 같은 호흡과 움직임에, 양손을 두 발 사이에 짚되 양 새끼손가락과 손 바깥선이 서로 닿게 한다. 고개 들어 위를 쳐다보며, 가슴 중앙의 복장뼈 중심을 앞으로 들어 올린다(사진 8.20). 숨을 내쉬며, 팔꿈치를 최대한 쭉 펴고 손 위치를 그대로 유지한 채 머리를 팔 사이로 접어 넣는다(사진 8.21). 숨을 들이쉬며, 다시 머리를 팔 사이로 통과시키며 들어 위를 쳐다본다. 손목은 시작 자세와 같이 바닥에 계속 단단히 붙인다. 아래팔은 바닥에서 수직으로 세운 채, 숨을 내쉬며 두 발을 차투랑가 단다아사나와 비슷한 거리만큼 뒤로 점프한다(사진 8.22). 숨을 들이쉬며, 팔꿈치를 구부려 배꼽 쪽으로 가져가고, 팔이음뼈(어깨뼈와 빗장뼈)를 견고하게 하고, 팔로 바닥을 누르며, 배근육과 골반 기저근을 단단하게 만들며, 가슴을 앞으로 보낸다. 무게를 더 앞으로 손 위로 실어 내 마유라아사나를 완성한다(사진 8.23). 자세를 유지하며 적어도 다섯 번 호흡한다.

사진 8.21

숨을 들이쉬며, 발을 바닥에 내리고, 발끝을 뻗어 내며, 가슴을 들어 척추를 늘이며, 마유라아사나와 손목 위치가 같은 우르드바 무카 슈바나아사나의 변형 자세로 전환한다(사진 8.24). 숨을 내쉬며, 발끝을 당겨 팔꿈치를 편 상태에서 머리를 팔 사이로 가져와, 마유라아사나와 손목 위치가 같은 아도 무카 슈바나아사나의 변형 자세로 전환한다(사진 8.25). 숨을 들이쉬며, 다시 머리를 팔 사이로 통과시키고, 발은 양손 바깥쪽

사진 8.22

사진 8.23

으로 뛰어, 가슴을 들고 고개 들어 위를 쳐다본다. 숨을 내쉬며, 몸을 숙여 머리를 팔 사이로 넣는다. 다시 숨을 들이쉬며, 머리를 팔 사이로 들고, 손을 바닥에서 풀어 사마스티티로 돌아온다.

마유라아사나는 견고한 배근육의 기반 위에 정교한 허리뼈 배치가 필요한 어려운 자세다. 이 아사나에 성공하려면 손목이 강하면서 유연해야 한다. 손목이 적어도 90도까지는 완전히 신전되어야 한다. 이 부분이 어렵거나 부담되면 자세 접근이 쉽지 않을 것이다. 손목 부상이 있으면 마유라아사나는 절대 피해야 한다.

사진 8.24

처음에는 자세를 하나 변형하면 좀 더 쉽게 접근할 수 있는데, 양손을 손 바깥선 전체가 아닌 새끼손가락 끝만 붙게 하여 벌린다. 이렇게 추가 공간을 확보하면, 자세에서 손목 신전이 덜 요구되어 유지할 때 여유가 생긴다. 이 완화 자세를 시도한다면, 앞으로 기울일 때 팔꿈치를 서로 당겨 모으는 데 특히 더 집중해 준다. 팔꿈치 사이가 벌어져 있으면, 마유라아사나로 들어 올리려는 순간부터 서로 멀어지려고 할 것이다. 보통 팔꿈치가 벌어지면서 자세가 풀려 버리므로 이 점에 주의하며 접근하도록 한다. 그렇게 바닥으로 떨어져도 다칠 위험은 없으나, 그래도 가능하면 피하는 것이 좋다.

사진 8.25

티셔츠를 입거나 팔꿈치에 수건을 대 주면 팔꿈치가 미끄러지며 벌어지는 것을 막는 데 도움이 된다. 팔꿈치를 복부에 갖다 댈 때는 정확한 접점을 잘 찾아야 한다. 골반의 무게중심을 겨냥해 팔꿈치를 최대한 복부 아래쪽에 갖다 대려는 사람도 있지만, 이 자세는 팔꿈치가 갈비뼈 사이, 배꼽 주변의 태양 신경총을 받쳐 줄 때 가장 수월하다.

내가 마이소르에서 구루지의 지도에 따라 인터미디어트 시리즈를 수련하고 있을 때 팔꿈치 위치를 교정받은 적이 있다. 처음에는 얼굴을 찌푸리며 "너의 마유라아사나는 틀렸어"라는 말만 남기고 가 버렸다. 수업이 끝난 뒤 더 자세한 가르침을 부탁드리자, 구루지는 몸을 앞으로 기울이며 주먹을 쥐고 내 태양 신경총을 툭 쳤다. 그러고는 함박웃음을 지으며, "팔꿈치를 바로 거기에 대지 않으면 자세를 할 수 없어"라고 말했다. 그 순간 두 가지 놀라운 일이 일어났다. 첫째, 내 태양 신경총 주위의 모든 근육이 견고하게 조여졌고, 둘째, 마유라아사나에서 팔꿈치를 대야 하는 정확한 위치를 절대 잊어버리지 않게 되었다.

팔꿈치를 태양 신경총에 맞추어 대고, 자세가 주는 혜택을 충분히 누리려면, 배 근육이 강해야 한다. 몸의 앞면을 늘이거나 척추를 늘이려고 하면 안 된다. 대신, 코어를 완전히 조이고, 배근육의 모든 층을 그 조임에 포함시킨다. 배가로근(복횡근)과 배 속 빗근(내복사근)까지 사용한다. 아래쪽 갈비뼈를 서로 끌어당겨 앞톱니근(전거근)을 견고하게 한다. 팔꿈치를 복부 부드러운 곳으로 눌러 넣으면, 장기와 척추에 불편한 압박을 가하게 되어 결국 자세의 견고한 기반을 만들 수 없게 된다.

복부를 제대로 단단하게 만든 다음, 팔꿈치를 태양 신경총에 대고, 턱이 바닥에 닿을 때까지 몸을 앞으로 기울이면, 더 쉽게 마유라아사나로 올라올 수 있다. 다리를 조이고 무릎을 골반 기저근 쪽으로 끌어당겨 몸무게를 앞으로 기울인다. 가슴과 턱이 바닥에 닿으면, 뒤로 들어 올린 다리의 무게와 균형을 이루어 마유라아사나로 들어가기가 좀 더 쉬워질 것이다. 다리를 조여 코어 힘으로 받쳐 준 다음, 팔로 무게를 실어 내며 가슴을 바닥에서 들어 올린다. 마유라아사나를 유지하는 동안 계속하여 어깨로 바닥을 누른다.

몸을 들어 자세로 들어갈 수 없다면, 다리를 공중으로 점프하지 말아야 한다. 배 근육을 단단하게 한 상태에서 준비 자세를 유지하며 5~10번 호흡한다(사진 8.22). 거기서 한 다리를 들어 올린 채 5~10번 호흡한 뒤, 다리를 바꾸어 다시 5~10번 호흡한다. 자세를 도와줄 선생님이 없다면, 두 발 아래에 블럭을 받쳐 지렛대처럼 활용하고 완성 자세의 느낌을 조금 맛보자. 무게를 몸 중심으로 모아 주면 더 쉽게 제어할 수 있으니, 다리를 펴지 않고 무릎을 구부린 상태로 마유라아사나에 들어가는 것도 또 하나의 실험 방법이다(사진 8.26). 무게를 무게중심으로 모아 주면 더 집중된 상태로 유지할 수 있다. 만일 무릎을 구부린 채로 몸을 바닥에서 들어 올리는 데 성공하면, 그 상태에서 다리를 펴 자세를 완성한다.

여전히 자세가 불가능하게 느껴지면, 마유라아사나에 필요한 견고한 코어를 기를 수 있는 코어 강화 운동을 해 주면 도움이 될 것이다. 나바아사나(사진 8.27)에서 시작하여, 숨을 내쉬면서 엉치뼈(천골)를 바닥으로 굴리며 발을 낮춘다. 팔꿈치를 서로 모아 태양 신경총에 갖다 대고, 자세를 유지하며 다섯 번 호흡한다(사진 8.28). 숨을 들이쉬며 다시 나바아사나로 돌아간다. 이 과정을 3~5번 반복한다. 이 자세를 '뒤집힌 마유라아사나'로 여겨 보자. 이 자세가 도움이 되거나 필요하다고 생각하면, 아쉬탕가 요가 수련의 흐름과 별도로 이 동작을 해 준다. 그러나 이 코어 강화 운동으로 마유라아사나를 대체하지는 않아야 한다.

사진 8.26

마유라아사나는 온전히 집중하며 많은 노력을 기울여야 하는 어려운 자세다. 자세가 주는 가르침을 충분히 배우기 전에는 다음 자세로 넘어가지 말자. 만일 손목이나 팔꿈치, 어깨에 문제나 부상이 있으면, 특히 조심스럽게 자세에 접근해야 한다. 그런데 다른 한편으로, 마유라아사나를 통한 손목 강화 과정은—정확한 정렬과 기술 적용에 따라 천천히 자세로 들어갔을 경우—손목 터널 증후군과 같이 반복적 스트레스로 인한 부상을 치유하는 효과가 있을 수 있다. 복장빗장관절(빗장뼈와 복장뼈가 이어지는 지점)의 안정화에 주의를 기울여야 한다. 이 관절에 너무 많은 압력이 가해지면 부상으로 이어질 수 있기 때문이다.

사진 8.27

심장 질환이나 장 문제와 같은 장기 기능 관련 심각한 건강 문제가 있는 수련자는 수련을 진행하기 전에 의사와 상의해야 하며, 각별히 조심하면서 진행해야 한다. 생리 중이거나 임신 중에도 마유라아사나를 피해야 한다. 이 자세의 강력한 효과, 해독 효과를 과소평가하지 말자.

사진 8.28

효과

소화와 배설이 향상된다.

혈액, 장기, 특히 간이 해독된다.

위, 췌장, 비장이 활력을 회복한다.

가벼운 당뇨 증상의 완화에 도움이 된다.

마음이 차분해진다.

집중력이 향상된다.

신체와 미묘한 몸의 독소와 불순물이 정화된다.

나크라아사나 Nakrasana

악어 자세

드리쉬티: 나사그라이(코끝)

차투랑가 단다아사나는 아쉬탕가 요가에서 가장 어려운 기본 자세 중 하나다. 이 자세에서 팔이음뼈(어깨뼈와 빗장뼈)와 몸통의 정렬을 유지할 수 있는 힘을 기르는 데 몇 년이 걸리기도 한다. 수련을 처음 시작했을 때 나는 차투랑가 단다아사나에서 턱을 바닥에 찧지 않는 것만으로도 기뻐하고는 했다. 나중에 나크라아사나라는 강력한 동작을 보았는데, 그때는 그 자세가 내 수련의 일부가 되는 날이 오리라고는 상상도 하지 못했다. 그러나 아쉬탕가 요가에서는 불가능해 보이는 것을 시도해야 하고, 자신이 그은 자신의 한계에 도전해야 한다.

나크라아사나의 이름은 악어에서 따왔으며, 순간적으로 뛰는 자세의 움직임은 악어가 먹이를 덮치는 움직임을 모방한 것이다. 당연히, 견고하고 강인하고 잘 정렬된 차투랑가 단다아사나는 나크라아사나에 꼭 필요한 전제 조건이다. 전통 방식에 따라 수련했다면, 인터미디어트 시리즈의 이 지점에서 수련자는 차투랑가 단다아사나를 제대로 유지할 힘이 있을 것이다. 만일 지금 이 기본 힘이 없으면, 아쉬탕가 요가 프라이머리 시리즈로 돌아가 거기서 익혀야 할 부분을 놓치지 않았는지—예를 들어, 점프 백이나 점프 스루를 대충 넘어가지 않았는지—살펴보기 바란다.

준비가 되었다면 사마스티티에서 시작한다. 숨을 들이쉬며 양손을 머리 위로 들어 합장하고, 팔꿈치는 서로 모아 준다. 숨을 내쉬며 몸을 앞으로 접어, 양손을 발 바깥쪽 바닥에 짚어 밀착시키고, 이마가 정강이에 닿게 한다. 숨을 들이쉬며, 양손은 바닥에 짚은 채, 고개 들어 위를 쳐다본다. 숨을 내쉬며 뒤로 점프하여 차투랑가 단다아사나로 들어간다. 양발을 모아 뒤꿈치를 가까이 붙인다(사진 8.29). 숨을 들이쉬면서 이 차투랑가 단다아사나 변형 자세에서 앞으로 최대한 멀리—시작점에서 약 30센티 이내로—뛴다(사진 8.30). 뛸 때도 두 발은 계속 모은다. 숨을 내쉬면서 착지한다. 같은 동작을 네 번 더 반복하여 총 다섯 번을 한다.

이상적으로는, 앞으로 다섯 번 점프하면 자신의 신장만큼 이동하여, 발이 손의 시작점에 올 것이다. 다음에는 이 차투랑가 단다아사나 변형 자세에서 뒤로 최대한 멀리—시작점에서 약 30센티 이내로—뛴다. 이 과정을 네 번 더 반복하여 원 시작점으로 돌아온다. 마지막 점프 후 차투랑가 단다아사나를 잠시 안정시킨다. 숨을 들이쉬며 몸을 앞으로 굴려 우르드바 무카 슈바나아사나로 들어가고, 숨을 내쉬며 몸을 뒤로 굴려 아도 무카 슈바나아사나로 들어간다. 숨을 들이쉬며 두 발을 앞으

사진 8.29

사진 8.30

로 뛰어 양손 사이로 가져오고, 고개 들어 위를 쳐다본다. 숨을 내쉬며 넓적다리 위로 몸을 접어 숙인다. 숨을 들이쉬며 일어서서 곧바로 사마스티티로 돌아오되, 손은 머리 위로 들어 올리지 않는다.

처음 차투랑가 단다아사나에서 앞으로 점프하려고 했을 때, 나는 그 자리에서 움직일 수가 없었다. 코어를 조이고 바닥을 밀어냈지만, 몸이 바닥에서 떨어지지 않았다. 반동을 주어 순간적 힘을 이용해 보려고도 했지만 잘되지 않았다. 전체 자세

사진 8.31

를 수정해야만 했다. 아직 내면의 악어가 너무 느려서 먹이를 덮칠 수 없다면, 지금부터 소개하는 쉬운 방법을 적용해 보자. 쿰바카아사나(플랭크 자세)에서 시작한다. 팔꿈치를 쭉 편다. 숨을 들이쉬며 팔로 누르고, 골반 기저근을 단단히 조이고, 코어 힘으로 엉덩이를 앞으로 들어 올려 이동시킨다(사진 8.31). 발과 손을 동시에 점프하도록 최선을 다해 보자. 애초 시작점으로부터 몇 인치 앞에 착지했으면, 숨을 내쉬며 차투랑가 단다아사나로 내려간다. 숨을 들이쉬며 팔을 펴고 다시 쿰바카아사나로 돌아온다. 이런 식으로 열 번 다 점프하여, 수련 중 열 번의 푸쉬업(push-up)을 한다.

이 방법이 쉬워지면 완성 자세로 나아갈 수 있다. 앞으로는 점프할 수 있는데 뒤로는 못 하는 사람도 있다. 그런 수련자는 앞으로 갈 때는 완전한 나크라아사나로 점프하고, 뒤로 돌아올 때는 완화된 쿰바카아사나로 점프하는 방식을 혼용해도 된다. 시간이 지나면 이 움직임에 필요한 힘이 길러질 것이다. 매일 수련의 일부로 이 힘 기르는 훈련을 성실히 하고 있다면, 이 자세로 인해 탈진되지 않는 한 다음 자세로 넘어가도 좋다.

나크라아사나는 힘과 인내력의 시험이다. 인터미디어트 시리즈의 이 지점에 이르면 몸과 마음에 대한 도전이 한계선까지 주어질 수 있다. 나크라아사나에 요구되는 에너지는 몸과 마음을 충전하여 자신감을 길러 줄 것이다.

기술적인 면에서 가장 중요한 점은—팔이음뼈(어깨뼈와 빗장뼈)의 힘과 견고함으로 지지되는—골반 기저근과 배근육의 총체적 활성화에서부터 움직임이 나와야 한다는 것이다. 다리를 차거나 손발을 따로 점프하지 말고, 움직임들이 하나의 연결되는 흐름으로 통합되게 한다. 팔로 단단히 누르면서, 엉덩이를 위로 그리고 앞으로 보낸다. 다리를 단단히 조여 주고, 몸 전체를 강력하게 앞으로 들어 올리며 이동시킨다. 아주 높게 '날아오르는' 기분으로 점프하면 재미있을 수 있지만, 나크라아사나의 목적은 위쪽이 아닌 앞으로 점프하는 것이다. 최대한 앞으로 많이 이동한다고 생각하고, 위로 떠오르는 움직임은 저절로 수반하여 일어나게 하자. 너무 높게 점프하면, 착지할 때 손목과 어깨에 불필요한 스트레스가 가해질 수 있다.

등 아랫부분에서부터 복부 전체까지 요구되는 강한 수축은 사마나 프라나 바유를 자극하여 소화의 불을 점화하고 몸과 마음의 균형을 잡아 준다. 점프하는 과정은 상승하는 공기를 몸 전체에 강하게 보낸다. 이 상승하는 공기는 우다나 프라나 바유와 연관되며, 이 바유는 영적 의식을 계발하는 데 도움이 된다. 앞으로 점프하는 움직임을 통해 찰나의 순간이지만 공중부양하며 중력을 거스를 수 있다. 몸에 항상 존재하는 미묘한 에너지 흐름에 연결되면, 몸이 가벼워져 나크라아사나에서 떠오르는 감각을 느끼게 될 것이다. 이 가벼움은 안에서부터 나오는 내면의 빛을 상징한다.

효과

소화와 배설이 향상된다.
허리 통증이 완화된다.
가벼운 우울 증상이 완화된다.
정신적, 신체적 인내력이 길러진다.
신체가 가벼워짐을 느낀다.
감정이 균형 잡힌다.

바타야나아사나 Vatayanasana
말머리 자세

드리쉬티 : 나사그라이(코끝)

바타야나아사나에서 가장 어려운 점은 복잡한 자세 진입과 마무리다. 이 조심스럽게 조화된 움직임을 제외하면, 자세 자체는 그렇게 어렵지 않다. 완성 자세가 말 얼굴과 비슷해서 바타야나아사나라는 이름이 붙여졌다. 전통 요가 철학에서 말이라는 상징은 주로 전차(또는 마차)와, 그리고 전차를 모는 사람의 힘과 결부되어 사용된다. 요가라는 용어를 영적 수련의 방법으로 처음 소개한 경전 중 하나인 《카타 우파니샤드》에서는 전차를 우화적 이미지로 표현하는데, 자아는 승객, 몸은 전차, 순수 의식은 마부, 마음의 생각은 말 고삐, 다섯 가지 감각은 다섯 마리 말, 인지되는 대상은 전차가 나아가는 길을 상징한다. 말은 또한 원초적인 힘, 태양, 고귀함, 빠른 움직임과 연관되므로 말의 소유는 그 자체로 상당히 높은 수준의 경지를 의미한다. 말과 관련된 희생 제의인 아쉬바메다는 《마하바라타》와 《라마야나》에 모두 나온다. 베다에 기원을 둔 이러한 희생 제의는 아쉬탕가 요가를 수련하는 동안 이루어지는 내적 정화 의식의 기반을 이룬다. 요가는 외적 의식으로부터 내적 개인 수련으로 눈을 돌려 내면의 깨달음을 키우고자 한다.

사진 8.32

사마스티티에서 숨을 들이쉬며, 오른 다리를 반연꽃 자세로 접고, 오른발을 오른 손으로 잡아 묶는다(사진 8.32). 이 자세는 프라이머리 시리즈의 아르다 밧다 파드모 따나아사나(반연꽃 선 전굴 자세)의 준비 자세와 같다. 인터미디어트 시리즈의 이 지점에 이르면, 이 아사나 단계를 수정 없이 할 수 있을 만큼 고관절이 열려 있을 것이다. 만일 쉬운 반연꽃 자세를 유지한 상태에서 몸을 앞으로 접을 수 없다면, 아마도 프라이머리 시리즈의 기본 수련을 충분히 하지 않고 너무 서둘러 진도를 나갔을 것이다. 이 자세에는 어떠한 대안도 없다. 그러니 그저 자세를 수련하면서 인내심을 가지고 천천히 움직임을 익히자.

바타야나아사나를 능숙하게 할 수 있었는데 부상 때문에 자세를 취하지 못하다가 회복 중인 경우에만 대안 자세를 고려해 볼 수 있다. 그런 대안 자세는 자격 있는 지도자가 회복 중인 수련자의 개별 필요에 맞추어 제안해야 한다.

원칙적으로는 바타야나아사나에서 방향을 바꾸어 왼 다리를 반연꽃 자세로 위치시킬 때까지, 오른 다리는 반연꽃 자세를 유지해야 한다. 이제부터 설명하는 모든 움직임은 오른 다리를 반연꽃 자세로 유지한 상태에서 수행된다. 숨을 내쉬면서 몸을 앞으로 접어, 오른손은 왼발 안쪽에, 왼손은 왼발 바깥쪽에 오도록 양손을 바닥에 짚는다(사진 8.33). 숨을 들이쉬면서 양손을 바닥에 짚은 채로 고개 들어 위를 쳐다본다(사진 8.34). 왼 무릎을 구부리며 점프하여, 팔 쪽으로 살짝 무게를 실어 낸다. 몸무게가 팔에 실려 있더라도 물구나무서기로 올라가거나 다리를 위로 뻗어 내지 않도록 한다. 숨을 내쉬며 왼발 밑 앞쪽 불룩한 부분으로 착지하여, 조심스럽게 팔꿈치를 구부리고 몸을 낮추어 특별한 차투랑가 단다아사나로 들어간다. 숙련자라면, 태양경배에서 연습한 것처럼, 하나의 연결된 흐름으로 점프 백을 하여 특별한 차투랑가 단다아사나로 바로 착지할 수 있을 것이다. 숨을 내쉬면서 뒤로 점프하여 특별한 차투랑가 단다아사나로 들어간다(사진 8.35와 8.36). 팔과 몸통은 차투랑가 단다아사나의 기본 자세와 동일한 위치로 유지한다. 왼 다리를 단단하게 하고, 골반 기저근을 조이며, 반연꽃 자세 다리를 유지한 상태로 오른 무릎은 바닥에서 띄워 준다. 숨을 들이쉬며, 왼 무릎이나 골반을 바닥에 대지 않고 왼발 끝으로 밀어, 특별한 우르드바 무카 슈바나아사나로 들어온다(사진 8.37). 오른 무릎도 계속 바닥에서 띄워 유지한다. 숨을 내쉬면서, 왼 무릎이나 골반을 바닥에 대지 않고 왼발 끝을 당겨 특별한 아도 무카 슈바나아사나로 들어온다(사진 8.38). 발끝을 뻗고 당기는 전환 과정에서, 코어로 몸을 지지하고 어깨를 견고하게 하여 발이 '낫 모양'이 되거나(발목이 바깥으로 돌아서 발이 낫처럼 보이는 모습) 발목이 바깥으로 회전하지 않게 한다. 이제 바타야나아사나의 첫 번째 쪽으로 들어갈 준비가 되었다.

사진 8.33   사진 8.34   사진 8.35

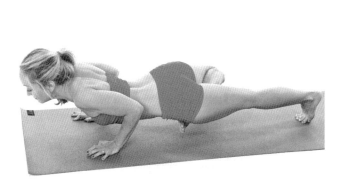 

사진 8.36   사진 8.37

숨을 들이쉬면서, 손을 향해 앞으로 점프하여 왼발로 착지
한다. 왼 고관절을 바깥으로 회전시켜 왼발끝이 바깥을 향하
게 한다. 왼발 뒤꿈치가 뜨지 않게 바닥에 단단히 붙인다. 왼
무릎과 왼발 끝이 같은 방향을 향하도록 정렬시키고, 무릎과
발을 한 선으로 맞추어 준다. 발끝이 왼쪽으로 완전히 90도
외회전이 될 만큼 왼 고관절이 열려 있으면 최상이겠지만,
그렇지 못하면 그냥 무릎이 다치지 않는 범위 안에서 왼발을
최대한 바깥으로 돌린다. 왼 고관절의 깊은 외회전을 만든
다음, 오른 무릎이 바닥에 닿도록 고관절을 눌러 내린다. 반

사진 8.38

연꽃 자세 다리를 유지한 상태에서 오른 넓적다리는 안으로 회전시킨다. 왼발 뒤꿈치가 오른 무릎 바로 앞에 있도록 왼발 뒤꿈치와 오른 무릎을 정렬한다.

고관절의 서로 다른 두 방향 회전이 느껴질 것이다. 이 움직임이 바로 바타야나아사나 기반의 핵심이 된다. 오른 다리의 무릎뼈를 바닥으로 눌러 오른 다리에 기반을 만들어 준다. 골반 기저근을 단단하게 조이면서, 몸통을 앞으로 들어 올려 자세로 들어갈 준비를 한다(사진 8.39).

만일 균형을 유지하거나 왼발 뒤꿈치를 바닥에 누르는 데 어려움을 느

사진 8.39

사진 8.40

사진 8.41

낀다면, 왼손으로 왼 골반을 짚어 왼 뒤꿈치를 눌러 주면서 몸 기반을 받쳐 올라와 본다. 다리가 안정되었다고 느껴지면, 가슴을 들어 몸 일부를 똑바로 세운다. 양팔을 엮어 주되, 양 팔꿈치를 맞추어 정렬해 주고, 오른 팔꿈치가 왼 위팔의 두 갈래근(이두근) 위에 놓이게 하며, 아래팔을 서로 돌려 감아 양 손바닥을 붙여 준다. 손가락은 같은 선에 있지 않을 것이고, 왼손 끝이 오른손의 가운데쯤까지 올 것이다. 엄지손가락이 얼굴 중심을 향해 있으면, 손바닥 방향이 바르게 된 것이다. 마지막으로, 손바닥끼리 강하게 누르면서 동시에 양손을 앞으로 들어 올려 몸을 더 길게 들어 올린다(사진 8.40).

더 높게 들어 올리고 싶은 마음이 들 수 있지만, 기반이 허용하는 범위까지만 들어 올려야 한다. 자세의 힘은 땅과 몸의 연결에서 나온다. 골반을 무겁게 유지하고, 자세로 들어가기 위해 뒤로 들어 올리지 않도록 한다. 만일 팔을 들어 올림으로 인해 발바닥이 땅에서 떨어질 것 같으면, 팔을 조금 낮추어 준다. 팔을 가볍게 꼬면 팔 이음뼈(어깨뼈와 빗장뼈)에 균형이 잡히고 앞선 자세에서 생긴 피로를 푸는 데 도움이 된다.

어깨뼈가 잘 탈구되거나 어깨 정렬이 잘 어긋나는 사람이라면, 어깨의 안정성과 정렬에 중점을 두고 조심스럽게 바타야나아사나를 하는 것이 좋다. 어깨가 경직된 사람이라면 이 아사나를 통해 돌림근(회전근)을 늘일 수 있다. 한쪽 고관절은 안으로, 다른 한쪽은 바깥으로 회전하면서 서로 다른 방향으로 강력히 향하고 있으므로 등 아랫부분과 엉치엉덩관절(천장관절) 부위 근육이 신전되는 동시에 강해진다. 골반 왼쪽 바깥선(바깥으로 회전한 다리)을 따라 가볍게 비트는 느낌도 있을 것이다. 골반 안쪽 힘이 풀리면서 엉치엉덩관절(천장관절)이 집히는 느낌이 들지 않도록 한다. 골반 기저근의 힘으로 몸을 최대한 강력하게 들어 올린다. 몸통은 몸 중심축을 따라 정렬시키고, 몸을 좀 더 들어 올리기 위해 한쪽으로 기울이지 않도록 한다.

다섯 번 호흡한 다음, 숨을 내쉬며 양손을 왼발 양옆 바닥에 짚는다. 숨을 들이쉬며 왼 다리를 펴고, 바닥에서 들어 올리거나 뛰어오른다(사진 8.35). 숨을 내쉬며 뒤로 점프하여, 아까처럼 특별한 차투랑가 단다아사나로 착지한다(사진 8.36). 숨을 들이쉬며 왼발 끝을 당겨 특별한 우르드바 무카 슈바나아사나(사진 8.37)로 들어간 뒤, 다시 숨을 내쉬며 왼발 끝을 당기며 특별한 아도 무카 슈바나아사나로 들어간다(사진 8.38). 오른발을 풀어 기본 아도 무카 슈바나아사나로 돌아간다.

숨을 들이쉬면서 왼발을 반연꽃 자세로 가져오는데, 왼 고관절을 바깥쪽으로 회전시키면서 시작한다. 왼발 끝은 오른 고관절을 향해 뻗고, 꼼지락 꼼지락 좌우로 돌려 발을 오른쪽 서혜부 주름으로 끌어올린다. 발을 최대한 높이 돌려 올렸으

사진 8.42

사진 8.43

사진 8.44

사진 8.45

면, 몸무게를 왼손으로 이동시키고, 오른손을 써서 왼발을 완전한 반연꽃 자세로 당겨 준다.

시간을 충분히 두고 기반을 제대로 만들어야 한다. 그러지 않으면 자세가 매우 어려울 것이다. 다른 연꽃 자세와 마찬가지로 발등은 반대쪽 서혜부 주름과 맞닿아 있어야 한다. 왼발을 반연꽃 자세로 고정했으면, 숨을 들이쉬면서 손을 향해 점프 하여 오른발로 착지한다. 앞에서 제시한 방법에 따라 반대쪽 바타야나아사나를 해 준다(사진 8.41). 다섯 번 호흡한 뒤, 숨을 내쉬며 양손을 오른발 양옆 바닥에 짚는 다. 숨을 들이쉬며 오른 다리를 펴고, 바닥에서 들어 올리거나 뛰어오른다. 숨을 내 쉬며 뒤로 점프하여, 아까와 같이 특별한 차투랑가 단다아사나로 착지한다. 단, 이 번에는 왼 무릎을 바닥에서 띄운다(사진 8.42). 숨을 들이쉬며 오른발 끝을 당겨 특별한 우르드바 무카 슈바나아사나(사진 8.43)로 들어가고, 다시 숨을 내쉬며 오른발 끝을 당겨 특별한 아도 무카 슈바나아사나로 들어간다(사진 8.44). 숨을 들이쉬며 앞으로 점프하여 오른발로 착지한다(사진 8.45). 같은 들이쉬는 호흡과 연결된 움직임으로 왼손을 뒤로 감아 왼발을 잡는다. 숨을 내쉬며 앞으로 숙여 아르다 밧다 파드모따나아사나 왼쪽으로 들어간다. 숨을 들이쉬며 고개 들어 위를 쳐다보고, 내쉬며 골반 기저근을 조여 자세를 안정시킨다. 마지막으로, 숨을 들이쉬며 완전히 일어서고, 왼발을 놓아 사마스티티로 돌아온다.

효과

엉치엉덩관절 주위의 통증과 경직이 완화된다.
허리 통증이 줄어든다.
어깨가 정렬된다.
가벼운 관절염 증상이 완화된다.
고관절과 골반이 균형 잡힌다.
마음이 차분해지고 안정된다.

파리가아사나 Parighasana
빗장 자세

드리쉬티 : 우르드바(하늘, 위쪽)

인터미디어트 시리즈에서 이 지점까지 왔으면 여정을 거의 완수한 셈이니 자축해도 좋다. 남은 자세들도 쉽지는 않지만, 여기까지 성공적으로 왔다면 많이 어렵지는 않을 것이다. 이제부터는 인터미디어트 시리즈의 끝까지 견딜 수 있는 신체적, 정신적 인내력을 기르는 것이 관건이다. 인터미디어트 시리즈를 성실하게 수련하며 배운 사항을 통합하는 기회도 얻게 될 것이다. 그러나 만일 앞선 자세들에서 기본적인 힘과 유연성을 충분히 기르지 않고 건너뛰었다면, 이제부터 추가되는 어깨, 고관절, 힘 관련 아사나들 때문에 스트레스를 받을 것이다.

아쉬탕가 요가 체계의 원칙은 쓸데없이 수련자를 괴롭히거나 재미있는 것을 제지하려는 것이 아니다. 이 요가는 몸과 마음을 체계적으로 재훈련하는 과정이다. 그래서 만일 기본 토대가 잡혀 있지 않으면, 이 체계는 토대를 닦을 것을 요구한다.

사진 8.46

사진 8.47

건물 층을 더 쌓아 올리기 전에 건물의 토대를 견고히 안정시키는 것과 같다.

파리가아사나를 번역하면 빗장 자세인데, 이 자세가 문을 닫고 가로질러 잠그는 쇠빗장과 모양이 비슷해서 붙여진 이름이다(파리가는 '쇠빗장'을 의미한다.) 한편, 파리가아사나는 인터미디어트 시리즈의 모든 시험을 통과했음을 의미하기에 그 자체로 하나의 문을 상징한다. 이 자세를 통과하면 인터미디어트 시리즈의 마라톤 여정이 마지막 구간에 접어든다고 생각해도 좋다. 당신은 이 시리즈의 어려운 관문 자세들은 이미 통과했고, 신경계는 더 강하고 유연하게, 나아가 더 균형 잡힌 상태로 재훈련되었다. 수련이 끝난 것은 아직 아니지만, 파리가아사나를 기점으로 초점이 바뀐다. 남은 자세들은 신체적, 영적 중심에 도전하기 위한 것이 아니라, 지금까지 배운 것을 통합하기 위한 것이기 때문이다.

준비가 되면 사마스티티에서 시작한다. 숨을 들이쉬며 양손을 머리 위로 들어 올려 합장하고, 팔꿈치를 서로 모아준다. 숨을 내쉬며 몸을 앞으로 접어, 양 손바닥을 양발 바깥쪽 바닥에 짚고 밀착시키며, 이마는 정강이에 갖다 댄다. 숨을 들이쉬며, 양손은 바닥을 짚은 채, 고개 들어 위를 쳐다본다. 숨을 내쉬며 뒤로 점프하여 차투랑가 단다아사나로 들어간다. 숨을 들이쉬며 몸을 앞으로 굴려 우르드바 무카 슈바나아사나로 들어가고, 숨을 내쉬며 몸을 뒤로 굴려 아도 무카 슈바나아사나로 들어간다. 무릎을 구부리고, 숨을 들이쉬며, 양손 사이로 점프 스루 하여, 두 다리를 펴고 앉은 자세로 온다.

다음에는 오른 무릎을 뒤로 구부리되 오른 고관절과 정렬해 주고 골반으로부터 쭉 뻗는다. 오른 고관절이 안으로 조금 회전되게 하고, 오른 종아리의 살을 옆으로 빼내, 오른 복사뼈를 넙다리뼈 상부의 큰돌기와 같은 선에 맞추어 준다. 골반 기저근을 강하게 조인 채, 왼 다리를 오른 다리와 90도 각도로 옆으로 뻗어 낸다. 왼 넓적다리 안쪽을 늘이면서 왼 고관절이 바깥으로 깊이 회전되게 한다. 오른 발끝은 뻗어 내고, 왼발 끝은 당긴다. 양 궁둥뼈(좌골)가 바닥에 편안히 자리 잡게 하고, 숨을 들이쉬면서 양손을 허리에 짚어 준비한다(사진 8.46). 이 자세가 편안하면, 양발 끝을 모두 뻗어 내어 유연성이 깊어지게 하고, 아쉬탕가 요가의 세 번째 시리즈에 있는 팔 균형 자세의 정렬을 대비할 수 있다.

사진 8.48

양다리의 각도가 최대 90도를 넘지 않게 한다. 파리가아사나에서 흔히 보이는 정렬 오류 중 하나는 다리를 너무 넓게 벌려, 구부린 다리의 고관절이 덜 구부러지게 하는 것이다. 두덩뼈(치골)를 미세하게 왼쪽으로 기울이고, 다리 사이 공간으로 숙여 내려간다. 티띠바아사나에서처럼 몸통이 넓적다리 사이를 미끄러지듯 내려가게 하고, 고관절이 더 깊이 구부러지게 한다. 정자세로 완전히 들어가기 전에 몸을 앞으로 접어 주지 않으면, 고관절을 통한 기초와 기반을 잃게 될 것이다.

골반을 눌러 내리고 오른 고관절을 구부린 상태에서, 가슴우리(흉곽)와 몸통을 오른쪽 위로 돌려 준다. 몸을 옆으로 기울이면서 왼 다리 안에서 몸을 회전시키고(사진 8.47) 왼 어깨를 위로 향한 상태에서 왼 정강이 안쪽을 눌러 준다. 몸을 왼쪽으로 기울이는 한편, 몸 전체를 척추 축 따라 모두 회전시킨다고 생각하자. 양손으로 왼발을 잡되, 엄지손가락으로는 발등을, 나머지 손가락으로는 발바닥을 감싸 쥔다. 뒷머리를 왼쪽 정강이 위에 올려놓는다. 숨을 내쉬면서 정자세로 완전히 들어가며, 이러한 세부 움직임을 하나의 연결되는 흐름으로 조화시킨다(사진 8.48). 자세를 유지하며 적어도 다섯 번 호흡한다.

숨을 들이쉬며, 앞의 동작 순서와 반대로 자세에서 빠져나온 뒤, 양손을 다시 허리에 짚는다(사진 8.46). 숨을 내쉬며, 손을 허리에 댄 채 자세를 안정시킨다. 양손을 바닥에 짚고 발을 교차한다. 숨을 들이쉬며 몸을 바닥에서 들어 올리고, 숨을 내쉬며 뒤로 점프하여 차투랑가 단다아사나로 들어간다. 숨을 들이쉬며 몸을 앞으로 굴려 우르드바 무카 슈바나아사나로 들어가고, 내쉬며 몸을 뒤로 굴려 아도 무카 슈바나아사나로 들어간다. 무릎을 구부리고, 숨을 들이쉬며 점프 스루 하여 다리를 펴고 앉은 자세로 들어온다. 반대쪽으로 자세를 반복한다. 자세를 마친 다음, 빈야 사까지 마치고, 아도 무카 슈바나아사나에서 다음 자세를 준비한다.

어떤 요가 종류에서는 파리가아사나에서 구부린 무릎을 바닥에서 완전히 들어 올리지만, 아쉬탕가 요가에서는 고관절의 깊은 안쪽 회전이 요구된다. 어떤 요가 종류에서는 또한 파리가아사나에서 옆 늘이기에 중점을 두는 반면, 아쉬탕가 요가 에서는 옆 늘이기, 고관절 깊이 구부리기, 중심축을 따른 몸통의 회전 등 여러 요소 의 통합에 중점을 둔다. 모든 상황에 장단점이 있듯이, 이런 두 가지 방식의 자세에 도 그 장단점이 있다.

아쉬탕가 요가 방식의 파리가아사나는 구부린 다리의 깊은 안쪽 회전을 요구한 다. 인터미디어트 시리즈를 완수한 수련자에게는 문제가 되지 않을 것이다. 그래도 만일 구부린 무릎에 통증이 느껴지면 조심스럽게 접근해야 한다. 이처럼 무릎이 불 편할 경우 좋은 대안은 골반을 바닥에서 더 들어 올려, 고관절이 덜 구부러지게 하 고 무릎에 가해지는 압력을 줄여 주는 것이다. 만일 고관절과 무릎의 움직임이 어 렵게 느껴지면, 프라이머리 시리즈의 트리앙 무카 에카 파다 파스치마따나아사나, 인터미디어트 시리즈의 크라운차아사나, 베카아사나, 바라드바자아사나를 충분히 수련해 주는 것이 좋다. 반면, 뻗은 다리에 요구되는 바깥 회전이 어렵게 느껴진다 면, 선 자세의 웃디타 트리코나아사나(뻗은 삼각 자세), 프라이머리 시리즈의 우파비 쉬타 코나아사나(넓은 각 앉은 전굴 자세) 및 숩타 파당구쉬타아사나(누워서 엄지발가 락 잡는 자세)에 중점을 두고 수련하여 파리가아사나의 뻗은 다리를 열어 준다.

파리가아사나는 강력한 옆 늘이기 자세이며, 엉치엉덩관절(천장관절)의 균형을 잡아 주고, 허리네모근(요방형근)을 이완시키며, 배근육을 탄탄하게 만들어 준다. 인 터미디어트 시리즈의 강한 전굴, 후굴 자세를 모두 거친 뒤, 파리가아사나는 몸이 그 역동적 움직임들을 통합하도록 돕는 역할을 한다. 옆으로 길게 늘여 내면 가슴 우리(흉곽)의 근육이 늘어나고, 호흡은 더 깊고 완전해진다. 왼쪽으로 기울일 때는 몸의 오른쪽이 열리고 왼쪽은 안으로 회전된다. 이와 같은 조합으로 만들어지는 비 대칭적 스트레치는 몸을 옆으로 이동시키며 불균형을 바로잡아 주는 효과가 있다. 자세를 너무 강하게 밀어붙이지 않도록 한다. 자세를 편안하게 하고, 이완된 마음 의 초점을 내면으로 맞추어 준다. 호흡이 깊어지게 하고, 마음이 내면을 향하게 한 다.

효과

척추와 골반이 균형 잡힌다.

마음이 안정된다.

몸의 옆면이 늘어난다.

복부 장기에 활력이 생긴다.

고무카아사나 Gomukhasana
소머리 자세

드리쉬티: 나사그라이(코끝) / 안타라(위)

소머리 자세로 번역되는 고무카아사나는 더 깊은 의미도 있다. '암소'를 뜻하는 산스크리트 어 '고(go)'는 '빛'이라는 의미도 있다. 인도 문화에서 암소는 영적 의미를 지닌다. 그래서 고무카아사나라는 이름은 요가 수련자의 머리에서 발산되는 빛을 비유하는 것일지도 모른다. 대서사시인 《바가바드 기타》의 서두에서는 우파니샤드를 가리켜 '암소들'이라 칭한다. 요가로 인한 빛으로 가득한 머리는 정수리 차크라가 완전히 깨어난 상태를 의미할 수 있는데, 이는 보통 파탄잘리를 묘사하는 '천 개의 꽃잎을 가진 연꽃'으로 상징된다. 또한 내면의 빛은 앎의 빛을 의미하며, 요가의 전체 여정은 순수하게 표현되는 진실이 드러나는 과정이라 할 수도 있다.

아도 무카 슈바나아사나에서 시작하여, 숨을 들이쉬며 점프 스루 하여, 다리를 펴고 앉는다. 오른 넓적다리를 왼 넓적다리 위로 교차하고, 무게를 앞으로 이동하여 왼 무릎이 바닥에 닿게 한다. 넓적다리 안쪽을 서로 조여 고관절이 더 깊이 구부러지고 회전하게 한다. 엉덩이를 들어 종아리를 최대한 가까이 붙인다. 양 뒤꿈치는 서로 정렬시켜 발끝을 뻗어 낸다. 넓적다리를 몸 중심선으로 강하게 조여, 다리 위치를 견고하게 유지하고 고관절을 안으로 회전시킨다. 척추의 자연스러운 곡선을 유지하면서, 고관절에서부터 몸을 앞으로 기울여, 오른 무릎 아래에서 양손을 깍지 낀다. 등이 너무 말리지 않게 한다. 양손을 깍지 끼는 데 필요하다면 등을 살짝 젖혀 준다. 아랫배를 깊게 끌어당기고, 골반 기저근을 조여 유지한다. 코끝을 응시한다(사진 8.49와 8.50). 이 자세를 유지하며 다섯 번 호흡한다.

자세를 취하는 동안 발과 다리가 서로 멀어지지 않도록 다리 위치에 특히 신경 써야 한다. 다리를 제자리에 단단히 뿌리내려 바른 기반을 만들어 준다. 무릎 부상 위험이 있으므로 억지로 뒤꿈치에 앉으려고 하지는 말자. 하지만 만일 다리 모양을 수월하게 만들 수 있다면, 엉덩이를 발 위에 두고 앉는다. 골반 기저근을 조여 기반

사진 8.49

사진 8.50

을 만들어 준다. 다리의 근육이 매우 발달했다면 다리를 완전히 접어 이 자세를 취하기가 쉽지 않겠지만, 그래도 동일한 방향으로 수련해야 한다. 그러다 보면 나중에는 고관절이 열려서 고무카아사나 완성 자세를 위한 공간이 만들어질 것이다. 고관절의 구부러진 정도와 회전 강도를 줄이기 위해 발을 열지 않도록 한다. 대신, 고관절을 더 열어서 자세로 들어가는 데 필요한 공간을 만들어 주어야 한다.

다리 위치를 유지하면서, 숨을 들이쉬며 오른팔을 머리 위로 들고 팔꿈치를 구부린다. 왼팔은 등 뒤에서 구부린다. 오른 어깨는 바깥쪽으로 회전시키고, 왼 어깨는 안으로 회전시킨다. 오른 팔꿈치가 머리 중심 쪽으로 오는 것은 무방하나 몸 중심선을 지나지는 않게 한다. 왼 팔꿈치는 최대한 몸 가까이 붙인다. 등 뒤 양 어깨뼈 사이 공간에서 양손을 깍지 끼거나 손목을 잡아 준다. 오른쪽 위팔 세 갈래근(삼두근)과 어깨세모근(삼각근)을 늘이고, 왼쪽 돌림근(회전근)은 앞으로 이완시켜 안쪽으로 회전시킨다. 머리를 가볍게 뒤로 떨어뜨리고, 고개 들어 위를 쳐다본다 (사진 8.51과 8.52). 이 자세를 유지하며 다섯 번 호흡한다.

양손의 손가락이 서로 닿지 않으면, 아마도 인터미디어트 시리즈의 앞선 후굴 및 비틀기 자세를 더 수련해야 할 것이다. 고무카아사나에서는 상당한 어깨 유연성이 요구되지만, 앞선 자세들을 제대로 수련했다면 이 자세가 가능할 뿐 아니라 기분 좋은 느낌이 들 정도로 어깨 가동 범위가 만들어졌을 것이다. 여전히 손가락을 서로 걸 수 없다면, 선생님의 도움을 기다려 보자. 혼자 수련 중이라면, 수건이나 스트랩을 사용하여 손 간격을 좁혀 주고, 결국에는 걸어 준다. 손가락을 걸어 주면, 수건이나 스트랩은 놓아준다. 양손을 깍지 낀 뒤에는 두 가지 방법으로 팔을 움직여 볼 수 있다. 먼저, 양손을 어깨 사이 공간으로 눌러 정적 스트레치(isometric stretching)[3]를 하는 방법이 있다. 다음으로, 손을 몸통에서 멀리 떨어뜨려 어깨 스트레치를 심화시켜 볼 수 있다. 두 번째 방법은 아주 유연한 수련자에게만 적합하다.

다섯 번 호흡한 뒤, 손을 풀고 바닥에 짚어 뒤로 앉으면서 다리를 풀어 준다. 손을 바닥에 짚은 상태로 발을 교차하고, 숨을 들이쉬며 몸을 들어 올리고, 숨을 내쉬며 뒤로 점프하여 차투랑가 단다아사나로 들어간다. 숨을 들이쉬며 앞으로 몸을 굴려 우르드바 무카 슈바나아사나로 들어가고, 숨을 내쉬며 몸을 뒤로 굴려 아도 무카 슈바나아사나로 들어간다. 숨을 들이쉬며 발을 교차하여 점프 스루 하고, 다리를 펴서 앉는다. 오른 다리를 아래로 위치시켜 자세를 반복한다.

두 가지 고무카아사나에서 각 다섯 번 호흡한 다음, 뒤로 점프하여 빈야사를 완수하고, 아도 무카 슈바나아사나에서 다음 자세로 바로 연결한다. 다리를 풀지 않고 발을 교차하여, 자세에서 바로 점프 백 하는 것도 가능하지만, 인터미디어트 시리즈에서는 프라이머리 시리즈보다 빈야사가 상당히 적기 때문에 가급적 각 점프 백과 점프 스루를 더 정성 들여 하는 것이 좋다. 이런 어려운 동작에 필요한 힘을 기르고 유지하려면 주어지는 모든 기회를 충분히 활용해야 한다.

요가 종류에 따라 고무카아사나의 형태가 조금 다르다. 양발을 넓게 벌리고, 그 사이로 엉덩이를 낮추어 몸을 앞으로 숙이는 형태도 있다. 이 방식에서는 기반과 골반 기저근의 조임이 덜 요구되어 자세가 더 편안하며, 넙다리뼈 상부의 큰돌기 주위의 고관절이 조금 더 깊게 이완된다. 아쉬탕가 요가 방법에서는 반다의 깊은 조임과 알아차림을 통해 골반의 내부 공간과 견고한 연결을 기르는 데 중점을 둔다. 어느 방법이 다른 방법보다 나은 것은 아니며, 중점을 두는 곳이 조금 다르다는 점을 인식하고, 자신이 주로 수련하는 요가의 전통을 존중하는 것이 중요하다.

효과

안팎 회전을 통해 어깨의 가동 범위가 충분히 늘어난다.
가벼운 궁둥뼈(좌골) 신경통 증상이 완화된다.
엉치엉덩관절이 안정된다.

사진 8.51

사진 8.52

3 정적 스트레치(isometric stretching)는 느리고 일정한 속도로 스트레칭 동작을 수행하는 것으로 보통 15초에서 30초 정도 근육을 최대로 늘인 상태로 자세를 유지하는 방식으로 수행된다.—옮긴이

숩타 우르드바 파다 바즈라아사나 Supta Urdhva Pada Vajrasana
들어 올린 잠자는 벼락 자세

드리쉬티: 나사그라이(코끝) / 파르쉬바(측면)

처음 숩타 우르드바 파다 바즈라아사나로 전통 방법에 따라 들어가려고 했을 때, 나는 매트에서 굴러 옆 사람과 부딪혔다. 자세 진입 방법이 이 자세에서 가장 어렵게 느껴질 텐데, 수련이 쌓이면서 조금씩 납득이 될 것이다. 자세 자체는 바라드바자아사나와 그리 다르지 않다. 바라드바자아사나를 쉽게 하는 수련자들도 숩타 우르드바 파다 바즈라아사나에 전통 방법으로 들어가는 데는 애를 먹는 경우가 많다. 인터미디어트 시리즈의 이 구간에서는 특히 척추와 신경계를 계속 역동적으로 제어하는 법을 익혀야 하는데, 비교적 쉬운 자세로 어렵게 들어감으로써 이를 체득할 수 있다. 아쉬탕가 요가는 많은 것을 쓸데없이 어렵게 만든다며 불평하는 사람도 있다. 그러나 이 체계 안에서 주어지는 모든 도전은 신경계를 시험하고 단련하여 결국 우리를 더 강해지게 한다. 숩타 우르드바 파다 바즈라아사나로 들어가는 전통 방법도 이와 일맥상통한다.

아도 무카 슈바나아사나에서 숨을 들이쉬며 점프 스루 하여 앉는다. 숨을 내쉬며 등을 대고 눕는다. 다시 숨을 들이쉬며 다리를 머리 위로 들어 올려 할라아사나(쟁기 자세: 사진 8.53)로 가되, 양손은 깍지를 끼지 않고 풀어서 유지한다. 골반 기저근을 들어 올린 상태에서, 오른 다리를 반연꽃 자세로 접고, 오른 어깨를 아래로 끌어 내린 상태에서 오른팔을 등 뒤로 감아 오른손가락으로 오른발을 감싸 쥔다. 왼손은 왼발 쪽으로 뻗어 손가락으로 엄지발가락을 감는다(사진 8.54). 숨을 내쉬며 자세를 안정시킨다. 오른 다리를 반연꽃 자세로 접을 때 왼손을 써서 돕고, 오른손으로 오른발가락을 잡을 때도 필요하면 왼손으로 돕는다. 어깨를 아래로 감거나 연꽃 자세 발을 잡아 묶으려 할 때 오른쪽으로 너무 많이 기울이지 않는다. 연꽃 자세 발을 잡아 묶으려는 움직임이 오른 어깨의 안쪽 회전으로부터 시작되게 한다.

준비 자세에서 손과 발을 완전히 묶어 주었으면, 할라아사나처럼 궁둥뼈(좌골)를 들어 올리고, 살람바 사르방가아사나(어깨서기)처럼 위팔과 어깨세모근(삼각근)을 바닥으로 누른다. 골반 기저근을 조여 엉덩이를 들어 올리고, 척추는 최대한 곧게 뻗어 유지한다. 숩타 우르드바 파다 바즈라아사나에 숙달한 수련자는 한 번의 물 흐르는 듯한 움직임으로 매끄럽게 준비 자세로 들어갈 수 있겠지만, 너무 빨리 움직이려고 급히 서두르거나 밀어붙이지는 않아야 한다. 제대로 기반을 만들기 위해 필요하면 추가 호흡을 하고, 오른 고관절의 바깥 회전을 충분히 활용하여 안전하게 반연꽃 자세로 들어간다.

이 준비와 진입은 자세의 기본이다. 만일 손으로 발을 견고하게 잡아 묶지 않으면, 자세로 구르는 움직임이 진행되는 동안 풀려 버릴 것이다. 앞으로 구르는 동안 내내 손과 발을 계속 연결해 주는 것이 중요하다. 그래야 어깨 위치가 조정되어 색다른 움직임이 가능해지기 때문이다.

구를 때 오른팔에서 팔꿈치 주위에 잠깐 느껴지는 불편함을 적극적으로 받아들여야 한다. 숩타 우르드바 파다 바즈라아사나는 이 느낌을 피하는 대신 기대하고, 오히려 이 불편한 느낌을 이용하여 움직임에 성공할 것을 가르친다. 다시 말해, 만일 팔과 팔꿈치 위로 구르는 것을 피하려고 구르는 동안 오른손과 오른발을 그냥 놓아 버리면, 이 어려운 전환의 의미를 놓치게 된다. 신체적 측면에서는 팔꿈치 바로 위로 굴러야 자세가 완성된다. 영적 측면에서는 이 불편함을 받아들여야만 자세의 견고한 기반이 만들어진다.

대다수 수련자가 바라드바자아사나에서는 연꽃 자세 발을 쉽게 잡는 반면, 숩타 우르드바 파다 바즈라아사나에서는 많은 수련자가 어려워한다. 전자에서는 발을 잡기 위해 척추 회전까지 이용할 수 있지만, 숩타 우르드바 파다 바즈라아사나의 준비 자세에서는 어깨 회전에만 의존해야 한다. 강한 어깨 열기 자세를 반 어깨서기에서 접근하도록 하여 난도는 더 높아진다. 숩타 우르드바 파다 바즈라아사나에서는 팔 이음뼈(어깨뼈와 빗장뼈)를 바닥으로 누름으로써, 연꽃 자세 발을 잡기 위해 필요한 회전을 어깨관절에만 제한시킨다. 어깨를 바닥에 계속 누르고 있으면, 등 윗부분의 유연성에 의존하지 않고 오른 어깨를 바르고 깊게 안쪽으로 회전시킬 수 있다. 팔이음뼈(어깨뼈와 빗장뼈)를 바닥에 고정하지 않으면, 어깨가 해야 할 일을 척추 비틀기처럼 다양한 외부 요소에 전가시키게 된다. 숩타 우르드바 파다 바즈라아사나로 들어가기는 어렵지만, 어깨의 역동적 힘을 기르고 더욱 열리게 하는 데 효과적이다.

사진 8.53

연꽃 자세 발을 완전히 잡을 수 없거나 쉽게 손이 풀린다면, 다음의 쉬운 대안 자세로 연습하면서 완성 자세를 향해 나아갈 수 있다. 때로는 땀이 너무 많이 나서 발을 제대로 잡기 어려울 수도 있다. 이럴 때 가장 쉬운 해결책은 발에 수건을 감거나, 연꽃 자세로 접은 발에 양말을 신

사진 8.54

사진 8.55

어 천의 마찰력을 이용하여 단단히 잡는 것이다. 이 방법도 실패하면, 마지막 대안으로 연꽃 자세 발을 수건으로 완전히 감고 발 대신 수건을 잡을 수 있다(사진 8.55). 자세로 굴러 올라오는 동안 수건을 잡고 있으면, 어깨와 팔꿈치가 미끄러짐 없이 고정되어 완성 자세와 유사한 감각을 만들 수 있다. 자세를 완성하는 데 필요한 만큼 어깨와 고관절, 등이 열릴 때까지 이 방법으로 연습한다.

자세를 어느 정도 매끄럽게 할 수 있는 상태가 되면, 발을 잡고 굴러 올라와 정자세로 들어가는 움직임이 완성될 때까지 여기에서 멈추어 있지 않고 다음 진도를 나가도 좋다. 그러나 이 자세에서 스트레스를 느낀다면, 내적 안정감이 자리 잡을 때까지 멈추었다가, 인터미디어트 시리즈의 마지막 부분으로 나아간다.

능력이 허용하는 범위 안에서 자세를 만든 다음, 숨을 들이쉬면서 굴러 올라올 준비를 한다. 고관절을 안으로 회전시키며, 왼 무릎을 뒤로 구부려 왼발 안쪽을 골반 바깥선과 맞추어 준다. 왼발의 발가락과 왼 무릎을 지나치게 압박하지 않으며, 골반이 바닥에 닿을 수 있도록 충분한 공간을 확보한다. 왼발 끝을 강하게 뻗어 내고, 가능하면 이 움직임 내내 왼쪽 엄지발가락만 단단히 감아쥔다. 이 발가락만 움켜쥐기가 어려우면, 처음 몇 번은 손 전체로 왼발을 감싸 쥔다. 이렇게 하면 완성 자세로 이동하는 동안 뻗어 낸 발끝을 확실히 유지할 수 있다.

사진 8.56

구르기 전, 왼 다리를 구부리고, 왼 무릎은 들어 올린 상태에서 구부려 주고 왼발가락은 단단히 잡아 준다(사진 8.56). 발이나 왼 무릎이 제자리에 있지 않은 상태에서는 구르지 않아야 한다. 왼 다리가 제자리에 놓이면, 숨을 들이쉬며 오른 팔꿈치, 어깨, 아래팔 위로 구른다. 골반 기저근의 힘으로부터 구르는 움직임이 시작되게 한다. 오른 팔꿈치 위로 구를 때는 코어 근육을 써서 척추를 안으로 말아 준다. 올라오기 위해 왼손으로 너무 강하게 당기지 않는다. 왼손은 움직임이 이어지게 하는 데 필요한 만큼만 힘을 써 주고, 자세를 위한 힘은 코어에서 나오게 한다. 등은 젖히지 말고 강하게 말아서 자세로 굴러 올라오게 한다.

바닥에 착지할 때 쿵 하는 큰 소리가 나고 엉덩이부터 떨어진다면, 구르는 동안 등을 더 말아 주고 코어를 조여, 오른 어깨를 더 강하게 바닥으로 눌러 준다. 착지한 다음, 숩타 우르드바 파다 바즈라아사나 완성 자세로 들어간다.

먼저 할 일은 자세의 기본 요소들을 재정비하는 것이다. 오른손과 발의 묶음을 견고하게 해 준다. 바라드바자아사나에서는 양 무릎을 더 많이 벌리는 반면, 숩타 우르드바 파다 바즈라아사나에서는 간격을 훨씬 좁혀야 한다. 양 궁둥뼈(좌골)를

바닥에 단단히 밀착시킨 상태에서 고관절과 정렬되도록 무릎 간격을 좁힌다. 오른 발등을 왼쪽 서혜부 주름에 맞추어 주고, 발이 왼 넓적다리로 내려오지 않게 한다. 왼쪽 엄지발가락을 잡은 왼손은 풀어, 오른 무릎 바깥쪽 아래 바닥에 짚어 준다. 손바닥을 펼쳐 바닥을 누르고, 손가락은 왼 무릎을 향하게 한다. 왼 어깨관절의 안쪽 회전을 유지하면서, 오른 어깨는 부드럽게 바깥으로 회전시킨다.

자세의 비틀기 부분으로 들어갈 때는 바라드바자아사나의 기본 원리를 그대로 따른다. 왼쪽 아랫배를 끌어당기며 가슴우리(흉곽)의 왼쪽을 안으로 감아 오른쪽으로 비틀어 준다. 척추는 중심축을 따라 정렬시키되, 왼 손바닥을 바닥에 밀착시키는 데 필요한 만큼 오른쪽으로 기울인다. 양 궁둥뼈(좌골)도 바닥으로 누르고, 깊고 충분히 호흡한다. 들이쉬는 숨마다 몸 안에 공간을 만들어, 내쉬는 숨마다 좀 더 깊게 비틀어 준다. 오른쪽 어깨 너머를 응시한다(사진 8.57). 과정 내내 아랫배와 골반 기저근은 단단하게 조여 유지한다. 다섯 번 호흡한 뒤, 자세를 풀고 양손을 바닥에 짚는다.

사진 8.57

숨을 들이쉬며 발을 교차하고 몸을 들어 올린다. 숨을 내쉬며 뒤로 점프하여 차투랑가 단다아사나로 들어간다. 숨을 들이쉬며 몸을 앞으로 굴려 우르드바 무카 슈바나아사나로 들어가고, 숨을 내쉬며 몸을 뒤로 굴려 아도 무카 슈바나아사나로 들어간다. 숨을 들이쉬며 점프 스루 하여 앉은 자세로 들어와, 반대쪽으로 동일한 움직임을 반복한다. 숩타 우르드바 파다 바즈라아사나 왼쪽에서 다섯 번 호흡을 한 다음, 뒤로 점프하고 빈야사를 완수하여 아도 무카 슈바나아사나로 들어간 뒤, 바로 다음 자세를 이어 간다.

효과

척추와 엉치뼈가 정렬된다.
어깨와 가슴이 열린다.
스트레스가 완화된다.
소화가 촉진된다.
사마나가 활성화된다.

9

일곱 가지 머리서기

내가 구루지와 샤랏 선생님에게 배울 때는 일곱 가지 머리서기가 이미 인터미디어트 시리즈의 일부였다. 그러나 엄밀히 말하면 이 머리서기는 인터미디어트 시리즈의 일부가 아니다. 구루지는 가끔 이 머리서기를 수련 말미에 추가되는, 케이크의 장식과 비슷한 것[4]이라는 취지로 얘기했다. 수련자들이 어드밴스드 A로 알려진, 아쉬탕가 요가의 세 번째 시리즈를 수련하기 시작할 때, 일곱 가지 머리서기는 매일 수련에서 제외되고, 지도자가 수련자에게 주는 진도의 자세로 대체된다. 이에 비추어 볼 때 일곱 가지 머리서기는 원칙적으로 인터미디어트 시리즈의 일부가 아니라고 볼 수 있다. 왜냐하면 아쉬탕가 여섯 시리즈 중 다음 시리즈로 넘어갈 때 기존 시리즈의 일부를 제외하는 경우는 없기 때문이다.

그러나 일곱 가지 머리서기를 별개로 생각하는 것은 실제 수련에 유용하지 않다. 이 자세들은 인터미디어트 시리즈 매일 수련의 일부가 되어야 하기 때문이다. 어떤 사람들은 이 머리서기 자세들을 하나로 연결해서 진행하되, 총 35번 호흡하는 동안 손 위치만 바꾸면서 머리서기를 계속 유지하면 어떻겠냐는 아이디어를 제시한다. 그러나 이 방법은 목 부상 위험 때문에 썩 좋은 아이디어는 아니라고 본다. 또한 묵타 하스타 쉬르샤아사나에서 일곱 번 반복되는 점프 백 빈야사를 통해 길러지는 힘은 일곱 가지 머리서기의 주요 효과 중 하나이기도 하다. 각 머리서기 사이의 점프 백을 통해 강한 어깨 힘, 안정성, 지구력을 기를 수 있는데, 이는 모두 세 번째 시리즈의 토대가 된다. 일곱 가지 머리서기를 유지하면, 인터미디어트 시리즈의 각종 전굴과 후굴 움직임 이후 중심선을 다시 잡아 주는 효과도 있다. 일곱 가지 머리서기를 잘 할 수 있다면, 다양한 상황에서 팔이음뼈(어깨뼈와 빗장뼈)를 정교하게 사용할 수

4 추가하면 금상첨화처럼 좋은 것이지만, 반드시 필요한 것은 아니라는 뜻.―옮긴이

있고 어깨관절에 유연한 힘이 있음을 의미한다. 거꾸로 선 자세(역자세)들을 다 합하면 3~5분(인터미디어트 시리즈 구령 수업 시에는 더 길어질 수 있다)까지 유지하게 되는데, 거꾸로 선 자세(역자세)를 이렇게 오래 유지하면 쉬르샤아사나의 영적 측면도 어느 정도 달성된다고 볼 수 있다.

　머리서기를 하다가 균형을 잃으면, 두 가지 방법으로 쉽게 넘어질 수 있다. 뒤로 넘어간다면, 시작할 때와 같은 자세로 착지하거나, 묵타 하스타 쉬르샤아사나의 삼각대 위치로 손을 바꿔 넘어질 수 있다. 앞으로 넘어지면, 손을 풀지 않고 그대로 앞구르기를 하면 되는데, 이는 초보자에게 권장되는 쉬르샤아사나에서 넘어지는 기술이다. 인터미디어트 머리서기에서는 목이 지지되지 않는 경우가 많으니, 인터미디어트 수련자는 후굴 자세로 넘어지며 착지하는 편이 더 쉬울 것이다. 수련에서 여기까지 왔다면, 무리 없이 후굴 자세로 넘어갈 수 있을 정도로 척추 신전 유연성이 충분히 길러졌을 것이다. 후굴 자세로 넘어가면, 등을 대고 누웠다가 다시 일어나 시도하면 된다. 굳이 후굴 자세에서 제자리로 바로 돌아 나올 필요는 없다. 물론 넘어가지 않는 것이 좋겠지만, 균형감 좋고 강인한 수련자도 때로는 균형을 잃기 마련이니, 안전하게 움직이는 법을 이해하여 수련에 자신감을 유지하는 것이 중요하다.

　일곱 가지 머리서기에서는 서두르지 않는 것이 아마 가장 중요할 것이다. 깊게 호흡하고, 강력한 힘을 기르는 과정에 중점을 두자.

묵타 하스타 쉬르샤아사나 Mukta Hasta Sirsasana A
열린 손 / 지지받지 않는 머리서기
드리쉬티: 나사그라이(코끝)

사진 9.1

'삼각대 머리서기'로 알려진 묵타 하스타 쉬르샤아사나 A는 인터미디어트 시리즈의 마지막 구간을 시작하는 기본 머리서기다. 충분한 시간을 두고 이 자세 기반을 잘 세우면, 나머지 여섯 가지 머리서기가 어렵지 않을 것이다.

　아도 무카 슈바나아사나에서 숨을 내쉬며, 양손과 정수리를 바닥에 삼각대 모양으로 두고 다리를 모아 뻗어 자세를 준비한다(사진 9.1). 양손은 정삼각형의 밑변을 이루고, 정수리는 꼭지점을 이루게 한다. 아도 무카 슈바나아사나에서 이 준비 자세로 들어가는 방법에는 적어도 세 가지가 있는데, 어느 것을 선택해도 좋다. 가장 쉬운 방법은 아도 무카 슈바나아사나에서 무릎을 바닥에 대고 팔을 구부리되,

아래팔은 바닥과 수직이 되게 하고, 위팔은 바닥과 평행하게 하는 것이다. 팔꿈치를 서로 당겨 돌림근(회전근)을 활성화하고, 팔꿈치는 손바닥 바로 위로 오도록 정렬시킨다. 다리를 곧게 펴고, 고관절을 접어 주며 발끝으로 머리를 향해 걸어 들어온다. 목은 곧게 펴고, 정수리는 바닥으로 누른다.

위 방법이 쉽게 느껴진다면, 아도 무카 슈바나아사나에서 발끝으로 걸어 들어와, 팔꿈치를 구부리며, 앞으로 기울여 어깨(팔이음뼈) 기반으로 무게를 싣고, 정수리를 바닥에 부드럽게 갖다 댄다. 무릎을 바닥에 대지 않는다.

마지막으로, 도전해 볼 준비가 되었다면, 아도 무카 슈바나아사나에서 코어 근육과 팔이음뼈(어깨뼈와 빗장뼈)를 조여, 곧바로 준비 자세로 가볍게 착지한다. 준비 자세에서 숨을 들이쉬며, 고관절을 접어 골반을 앞으로 보낸다. 골반 기저근을 조이고, 배근육은 끌어당겨 유지한다. 넓적다리 앞쪽 근육(넙다리 네 갈래근)을 단단하게 하고, 넓적다리를 안으로 회전시키며 발끝은 뻗어 낸다. 뛰거나 무릎을 구부리지 않는다. 어깨와 코어의 견고한 기반으로 받치면서 엉덩이를 앞으로 이동하여 다리를 들어 올린다. 다리가 90도까지 올라와 바닥과 평행해지면, 꼬리뼈를 말아 넣고 끌어내리고, 아래쪽 갈비뼈를 중심선으로 끌어당기며, 발끝은 천장으로 뻗어 올려 자세를 완성한다(사진 9.2).

의식적으로 팔꿈치를 모아 손바닥과 정렬을 유지한다. 몸은 중심축을 따라 정렬하여 균형을 잡는다. 정렬이 맞으면 몸무게가 중심축을 통해 자연스럽게 땅으로 분산될 것이다. 억지로 밀어붙여 자세를 만들지 않도록 한다. 힘과 우아함이 조화롭게 어우러져 자연스럽게 균형이 드러나게 한다. 목은 의식적으로 곧게 유지하고, 정수리나 목은 움직이지 않게 고정시킨다. 머리를 바닥으로 밀어 넣지 말고, 그냥 몸을 중심선 따라 맞추면 자연히 균형이 잡힐 것이다.

다섯 번 호흡한 뒤 점프 백을 할 준비를 한다. 핀차마유라아사나에서 점프 백을 익혔다면 여기서 점프 백은 쉽게 느껴질 것이다. 두 가지 방법으로 이 움직임을 연습해 볼 수 있다. 먼저, 더 쉬운 방법으로 시작해 보자. 엉덩이를 뒤통수 쪽으로 빼며, 다리를 90도까지 낮추어 바닥과 평행하게 한다. 코어를 조이고,

사진 9.2

사진 9.3

팔이음뼈(어깨뼈와 빗장뼈)는 단단하게 한다(사진 9.3). 발끝을 당겨 착지를 준비한다. 숨을 내쉬며 팔로 바닥을 누르면서, 넓적다리 앞쪽 근육(넙다리 네 갈래근)을 조이고, 머리를 들어 차투랑가 단다아사나로 착지한다. 이 방법은 착지를 부드럽게 해 주고, 코어 지지를 보완하며, 어깨를 안정시키고, 더 안전하다는 느낌을 준다.

만일 이렇게 빠져나오는 방법을 수월하게 할 수 있다면, 더 어려운 방법에 도전해 보자. 나는 이 방법을 '통나무(timber)'라고 부르는데, 큰 나무처럼 몸이 넘어가기 때문이다. 정자세에서 숨을 내쉬며, 코어를 조이고, 팔이음뼈(어깨뼈와 빗장뼈)를 단단하게 한다. 발끝은 당기고, 가슴을 앞으로 이동하며, 묵타 하스타 쉬르샤아사나 A에서 곧바로 차투랑가 단다아사나로 착지한다. 이 방법을 시도하려면 강인한 어깨, 견고한 반다, 그리고 차투랑가 단다아사나에서 바른 정렬이 필요할 것이다. 착지한 다음, 숨을 들이쉬며 몸을 앞으로 굴려 우르드바 무카 슈바나아사나로 들어가고, 숨을 내쉬며 몸을 뒤로 굴려 아도 무카 슈바나아사나로 들어간다.

인터미디어트 시리즈에서 여기까지 왔다면 균형을 잃고 넘어질 위험은 거의 없겠지만, 여기서 가장 안전하게 넘어지는 방법은 척추를 젖혀 후굴 자세로 착지하는 것이다. 목 위로 구르거나 옆으로 비틀지 않도록 한다. 목 부상 위험이 있기 때문이다. 사실, 목의 어떤 움직임이나 회전도 피해야 한다. 어깨로 지지하며 자세를 안정되고 강하게 유지한다. 무게를 머리에 갑자기 확 실어 버리면 안 된다. 몸 전체를 써서 들어 올린다.

아무리 숙련자라도 목 디스크나 목뼈 손상 등 심각한 목 부상이 있으면 이 자세를 피해야 한다. 묵타 하스타 쉬르샤아사나 A의 대안 자세는 따로 없으므로 목 부상이 심각하면 이 자세뿐 아니라 지지받지 않는 세 가지 머리서기를 모두 건너뛰는 수밖에 없다. 지지받는 머리서기(밧다 하스타 쉬르샤아사나 A, B, C)는 가능할 수 있다.

효과

사진 9.4

팔이음뼈(어깨뼈와 빗장뼈)가 강해지고 안정되며 정렬된다.
마음이 차분해진다.

호흡이 정상적으로 잘 이루어진다.

림프계가 정화된다.

뇌의 송과체와 뇌하수체가 자극된다.

묵타 하스타 쉬르샤아사나
Mukta Hasta Sirsasana B

열린 손 / 지지받지 않는 머리서기

드리쉬티: 나사그라이(코끝)

묵타 하스타 쉬르샤아사나 B는 실제보다 훨씬 어려워 보인다. 팔의 위치 때문에 심리적 두려움이 생길 수 있으나, 실제로 어깨에 요구되는 힘은 이미 만들어진 상태다. 묵타 하스타 쉬르샤아사나 A보다 훨씬 어려워 보이지만 실제 난이도는 비슷하다. 마음만 다잡으면 할 수 있다. 인터미디어트 시리즈에서 이 지점에 이르면, 이 자세에 필요한 힘과 유연성이 모두 갖추어졌을 것이다. 반대로, 초보자라면 자격 있는 지도자의 지도 없이는 절대 이 장에 나오는 머리서기를 시도하지 말아야 한다.

아도 무카 슈바나아사나에서 숨을 내쉬며, 무릎을 바닥에 대고, 묵타 하스타 쉬르샤아사나 A의 쉬운 준비 자세로 내려온다. 가급적 다리를 곧게 편 상태에서는 팔 위치를 바꾸지 않도록 한다. 머리와 목에 불필요한 무게와 압박이 지나치게 가해질 수 있기 때문이다. 무릎을 바닥에 댄 상태에서, 손바닥이 천장을 향하게 뒤집고 팔을 곧게 편 다음, 다리를 쭉 펴서 묵타 하스타 쉬르샤아사나 B의 준비 자세로 들어간다 (사진 9.4).

손바닥이 천장을 향해 있고 손등이 바닥을 누르고 있으니, 손끝으로 바닥을 누르면 손가락 끝의 등과 손톱으로 바닥을 누르게 된다. 손은 어깨와 정렬하여

사진 9.5

손가락을 활짝 펼친다. 손가락 끝과 손목으로 바닥을 누른다. 손가락 끝까지 강하게 뻗어 어깨를 늘이며 강하게 만들어 준다. 어깨세모근(삼각근), 돌림근(회전근), 넓은등근(광배근)과 앞톱니근(전거근)을 단단하게 만들어 준다. 한번 어깨 위치가 고정되면, 자세를 취하는 내내 흔들리지 않게 한다. 어깨의 힘과 조정으로 움직임을 구현해야 한다.

준비 자세에서 고관절을 접고, 골반 기저근과 코어 근육을 조여 다리를 들어 올린다. 뛰거나 한 다리씩 들어 올리지 않는다. 다리가 90도까지 올라와 바닥과 평행해지면 꼬리뼈를 말아 넣기 시작하며, 넓적다리를 조인 상태에서 발끝을 천장 쪽으로 뻗어 묵타 하스타 쉬르샤아사나 B(사진 9.5)를 완성한다. 모든 근육을 안으로 그리고 위로 끌어올려 몸의 중심선을 잡아 준다. 몸무게를 어깨나 목에 확 싣지 않는다. 온몸을 들어 올리며, 자세에 필요한 힘을 골고루 써 준다.

다섯 번 호흡한 뒤, 중심선에 맞추어 균형을 유지하며, 숨을 내쉬면서 양손을 묵타 하스타 쉬르샤아사나 A 위치로 전환한다. 계속 숨을 내쉬면서, 앞에서 설명한 방법대로 차투랑가 단다아사나로 점프 백을 한다. 숨을 들이쉬며 몸을 앞으로 굴려 우르드바 무카 슈바나아사나로 들어가고, 숨을 내쉬며 몸을 뒤로 굴려 아도 무카 슈바나아사나로 들어간다.

묵타 하스타 쉬르샤아사나 Mukta Hasta Sirsasana C
열린 손 / 지지받지 않는 머리서기

드리쉬티: 나사그라이(코끝)

아도 무카 슈바나아사나에서 숨을 내쉬며, 무릎을 바닥에 대고, 묵타 하스타 쉬르샤아사나 A의 첫 번째 쉬운 준비 자세로 내려온다. 손바닥을 바닥에 댄 채 팔을 양옆으로 뻗어 준다. 원칙적으로 양손이 귀와 같은 선에 정렬되어야 하지만, 이렇게 하기는 매우 어렵다. 그러니 이 자세를 처음 시도하거나 아직 균형이 안정적이지 않다면, 양손을 조금 머리 앞에 짚되 귀와 같은 선에 최대한 가까운 곳에 짚어 준다. 다리를 세워 준비 자세로 올라온다(사진 9.6). 손가락 끝으로 바닥을 가볍게 움켜쥐고, 양 손바닥으로는 바닥을 최대한 단단히 누른다.

손가락을 활짝 뻗어 내고, 어깨를 늘이며 강하게 만들어 준다. 팔로 밀거나 당기지 말고, 그저 팔이음뼈(어깨뼈와 빗장뼈)를 단단하게 만들어 제

사진 9.6

사진 9.7

자리에 고정시킨다. 어깨세모근(삼각근), 돌림근(회전근), 넓은등근(광배근)과 앞톱니근(전거근)을 단단하게 만들어 준다. 한번 어깨가 안정되면, 이 움직임을 하는 내내 어깨가 흔들리지 않게 한다. 바로 앞의 자세와 마찬가지로 어깨의 힘과 조정으로 움직임을 구현해야 한다.

고관절을 접어 몸을 앞으로 이동하고, 골반 기저근과 코어 근육을 조이고, 숨을 들이쉬면서 다리를 들어 올리며 완성 자세를 준비한다. 뛰거나 한 다리씩 들어 올리지 않는다. 묵타 하스타 쉬르샤아사나 C에서 균형 잡기는 인터미디어트 시리즈의 일곱 가지 머리서기 중 가장 어렵다. 이 자세를 수련하는 동안 침착한 태도를 유지하면 도움이 될 것이다. 너무 강한 힘으로 몸을 던져 올리지 말고, 대신에 길고 고른 들숨에 맞추어 다리를 들어 올린다. 다리가 90도까지 올라와 바닥과 평행해지면 꼬리뼈를 말아 넣기 시작하고, 넓적다리를 조인 상태에서 발끝을 천장 쪽으로 뻗어 묵타 하스타 쉬르샤아사나 C(사진 9.7)를 완성한다.

손가락과 골반 기저근을 써서 균형을 잡는다. 등을 젖히지 말고, 모든 근육을 안으로, 위로 끌어올려 몸의 중심선을 잡아 준다. 몸무게를 어깨나 목에 확 싣지 않는다. 온몸을 들어 올리며, 자세에 필요한 힘을 골고루 써 준다.

다섯 번 호흡한 뒤, 중심선에 맞추어 균형을 유지하며, 숨을 내쉬면서 양손을 묵타 하스타 쉬르샤아사나 A 위치로 전환한다. 계속 숨을 내쉬면서, 앞에서 설명한 방법대로 차투랑가 단다아사나로 점프 백을 한다. 숨을 들이쉬며 몸을 앞으로 굴려 우르드바 무카 슈바나아사나로 들어가고, 숨을 내쉬며 몸을 뒤로 굴려 아도 무카 슈바나아사나로 들어간다.

사진 9.8

밧다 하스타 쉬르샤아사나 Baddha Hasta Sirsasana A
잡은 손 머리서기
드리쉬티: 나사그라이(코끝)

아도 무카 슈바나아사나에서 숨을 내쉬며, 무릎을 바닥으로 낮춘다. 팔을 구부려 양 팔꿈치를 어깨와 정렬하여 바닥에 댄다. 손바닥을 연 채로 양손을 깍지 끼고, 양 팔꿈치와 손으로 견고한 삼각대 모양 기반을 만들어 준다. 어깨세모근(삼각근)을 단단하게 하고, 돌림근(회전근)을 활성화하며, 넓은등근(광배근)을 조여 준다. 기반을 이루는 어깨, 팔꿈치, 손의 위치가 매우 편안한 수련자는 아도 무카 슈바나아사나에서 무릎을 바닥에 대지 않고 곧바로 연결하여 들어갈 수 있다. 더 편안한 방식이 필요하거나 원하는 수련자는 무릎을 바닥에 대고 자세 기반을 만들면 된다.

팔꿈치와 손을 바닥에 안정시켰으면, 정수리를 바닥에 대고, 손바닥이 열린 상태로 뒤통수를 감싸 준다. 다리를 세우면서 골반 바닥을 들어 올리며 몸의 내부 공간으로 들어간다. 아랫배를 끌어당겨 골반 안을 비워 내고, 발을 몸 쪽으로 최대한 가까이 걸어 들어와 자세를 준비한다 (사진 9.8). 숨을 들이쉬며 고관절을 접고, 무게 중심을 앞으로 팔 기반 위로 보내, 다리와 발이 천천히 바닥에서 들리게 한다. 무릎뼈를 끌어올려 다리를 활성화한다.

다리가 90도까지 올라와 바닥과 평행해지면 꼬리뼈를 말아 넣기 시작하고, 다리를 중심선으로 모아 준다. 발끝을 천장 쪽으로 강하게 뻗어 내고, 온몸의 힘으로 들어 올려 밧다 하스타 쉬르샤아사나 A에서 균형을 잡는다(사진 9.9). 전통 아쉬탕가 요가의 수련 방법을 잘 따라온 대다수 수련자에게는 이 자세가 쉽게 느껴질 것이다. 프라이머리 시리즈의 '마치는 자세'에 포함된 머리서기와 같은 자세이기 때문이다.

다섯 번 호흡한 뒤 점프 백 할 준비를 한다. 밧다 하스타 쉬르샤아사나 A에서 균형을 유지하며, 묵타 하스타 쉬르샤아사나 A에서 설명한 삼각대 위치로 양손을 이동한다. 자세에서 나올 때는 손을 움직이지 않는다. 내려가는 동안 어깨가 움직이면 위태로워지기 때문이다. 먼저 손 위치를 바꾼 뒤, 숨을 내쉬면서 앞에서 설명한 방법대로 차투랑가 단다아사나로 점프 백을 한다. 숨을 들이쉬며 몸을 앞으로 굴려 우르드바 무카 슈바나아사나로 들어가고, 숨을 내쉬며 몸을 뒤로 굴려 아도 무카 슈바나아사나로 들어간다.

이렇게 빠져나오는 방법은 앞선 머리서기들과 같은 움직임인데, 머리 뒤에서 깍지 낀 손을 움직여야 하기 때문에 어렵게 느끼는 수련자도 있다. 이 움직임이 어려우면, 준비 자세에서 깍지 낀 손가락을 푸는 연습을 하면 도움이 되며, 이 움직임 패턴을 근육이 기억하게 될 것이다. 처음에는 손을 이동할 때 다른 사람의 보조를 받

사진 9.9

는 것도 유용한 방법이다. 몇 차례 성공하면 자신의 경험에 기반한 경험적 근거에 따라 자신감이 생길 것이다. 이 자세는 벽에 너무 가까이 붙어서 하지 않도록 한다. 점프 백에 성공한 뒤 곧바로 빈야사를 이어 갈 공간이 필요하기 때문이다.

밧다 하스타 쉬르샤아사나 Baddha Hasta Sirsasana B
잡은 손 머리서기
드리쉬티: 나사그라이(코끝)

밧다 하스타 쉬르샤아사나 B는 보기보다 훨씬 쉬운 자세다. 특이한 팔 위치 때문에 심리적으로 위축될 필요는 없다. 팔이음뼈(어깨뼈와 빗장뼈)와 코어 근육의 힘을 유지한다면, 다른 머리서기와 마찬가지로 수월할 것이다. 불안하거나 두려운 감정이 올라오면 스스로를 다독이고 내면의 명상적 자각을 이용해 평정심을 유지하자.

아도 무카 슈바나아사나에서 숨을 내쉬며, 무릎을 바닥으로 낮춘다. 팔을 구부려 양 팔꿈치를 어깨와 같은 선상에 정렬하여 바닥에 댄다. 오른손의 손가락으로 왼팔의 위쪽 두 갈래근(이두근)을 감아 위팔 세 갈래근(삼두근) 바깥쪽을 잡아 준다. 왼팔은 오른 아래팔 위로 꿰어, 왼손의 손가락이 오른 팔꿈치 안쪽으로 오게 한다. 왼손의 손가락으로는 잡지 말고 바깥쪽으로 뻗어 내며 단단하게 만들어 왼손 등으로는 오른팔을 누르고, 오른 손바닥으로는 왼팔을 팔꿈치 관절 바로 위와 뒤에서 눌러 준다.

팔꿈치를 바닥에 강하게 누르고 손가락을 견고하게 유지하여 안정된 기반을 만든다. 손을 이용하여 팔꿈치 관절을 누른다. 팔의 위치는 다르지만, 근육 사용과 팔이음뼈(어깨뼈와 빗장뼈)의 조임은 같다. 어깨세모근(삼각근), 돌림근(회전근), 넓은등근(광배근)을 조여 단단하게 유지한다. 머리는 앞 자세와 같은 위치로 팔꿈치 앞 바닥에 대되, 양 팔꿈치와 정수리가 삼각대 모양 기반을 이루게 한다. 양손을 팔 위로 접어 올리기는 했지만, 실제 삼각대 기반의 비율은 같다.

정수리를 앞쪽에 얼마나 멀리 대야 하는지 모르겠다면, 밧다 하스타 쉬르샤아사나 A에서 정수리와 팔꿈치 위치를 표시한 뒤, 모든 밧다 하스타 쉬르샤아사나 변형에서 그 표시에 맞추어 준다. 이 변형에서는 머리를 아래팔에 댈 필요가 없지만, 양 팔꿈치에서 정수리까지 거리는 같게 하여, 자세와 몸무게를 지탱하는 어깨 기반을 견고하게 만들어야 한다. 이 기반이 잡히고, 목이 몸의 중심선과 정렬되고 어깨로 지지받는다는 확신이 들면, 자세를 시도할 준비가 된 것이다.

사진 9.10

사진 9.11

    몸 내부 공간으로 골반 바닥을 들어 올리며 다리를 세워 펴 준다. 아랫배를 끌어
당겨 골반 안을 비워 내고, 발끝으로 최대한 가까이 걸어와 자세를 준비한다(사진
9.10). 숨을 들이쉬며 고관절을 접어 무게중심을 앞으로, 팔 기반 위로 보내고, 다리
와 발이 천천히 바닥에서 들리게 한다. 무릎뼈를 끌어올려 다리를 활성화한다. 다
리가 90도까지 올라와 바닥과 평행해지면 꼬리뼈를 말아 넣고 다리는 몸 중심선을

따라 모아 끌어올린다. 발끝을 천장으로 힘 있게 뻗어 내고, 온몸의 힘으로 들어 올려 밧다 하스타 쉬르샤아사나 B의 균형을 잡아 준다(사진 9.11).

다섯 번 호흡한 뒤, 점프 백 할 준비를 한다. 밧다 하스타 쉬르샤아사나 B의 균형을 유지하며, 묵타 하스타 쉬르샤아사나 A에서 설명한 삼각대 위치로 손을 이동한다. 자세에서 나올 때는 손을 이동하지 않아야 한다. 내려가는 동안 어깨가 움직이면 위태로워지기 때문이다. 먼저 손 위치를 바꾼 뒤, 숨을 내쉬면서 앞에서 설명한 방법대로 차투랑가 단다아사나로 점프 백을 한다. 숨을 들이쉬며 몸을 앞으로 굴려 우르드바 무카 슈바나아사나로 들어가고, 숨을 내쉬며 몸을 뒤로 굴려 아도 무카 슈바나아사나로 들어간다.

밧다 하스타 쉬르샤아사나 Baddha Hasta Sirsasana C
잡은 손 머리서기

드리쉬티: 나사그라이(코끝)

어깨가 다소 뻣뻣한 수련자에게 밧다 하스타 쉬르샤아사나 C는 보기보다 어렵게 느껴질 수 있다. 앞선 머리서기보다 쉬워 보이지만, 제대로 몸을 들어 올리려면 상당한 어깨 유연성이 필요하다. 인터미디어트 시리즈의 후굴 자세를 어렵지 않게 할 수 있으면, 밧다 하스타 쉬르샤아사나 C에서 어깨 유연성은 문제 되지 않을 것이다.

아도 무카 슈바나아사나에서 숨을 내쉬며, 무릎을 바닥으로 낮춘다. 팔을 구부려 양 팔꿈치를 어깨와 같은 선상에 정렬하여 바닥에 댄다. 핀차마유라아사나에서처럼 손목을 팔꿈치와 같은 선상에 정렬하여 앞에 둔다. 팔 위치는 다르지만, 요구되는 근육 사용과 팔이음뼈(어깨뼈와 빗장뼈)의 조임은 같다. 어깨세모근(삼각근), 돌림근(회전근), 넓은등근(광배근)을 조여 단단하게 유지한다. 머리는 앞 자세와 같은 위치로 팔꿈치 앞 바닥에 대되, 양 팔꿈치와 정수리가 삼각대 모양 기반을 이루게 한다. 손을 앞으로 뻗고 있지만, 실제 삼각대 기반의 비율은 같다. 손가락으로 바닥을 움켜잡거나 손가락이 너무 머리에 가깝지 않도록 한다. 팔꿈치를 바닥으로 견고하게 누른다. 어깨가 경직되어 있으면, 자세로 들어가려고 시도할 때 팔꿈치가 바닥에서 뜨려고 할 것이다. 이를 방지하려면 팔이음뼈(어깨뼈와 빗장뼈)를 조여 안정성을 유지하면서, 위팔 세 갈래근(삼두근)을 늘여 준다.

몸 내부 공간으로 골반 바닥을 들어 올리며 다리를 세워 쳐 준다. 아랫배를 끌어

사진 9.12

사진 9.13

당겨 골반 안을 비워 내고, 발끝으로 최대한 가까이 걸어와 자세를 준비한다(사진 9.12). 숨을 들이쉬며 고관절을 접어 무게중심을 앞으로, 팔 기반 위로 보내고, 다리 와 발이 천천히 바닥에서 들리게 한다. 다리가 90도까지 올라와 바닥과 평행해지 면, 꼬리뼈를 밀어 넣고 다리는 몸 중심선을 따라 모아 끌어올린다. 발끝을 천장으 로 힘있게 뻗어 내고, 온몸의 힘으로 들어 올려 밧다 하스타 쉬르샤아사나 C의 균형을 잡는다(사진 9.13).

다섯 번 호흡한 뒤, 점프 백 할 준비를 한다. 밧다 하스타 쉬르샤아사나 C의 균형을 유지하며, 묵타 하스타 쉬르샤아사나 A에서 설명한 삼각대 위치로 손을 이동한다. 자세에서 나올 때는 손을 이동하지 않아야 한다. 내려가는 동안 어깨가 움직이면 위태로워지기 때문이다. 먼저 손 위치를 바꾼 뒤, 숨을 내쉬면서 앞에서 설명한 방법대로 차투랑가 단다아사나로 점프 백을 한다. 숨을 들이쉬며 몸을 앞으로 굴려 우르드바 무카 슈바나아사나로 들어가고, 숨을 내쉬며 몸을 뒤로 굴려 아도 무카 슈바나아사나로 들어간다.

밧다 하스타 쉬르샤아사나 Baddha Hasta Sirsasana D
잡은 손 머리서기

드리쉬티: 나사그라이(코끝)

밧다 하스타 쉬르샤아사나 D는 인터미디어트 시리즈의 마지막 자세다. 이 시리즈를 꾸준히 수련해 왔다면 이 자세를 좋아하게 될 것이다. 인터미디어트 시리즈의 힘든 수련 여정이 끝나 감을 알려 주기 때문이다. 물론, 아직 후굴과 마치는 자세가 남아 있으니 수련이 완전히 끝난 것은 아니지만, 그래도 이 자세는 주목할 만한 이정표가 된다. 얼마나 오래 수련을 해 왔든 이 지점에 이르면, 그동안 요가 수련에 쏟아 부은 자신의 모든 고된 노력을 스스로 알아주고 축하해 주는 시간을 가져 보자.

매일의 수련은 영적인 요가 여정에서 또 한 걸음 나아가는 것이다. 매일, 매 수련에 진심으로 감사하는 법을 배운다면, 자세 하나하나에 진심으로 감사하게 되고, 요가에서 배운 것들이 당신의 존재를 이루는 독특한 모습에 깊게 스며들 것이다. 오래 수련할수록, 아무것도 당연한 것으로 여기지 않아야 한다는 점을 기억하고, 요가의 마법이 가슴속에 평생 살아 있도록 매 자세를 새로운 눈으로 보겠다는 선택을 하는 게 좋을 것이다.

이 자세는 팔꿈치로 균형을 잡고 있어야 하지만 보기보다 쉽다. 의외로 팔꿈치는 머리서기에서 견고한 받침이 되고, 머리로도 바닥을 누르기만 한다면, 균형 잡기가 비교적 쉬운 편이다. 아쉬탕가의 네 번째 시리즈에 샤야나아사나(매달린 자세)가 나오는데, 이 자세는 오로지 팔꿈치로만 균형을 잡기에 불가능에 가까울 정도로 어렵다. 지금 자세에서 팔이음뼈(어깨뼈와 빗장뼈)의 바른 정렬을 유지하면 그야말로 도전적인 그 자세를 언젠가는 시도할 수 있는 기반이 될 것이다.

아도 무카 슈바나아사나에서 숨을 내쉬며, 무릎을 바닥으로 낮춘다. 팔을 구부려 양 팔꿈치를 어깨와 같은 선상에 정렬하여 바닥에 댄다. 핀차마유라아사나에서처럼 손목을 팔꿈치와 같은 선상에 정렬하여 앞에 둔다. 팔 위치는 다르지만, 요구되는 근육 사용과 팔이음뼈(어깨뼈와 빗장뼈)의 조임은 같다. 어깨세모근(삼각근), 돌림근(회전근), 넓은등근(광배근)을 조여 단단하게 유지한다. 머리는 앞 자세와 같은 위치로 팔꿈치 앞 바닥에 대되, 양 팔꿈치와 정수리가 삼각대 모양 기반을 이루게 한다. 머리를 바닥에 댄 다음, 팔꿈치를 구부려 손바닥을 등세모근(승모근)에 얹고, 가능하면 새끼손가락을 목뼈(경추)의 시작 부분에 맞추어 준다. 손으로 근육을 움켜잡지 말고, 손가락을 위로 뻗어 올리며, 손은 몸통의 선을 따라 덮어 주면 된다. 팔꿈치로 바닥을 눌러 견고한 기반을 만들고 어깨 힘을 유지해 준다.

몸 내부 공간으로 골반 바닥을 들어 올리며 다리를 세워 펴 준다. 아랫배를 끌어당겨 골반 안을 비워 내고, 발끝으로 최대한 가까이 걸어와, 앞에서 설명한 방법으로 자세를 준비한다.

숨을 들이쉬며 고관절을 접고, 무게중심을 앞으로, 팔 기반 위로 보내고, 다리와 발이 천천히 바닥에서 들리게 한다. 무릎뼈를 끌어올려 다리를 활성화한다. 다리가 90도까지 올라와 바닥과 평행해지면, 꼬리뼈를 말아 넣고 다리는 몸 중심선을 따라 모아 끌어올린다. 발끝을 천장으로 힘있게 뻗어 내고, 온몸의 힘으로 들어 올려 밧다 하스타 쉬르샤아사나 D의 균형을 잡아 준다(사진 9.14).

다섯 번 호흡한 뒤, 점프 백 할 준비를 한다. 밧다 하스타 쉬르샤아사나 D의 균형을 유지하며, 묵타 하스타 쉬르샤아사나 A에서 설명한 삼각대 위치로 손을 이동한다. 자세에서 나올 때는 손을 이동하지 않아야 한다. 내려가는 동안 어깨가 움직이면 위태로워지기 때문이다. 먼저 손 위치를 바꾼 뒤, 숨을 내쉬면서 앞에서 설명한

사진 9.14

방법대로 차투랑가 단다아사나로 점프 백을 한다. 숨을 들이쉬며 몸을 앞으로 굴려 우르드바 무카 슈바나아사나로 들어가고, 숨을 내쉬며 몸을 뒤로 굴려 아도 무카 슈바나아사나로 들어간다.

10

후굴과 물구나무서기

어느 시리즈를 수련하든 후굴과 후굴 내려가기(드랍백)는 아쉬탕가 요가 수련의 기본 요소다. 인터미디어트 시리즈에서 마지막 자세(그 자세가 무엇이든)를 끝내면, 곧바로 우르드바 다누라아사나(사진 10.2)와 후굴 내려가기(드랍백, 사진 10.6)로 나아가 수련의 후굴 구간을 마쳐야 한다. 모든 아쉬탕가 요가 수련에서 후굴은 파스치마따나아사나(사진 10.12)로 마무리되고, 곧바로 마치는 자세로 연결된다.

인터미디어트 시리즈 수련을 시작하는 데 필요한 첫째 조건 중 하나는 후굴 시퀀스(드랍백 포함)의 바른 수행이다. 그러니 원칙적으로 모든 수련자는 이 장에서 설명하는 움직임을 이미 할 수 있어야 한다. 만약 후굴 내려가기(드랍백)와 후굴 올라오기(컴업)가 처음이라 더 자세한 설명이 필요하면, 《아쉬탕가 요가의 힘》 1권에서 모든 단계의 수련자를 위해 깊이 있는 기술적 설명을 제공하고 있으니 참조하기 바란다. 인터미디어트 시리즈 수련자라면 후굴을 심화하는 데에 중점을 두어야 한다.

만일 프라이머리 시리즈를 수련하면서 티띠바아사나에 이르는 인터미디어트 시리즈의 앞부분을 추가하고 있다면, 손으로 발목을 잡는 티리앙 무코따나아사나 A(강하게 늘이는 후굴 A; 사진 10.10)라는 깊은 후굴 자세를 통해 후굴을 심화하는 것이 가장 좋다. 혼자 해도 좋고 지도자의 도움을 받아도 좋다. 이 장에서 자세한 설명이 제공된다. 만일 핀차마유라아사나와 뒤의 자세까지 진도를 나갔다면, 아도 무카 브릭샤아사나(사진 10.7), 비파리타 차크라아사나(뒤집힌 바퀴 자세; 사진 10.9), 타라스바아사나(전갈 물구나무서기, 사진 10.8) 및 티리앙 무코따나아사나 B(사진 10.11)를 포함하는 아쉬탕가 요가의 상급 후굴 루틴 전체를 추가할 준비가 된 것이다. 이는 고난도 복합 시퀀스로서 지도자의 도움을 받아 한 번에 수련해도 좋고, 혼자 할 수 있게 작은 단계로 나누어 접근해도 좋다. 여기에서는 두 방법 모두 설명한다.

물구나무서기는 핀차마유라아사나를 시작한 이후부터 수련에 포함하는 것이 적절하다. 물구나무서기를 너무 일찍 연습하기 시작하면, 몸이 미처 준비되지 않아서 부상으로 이어질 수도 있고, 몸이 너무 경직되거나 긴장되어 진도를 나가기 어려울 것이다. 이처럼 물구나무서기를 매일 수련에 포함하는 시기를 늦출 때는 빈야사를 할 때 사용되는 들어 올리기(리프트 업)나 절반 물구나무서기도 함께 늦추는 편이 좋다. 만일 당신이 아쉬탕가 요가 전통을 따라 수련하고 있다면, 인내심을 가지고, 주어지는 자세를 수련하며, 이 여정에 겸손하게 헌신해 보자.

물구나무서기 연습은 일견 재미있고 신나 보이지만, 거의 매일 해야 하다 보면 결국 신선한 재미는 약해지고, 수련에서 꽤 어려운 부분으로 다가올 것이다. 그러나 이를 통해 몸과 마음의 내적 자각을 기를 수 있다. 이 자세들을 매일 수련하기 시작했으면 꾸준히 지속하는 것이 중요하다. 컨디션 좋은 날에만 어려운 자세를 시도하면 진척이 더딜 것이다. 수련의 다른 부분과 마찬가지로 이 자세들도 날마다 의식처럼 치르면서 매일 수련의 일부로 자리 잡게 해야 한다. 이 추가 자세들을 마지막에 해도 되고 안 해도 되는 선택 사항이 아니라, 수련의 고정적인 부분으로 대해 보자. 만일 수련의 가장 어려운 부분을 생략할 수 있는 선택지를 자신에게 주어 버리면, 힘든 후굴 자세를 건너뛰고 '마치는 자세'로 넘어가고 싶은 강한 유혹에 자주 빠지게 될 것이다. 무슨 일이든지 매일 수련하면 자연히 잘하게 된다. 반면에 무슨 일이든지 가끔씩만 수련하면 어쩌다 한 번씩만 발전하게 될 것이다. 자신에게 그만둘 선택지를 주지 않으면, 어느 날 성공할 것이다.

우르드바 다누라아사나와 드랍백
위로 향한 활 자세와 후굴 내려가기
드리쉬티 : 나사그라이(코끝)

사진 10.1

아도 무카 슈바나아사나에서 숨을 들이쉬며 점프 스루 하여 눕는다. 숨을 내쉬며, 무릎과 팔꿈치를 구부려 우르드바 다누라아사나를 준비한다. 두 발은 평행하게 유지하고, 양손을 어깨 밑에 짚어 팔꿈치와 손목, 어깨가 정렬되게 한다(사진 10.1). 숨을 들이쉬며, 바닥에서 몸을 들어 올려 완전한 우르드바 다누라아사나로 들어간다(사진 10.2). 고관절을 안으로 회전시키

사진 10.2

고, 엉덩근육(둔근)을 이완시켜 엉치엉덩관절(천장관절) 안의 공간과 추간판(척추뼈 사이의 디스크) 사이의 공간을 열어 낸다. 팔꿈치를 서로 끌어당기고, 어깨세모근(삼각근)은 손바닥 위로 모아 준다. 엉덩뼈능선(장골능선)과 골반을 위로, 앞으로 밀어 내고, 골반 기저근은 단단하게 조이고, 뒤꿈치로 바닥을 누르며 다리 힘을 써 준다. 자세를 유지하며 다섯 번 호흡한다. 숨을 내쉬면서 정수리를 바닥에 대되, 완전히 내려오지는 않는다(사진 10.3).

팔꿈치가 손, 어깨와 정렬된 상태에서, 손을 발 쪽으로 걷듯이 움직여 자세를 깊게 한다. 손을 발 쪽으로 걷듯이 움직일 때마다 머리, 어깨, 몸통이 손의 움직임을 따라오도록 머리를 들어 가까이 이동시킨다. 숨을 들이쉬며 다시 몸을 들어 올려 우르드바 다누라아사나로 돌아온다. 후굴 느낌이 좋고 마음이 안정되면, 뒤꿈치로 바닥을 견고하게 누르면서, 손을 발 쪽으로 걷듯이 움직인다.

자신의 유연성 수준에 따라 1~3번 더 반복한다. 너무 무리하지 않도록 한다. 후굴 느낌이 불편하면, 손으로 걸어 들어오기 위해 허리를 과하게 쓰거나 뒤꿈치를 들어 올리지 않는다. 정자세에서 다섯 번 호흡한 뒤, 숨을 내쉬며 몸을 내려 정수리를 바닥에 대고 한 호흡 동안 유지한다(사진 10.3). 머리를 발 가까이 조금 이동하고, 손이 따라오게 한다. 숨을 들이쉬며 다시 몸을 들어 올려 마지막 우르드바 다누라아사나로 돌아온다. 뒤꿈치를 바닥에

사진 10.3

서 들어 올리거나 척추를 압박하지 않으면서, 손을 걷듯이 움직여 최대한 발가까이 가져온다.

적어도 다섯 번 호흡한 뒤, 머리 및/또는 몸을 바닥에 다시 대지 말고, 골반을 앞으로 보내고 다리 기반으로 단단하게 누르며 몸통과 머리가 그 움직임을 따라 앞으로, 위로 움직이게 하여, 숨을 들이쉬면서 우르드바 다누라아사나에서 바로 일어선다. 어떤 수련생들에게는 마지막 우르드바 다누라아사나에서 일어서는 것이 어렵게 느껴질 수 있다. 전통에 따른 세 번의 아쉬탕가 요가 후굴은 상당한 지구력을 요구하기 때문이다. 이 세 번의 후굴이 끝나갈 때 넓적다리가 타는 듯하고 호흡이 거칠어지는 경우가 드물지 않을 것이다. 그런 경우에는 선 자세로 올라올 때 손가락 끝을 바닥에 짚고 올라오면, 무게가 앞으로, 발로 이동되어 선 자세로 올라오는 데 도움이 될 것이다(사진 10.4).

선 자세로 올라오면, 이제 우르드바 다누라아사나로 내려가고(드랍백) 올라와야(컴업) 한다. 이 동작을 빠른 속도로 세 번 연결하여 수행하는 것이 전통 방식이지만, 많은 수련자는 각 내려가기(드랍백) 사이에 잠시 호흡을 가다듬을 시간이 더 필요하다. 완벽한 틀에 맞추기 위해 과정을 서두르는 것보다 자신의 신경계를 계속 의식하며 조절하는 것이 더 중요하다. 내면의 경험을 계속 알아차리자.

사진 10.4

사진 10.5

사진 10.6

두 발은 골반 너비로 벌려 평행하게 한다. 양손은 가슴 중앙에서 합장한다(사진 10.5). 팔을 머리 위로 뻗으며 팔꿈치를 편다. 골반을 앞으로 보내, 늘어난 척추와 팔의 무게와 균형을 맞추어 준다. 척추를 강하게 뒤로 활처럼 구부려 척추 마디 사이에 공간을 만들어 낸다. 몸 내부 깊숙이 공간을 만들기 위해 이 자세로 필요한 만큼 오래 머무른다(사진 10.6).

매트가 시야에 들어오면, 뒤꿈치를 바닥에 밀착시키고, 무릎을 가볍게 구부리고, 숨을 내쉬면서 우르드바 다누라아사나로 내려간다(드랍백). 만일 손이 뒤꿈치에서 멀리 착지하면, 다시 일어서기(컴업) 전에 손을 발 쪽으로 조금 걷듯이 움직여 들어오는 것이 좋다. 필요하면, 우르드바 다누라아사나에서 잠시 쉬면서 다시 숨과 반다와 연결되는 시간을 잠시 가져 보자. 하지만 만일 후굴이 열리고 견고한 느낌이라면, 숨을 들이쉬면서 바로 선 자세로 다시 올라온다. 이 움직임을 두 번 더 반복한다.

인터미디어트 자세 중 핀차마유라아사나 이전의 어느 자세까지 진도를 나갔다면, 바로 티리앙 무코따나아사나 A와 파스치마따나아사나로 간다. 자격 있는 지도자의 도움을 받아도 좋고 혼자 해도 좋다. 자세한 방법은 이 장에 소개되어 있다. 핀차마유라아사나 또는 그 이후 자세까지 수련이 진행되었다면, '틱톡(Tic-Toc)'이라는 일련의 강력한 물구나무서기와 후굴 자세를 수련하기 시작해야 한다. 각 자세와 움직임에 대한 기술적 지침이 포함된 요약 설명을 아래에서 제공한다. 혼자 자세를 익히는 중이라서 움직임을 단계별로 나눌 필요가 있는 수련자를 위한 설명도 함께 제공한다.

틱톡

마지막으로 우르드바 다누라아사나로 내려갔다가(드랍백) 올라온(컴업) 다음, 매트 뒤쪽에 선다. 길이를 단축한 짧은 아도 무카 슈바나아사나 위치에 양손을 짚고, 팔이음뼈(어깨뼈와 빗장뼈)와 코어 근육을 단단하게 만들고, 다리는 꽉 붙여 유지한다. 숨을 들이쉬며 뛰어올라 아도 무카 브릭샤아사나(사진 10.7)로

사진 10.7

사진 10.8

들어가서, 발을 머리 쪽을 향해 앞으로 뻗어 내며 타락스바아사나(사진 10.8)로 전환한다. 타락스바아사나를 유지하지 말고, 그냥 부드럽게 자세를 통과하여 움직인다. 발이 머리에 닿지 않으면, 그냥 머리 가까이 가져온다. 숨을 내쉬면서 가볍게 착지하여 우르드바 다누라아사나로 들어간다(사진 10.2). 숨을 들이쉬며 다시 팔로 받치면서 뛰어올라, 타락스바아사나를 지나 아도 무카 브릭샤아사나로 갔다가 시작 자세로 돌아온다. 이 움직임을 두 번 더 반복한다.

다음에는 숨을 들이쉬며 뛰어올라 아도 무카 브릭샤아사나로 들어간다. 이번에는 발끝을 머리 쪽으로 가져가지 않는다. 대신, 다리를 편 채로 등을 최대한 길게 늘이면서, 발은 머리에서 멀리 뻗어 낸다(사진 10.9). 척추 신전을 최대한 심화하며, 머리를 들고 어깨는 뒤로 이동시킨다. 여기서 너무 오래 머물지 말고, 그냥 균형점을 부드럽게 지나간다. 숨을 내쉬며 가볍게 착지하여 우르드바 다누라아사나로 들어간다. 숨을 들이쉬며 바로 일어선다. 다시 매트 뒤로 돌아간다. 이 물구나무서기 드랍오버(handstand drop over)를 두 번 더 반복하여 총 세 번 해 준다. 그 다음, 숨을 들이쉬며 뛰어올라 아도 무카 브릭샤아사나로 들어가고, 발을 앞으로, 머리 쪽으로 가져와 타락스바아사나를 유지하며 다섯 번 호흡한다. 숨을 내쉬며 가볍게 우르드바 다누라아사나로 착지한 뒤, 곧바로 일어선다.

마지막으로, 손으로 발목을 잡거나 다리의 더 높은 위치를 잡아서 티리앙 무코따나아사나 A 또는 B(사진 10.10 및 10.11)로 들어간다. 혼자 해도 좋고 선생님의

사진 10.9

사진 10.10

사진 10.11

도움을 받아도 좋다. 선생님과 수련하고 있다면, 이 후굴 내려가기(드 랍백) 움직임은 선생님의 직접 지도를 받으면서 배우는 것이 가장 좋다. 선생님마다 돕는 방법이 다르니 그 선생님의 방식을 존중해야 한다.

사진 10.12

혼자 수련하고 있으면, 티리앙 무코따나아사나 A 또는 B를 유지하며 다섯 번 호흡한다. 숨을 들이쉬며 선 자세로 돌아온다. 매일 수련할 때는 대개 빈야사를 생략하고 바로 자리에 앉아 다음 자세를 준비해도 무방하다. 아주 깊은 후굴을 했다면, 무릎을 구부려 가슴으로 당기며, 넓적다리를 안으로 모으고, 고관절에서부터 몸을 접어 천천히 앉는다. 그러면 바닥으로 내려가는 동안 등을 천천히 펴낼 수 있다. 자리에 앉은 다음, 다리를 펴고 팔을 앞으로 뻗어, 발바닥 앞에서 양손을 깍지 낀다. 그러나 전통 빈야사에 따르면, 수리야 나마스카라 A에서 설명한 것과 같은 방식으로, 사마스티티에서 시작하여 아도 무카 슈바나아사나로 간 다음, 점프 스루 하여 준비 자세로 온다. 만일 자신에게 충분한 힘이 있고 이 전통 빈야사가 도움이 되는 것 같으면, 이 방식을 수련에 포함하면 된다.

앉아서 다리를 뻗은 다음, 숨을 들이쉬며 척추를 길게 늘여 파스치마따나아사나를 준비한다. 숨을 내쉬며 앞으로 숙여 파스치마따나아사나로 들어간다(사진 10.12). 혼자서 또는 선생님의 도움을 받아 이 자세를 유지하며 열 번 호흡한다.

아도 무카 브릭샤아사나 Adho Mukha Vrksasana
거꾸로 선 나무 자세 / 물구나무서기

드리쉬티: 나사그라이(코끝)

아도 무카 브릭샤아사나는 신체 아사나 수련의 성배(聖杯)라고 할 수 있다. 왜냐하면 이 자세는 능숙하게 할 수 있는 사람이 많지 않을 뿐 아니라, 꾸준히 계속 수련하는 사람이라도 거의 항상 더 발전할 여지가 있기 때문이다. 이 자세는 많은 변형 자세가 있고 수많은 전환에 이용되므로 거의 모든 종류의 요가에 등장한다. 요가 외의 다른 신체 수련에서도 견고한 물구나무서기는 힘을 가늠하는 척도가 된다. 이 자세는 또한 건강한 어깨와 코어, 등의 정렬을 판단하는 데 안성맞춤인 시험이기도 하다.

아마도 물구나무서기에 접근하는 아쉬탕가 요가의 가장 독특한 점은 수련 과정에 배치한 순서, 그리고 후굴 시퀀스에 물구나무서기를 포함시킨 점일 것이다. 이 자세들을 여기에, 즉 척추 신전의 한가운데에 배치하면, 정신적, 육체적 힘과 스태미너의 한계가 도전을 받게 된다. 깊은 후굴을 하기 전에 물구나무서기를 하면 더 쉽게 느껴지겠지만, 후굴 수련의 일부로서 지금 물구나무서기를 할 수 있다면 상당한 수준에 이르렀다고 할 수 있다.

마지막 우르드바 다누라아사나에서 일어선 다음, 아도 무카 슈바나아사나로 돌아가서 준비한다. 많은 수련자는 아도 무카 슈바나아사나에서 곧바로 점프하여 아도 무카 브릭샤아사나로 들어가려 할 때 두려움을 느낄 것이다. 길이를 단축한 짧은 아도 무카 슈바나아사나에서 시작하면, 엉덩이를 앞으로 점프하여 팔 기반 위로 보내기가 더 쉬울 것이다. 양쪽 집게손가락 사이, 매트 앞쪽 한 점을 응시한다.

점프하기 전에 충분히 팔과 코어의 기반을 견고하게 해 준다. 어깨세모근(삼각근), 넓은등근(광배근), 앞톱니근(전거근)과 돌림근(회전근)을 조여 주고, 팔꿈치를 펴서 최선을 다해 곧게 유지한다. 아도 무카 브릭샤아사나에서 팔을 구부리기 시작하면, 고치기 어려운 습관이 된다. 어깨 위치를 잡으려면, 먼저 어깨뼈를 등 아래로 끌어내려 목 주위에 공간을 만든다. 그다음, 어깨뼈를 앞으로 가슴우리(흉곽)를 감싸며, 어깨를 들어 올려 공간과 힘을 만들어 준다. 최대한의 길이를 만들기 위해 양팔을 앞으로 쭉 뻗은 수영 선수의 팔처럼, 수련의 맨 첫 호흡인 에캄처럼, 어깨뼈가 자연히 상승할 것이다. 어깨를 들어 올리면서 빗장뼈는 넓게 펴 준다.

앞으로 점프할 준비를 하면서 먼저 어깨와 가슴을 손바닥 위로 이동한다. 점프하거나 점프를 준비하는 동안, 어깨가 손가락 끝보다 앞으로 나가지 않게 한다. 팔이음뼈(어깨뼈와 빗장뼈)의 안정성이 약해지기 때문이다. 어깨가 안정되었다고 느껴지면, 골반의 뿌리까지 깊게 연결시킨다. 숨을 들이쉬면서 엉덩이를 앞으로 점프하여 팔과 상체의 견고한 기반 위로 보낸다. 한 다리를 위로 차올리지 말고, 무릎을 구부려 가슴 쪽으로 당기거나, 다리를 뻗어 바닥과 평행해지도록 들어 올린다. 골반 기저근을 조여, 몸을 90도로 만들어 준다(사진 10.13).

아쉬탕가 요가에서는 두 다리로 동시에 뛰어 아도 무카 브릭샤아사나로 들어가는 방법을 권장한다. 일곱 가지 머리서기에서 90도로부터 수직선을 만들 때와 같은 방법을 적용하여(9장 참조), 꼬리뼈를 말아 두덩뼈(치골) 쪽으로 뻗어 준다. 골반 기저근과 아랫배, 배가로근(복횡근)을 조여 중심축을 향해 당긴다. 넓적다리를 모으고, 엉덩근육(둔근)을 조여 몸을 수직축 따라 펴 준다. 다리가 바닥에서 뜨

사진 10.13

면, 즉시 코어 힘과 연결시켜야 한다. 다리를 편 다음, 넓적다리 힘을 쓰고 발끝을 뻗어 내며 무릎뼈를 끌어올린다. 엉덩이를 앞으로, 기반 위로 이동시킨 후, 잠시 유지하여 안정감을 확인한다. 다음에는 꼬리뼈를 말면서 수직선을 향해 다리를 뻗어 올린다. 넓적다리를 서로 조여 주고, 발끝을 천장으로 뻗어 내어 아도 무카 브릭샤아사나를 완성한다(사진 10.7).

사진 10.14

몸을 최대한 일직선으로 맞추어 준다. 균형을 잡기 위해 등을 활처럼 구부리지 말고, 몸무게를 중심축 따라 골고루 분배한다. 엄지손가락 밑의 뿌리와 불룩한 부분을 바닥에 단단히 누르고, 몸을 앞으로 보내며 집게손가락 관절을 압력을 가해 누른다. 마지막으로, 손가락 끝으로 매트를 살짝 움켜쥔다. 손가락은 너무 활짝 펼치지도, 너무 가깝게 붙이지도 말고, 중립 위치를 유지한다. 손목은 등의 앞선과 평행하게 하여 손이 바깥이나 안쪽으로 돌지 않게 한다.

손과 손가락의 작은 움직임과 골반 기저근의 강력한 조임으로 아도 무카 브릭샤아사나의 균형을 조절할 수 있다. 다리가 등 뒤로 넘어가 버리며 후굴 자세로 내려갈 것 같으면, 손가락 끝으로 바닥을 누르고 꼬리뼈를 말아 준다. 다리가 앞으로 떨어져 버릴 것 같으면, 손꿈치로 바닥을 누르고, 발끝을 매트 앞쪽으로 뻗어 낸다. 손바닥의 중심으로 균형을 유지하고, 몸무게를 좌우에 고르게 분배하며, 호흡을 자유롭게 할 수 있으면 가장 이상적이다.

수직선에 이르렀으면, 어깨를 뻗어 내며 온몸을 힘껏 들어 올린다. 이렇게 안정된 균형을 잡은 다음, 비파리타 차크라아사나로 진행한다. 균형을 잃으면 우르드바 다누라아사나로 넘어가 착지하는 것이 좋다. 그러면 곧바로 이 일련의 자세 중 다음 부분으로 넘어갈 수 있다.

만일 아도 무카 브릭샤아사나에서 뒤로 넘어가는 것이 무섭거나 아직 이 자세에서 균형과 힘을 찾는 연습 중이라면, 천천히 숨을 내쉬면서 다리를 내려 그냥 우따나아사나 또는 드웨 자세(사진 10.14)로 돌아오면 된다.

내려올 때는 같은 움직임을 역순으로 하면 된다. 코어와 어깨 힘으로 누르면서 엉덩이를 뒤로 보낸다. 엉덩이가 바닥으로 내려오고 넓적다리가 가슴 쪽으로 당겨지기 시작하면, 어깨를 앞으로 보내 균형을 잡아 주고, 코어를 조여 내려오는 속도를 조절한다. 이렇게 내려오는 동안 내내 전체 근육 힘을 골고루 써 준다. 비파리타 차크라아사나로 진행하든 우따나아사나로 내려오든, 움직이는 동안 내내 마음이 흔들리지 않게 해야 한다. 그러지 않으면 떨어져 버릴 것이기 때문이다.

물구나무서기 연습에서 멈추면, 여기서 바로 티리앙 무코따나아사나 A로 간다. 그렇지 않다면 아도 무카 브릭샤아사나에서 곧바로 비파리타 차크라아사나로 이어 간다.

효과

어깨가 강해지고 스트레칭 된다.
정신적, 육체적 스태미너가 길러진다.
마음이 집중된다.
코어가 탄탄해진다.
자신감이 향상된다.
우울증이 완화된다.

비파리타 차크라아사나 Viparita Chakrasana
뒤집힌 바퀴 자세
드리쉬티: 변함

아쉬탕가 요가에서 아도 무카 브릭샤아사나는 비파리타 차크라아사나에 포함되어 있다. 앞서 설명한 대로 수직선상에서 균형을 찾은 다음, 내려오지 말고 바로 비파리타 차크라아사나로 진행한다.

아도 무카 브릭샤아사나에서 시선을 매트 앞쪽으로 전환한다. 발끝을 바로 머리 쪽으로 가져가지 말고, 먼저 척추 마디 사이를 최대한 길게 늘여 준다. 다리는 서로 꼭 붙이고, 넓적다리 안쪽을 조이면서 내회전시켜 골반을 안정시킨다(사진 10.9). 등의 힘을 너무 풀어 버리거나 너무 많이 내려가지 않는다. 척추 마디에 압박이 가해질 수 있기 때문이다. 척추 뒷면을 단축하거나, 등근육으로 골반을 머리 가까이 끌어당기지 말고, 척추를 늘이고 신전하는 데 집중한다.

가슴을 들어 올리며 머리를 앞으로 보내면서, 우르드바 무카 슈바나아사나와 같은 느낌을 찾아본다. 팔로 강하게 누르고, 어깨세모근(삼각근)과 어깨는 손바닥 바로 위로 최대한 모아 유지한다. 팔의 기반으로부터 다리를 멀리 뻗어 내고, 이를 이용하여 척추 신전과 가슴의 무게를 상쇄하여 균형을 잡아 준다. 다리를 뻗은 할로 우백(hollow back, 가슴과 엉덩이를 서로 반대되는 방향으로 보내며 등 윗부분의 깊은 후굴을 만든 역자세—옮긴이) 자세를 유지하며 몇 번 호흡한다.

갈 수 있는 깊이까지 간 다음, 다리를 살짝 벌려서 발끝이 머리 쪽으로 가도록 무릎을 구부린다. 여기서 타락스바아사나를 유지할 필요는 없으니 발이 머리에 닿지 않아도 된다. 무릎을 머리 쪽으로 억지로 당기면 오금줄(햄스트링)에 쥐가 날 수 있으니 주의한다. 여기서 무릎을 구부리는 까닭은 그저 움직임을 완수하는 데 필요한 방향으로 움직이도록 도우려는 것이다.

숨을 내쉬며, 바닥에 우르드바 다누라아사나로 착지한다(사진 10.2). 최대한 천천히 부드럽게 착지하는 것이 중요하다. 힘을 풀어 몸을 그냥 떨어뜨려 버리면, 척추에 지나친 압박이 가해지고, 어깨는 앞으로든 뒤로든 움직여 버려서 손바닥과의 정렬을 벗어날 것이다. 어깨를 손바닥 위에 정렬하여 유지하면, 착지하면서 후굴이 깊어지고 어깨가 강해질 것이다. 팔로 누르면서 골반 기저근을 조이면 부드럽게 착지할 수 있다. 무게를 발 쪽으로 쏟아 버리면, 골반 바닥과 어깨(팔이음뼈)의 안정성이 무너진다. 어깨세모근(삼각근)과 손바닥의 정렬을 유지한다.

사진 10.15

충분한 유연성이 뒷받침되면, 척추 신전을 깊게 하여 몸 뒷면에 공간을 만들어 바닥에 가까워지게 한다. 이 추가 공간은 이미 최대로 신전된 등 아랫부분 쪽이 아닌, 등 윗부분과 중간 부분에서 주로 만들어질 것이다. 하지만 척추 유연성이 충분하지 않다면, 머리를 손목 쪽으로 내리되 손가락 끝과 멀어지게 하는 한편, 가슴을 어깨 위로 들어 올려 부드럽게 내려오면서 착지한다. 이렇게 하면 몸이 팔을 축으로 수레바퀴처럼 회전할 수 있게 될 것이다. 착지할 때 어깨를 너무 많이 움직이면, 자세의 중심축에서 벗어나 힘이 아닌 불안전성만 키우게 되니 주의한다. 숨을 내쉬면서 다리를 내려 우르드바 다누라아사나로 들어간다(사진 10.2).

다시 점프하여 아도 무카 브릭샤아사나로 올라와야 하니, 우르드바 다누라아사나에서 너무 오래 머물지 않는다. 오래 머물수록 다시 올라오기 어렵다. 어깨는 손바닥 위에 맞추어 유지한다. 가슴을 뒤로 손목 방향으로 보내려는 경우가 많은데, 그러면 어깨가 과신전되어 아도 무카 브릭샤아사나로 점프하여 돌아갈 때 기반이 불안정해진다.

후굴을 더 깊게 하여 움직임을 시작한다. 머리를 발 쪽으로 뻗어 내며, 등근육을 조이고, 몸 앞면의 스트레치에 집중하며, 손바닥을 바닥에 단단히 누른다. 골반 기저근을 조이고, 몸무게를 발바닥 앞쪽 불룩한 부분과 가능하면 발끝까지 이동시켜 뛰어오를 준비를 한다(사진 10.15). 숨을 들이쉬며 가슴이 어깨 위로 가도록 점프하고, 엉덩이는 따라 올라가게 한다.

이 자세를 처음 시도할 때는 실제로 점프하기 전에 앞뒤로 몇 번 흔들흔들 움직여 보면 도움이 된다. 앞뒤로 움직여 볼 때는 숨을 내쉬면서 몸무게를 발 쪽으로 옮겼다가, 숨을 들이쉬면서 손 쪽으로 몸무게를 보내며 뒤꿈치가 들리도록 움직여 본다. 이 동작을 두 번 반복한 다음, 세 번째 들이쉬는 호흡에 엉덩이를 견고한 팔 기반 위로 점프하여 무릎을 구부리고, 발끝은 정수리 쪽으로 가져간다. 발끝이 바닥에서 떨어지자마자 손으로 최대한 강하게 누르며, 가슴은 앞으로 보내 몸무게를 이동시킨다. 먼저 타락스바아사나에서, 다음에는 다리를 뻗은 할로우백 물구나무서기에서, 마지막으로 아도 무카 브릭샤아사나에서 최대한 균형을 유지해 본다. 숨을 내쉬며 꼬리뼈를 말고, 허리를 말아 가볍게 착지하여 우따나아사나로 돌아온다. 두 번 더 반복한다.

이 자세는 고강도 심혈관 운동이므로 수련에 포함하기 시작하면 상당 기간 지치는 느낌이 들 것이다. 몸무게를 팔 위로 이동시키는 패턴에서 움직임이 시작되어야 한다. 원칙적으로 어깨가 손바닥과 정렬을 유지해야 몸무게가 안전하게 바닥으로 분산될 수 있다. 만일 우르드바 다누라아사나에서 몸을 앞뒤로 움직일 때 몸이 손목 정렬로부터 너무 멀어지면, 아도 무카 브릭샤아사나로 돌아가지 못하거나 움직임이 안정되지 못할 것이다. 너무 세게 점프하면 정렬이 어긋나거나 어깨 안정성을 해칠 수 있으니 주의하자. 인내심을 가지고, 움직임이 익숙해지도록 시간을 주자. 자격 있는 지도자의 도움을 받으면 더 자신 있게 점프 백을 하여 일련의 틱톡 자세들을 완수할 수 있을 것이다.

그런 지도자의 도움이 없으면, 쉬르샤아사나나 핀차마유라아사나에서 점프하는 방법으로 움직임의 '톡' 부분을 좀 더 쉽게 조정해 볼 수 있다. 이 방법을 따르면 아래팔이라는 더 넓은 기반으로 눌러서 어깨의 안정성을 높일 수 있다. 이 두 자세에서 균형 잡기도 더 쉬워 더 안전하게 시도할 수 있고, 이 과정을 통해 아도 무카 브릭샤아사나의 '톡'을 위한 신경계 연결 및 정렬을 익힐 수 있다. 좀 더 쉽게 완화된 움직임을 익힌 다음에 정자세에 도전해 보자. 늘 인내심을 기억하고, 자세에게 충분한 시간을 주어 보자. 너무 강하게 밀어붙이거나 서두르면, 부상을 입거나 감정의 불균형이 찾아올 수 있다.

효과

육체적 지구력이 길러진다.
정신적 집중력과 힘이 길러진다.
심혈관 기능이 향상된다.
어깨와 코어, 넙다리 네 갈래근이 강해진다.

물구나무서기 드랍오버
드리쉬티: 나사그라이(코끝)

물구나무서기 드랍오버(drop over, 물구나무 자세에서 다리를 뒤로 보내 후굴 자세로 착지한 다음 일어서는 움직임)는 이 고난도 후굴 부분에 설명된 움직임 중 아마도 가장 쉽고 할 만한 동작일 것이다. 방 한가운데에서 도움 없이 물구나무서기를 시도해 본 적이 없다면, 이 움직임을 통해 자신감을 기를 수 있다. 이 연습은 자격 있는 지도자의 도움 없이 집에서 혼자 수련하는 사람들에게도 유익하다. 왜냐하면 아도 무카 브릭샤아사나에서 안전하게 내려와 우르드바 다누라아사나로 들어가는 법을 익힐 수 있기 때문이다. 넘어지는 방법을 터득하면 혼자 도전해 볼 자신감이 생긴다.

길이를 단축한 짧은 아도 무카 슈바나아사나에서, 앞선 자세에서 설명한 어깨 위치를 유지한다. 숨을 들이쉬면서 엉덩이를 앞으로 점프하여 견고한 팔의 기반 위로 보낸다. 골반 기저근을 강하게 조여 유지한다. 가능하면 아도 무카 브릭샤아사나에서 몇 번의 호흡 동안 균형을 유지하여 힘을 기른다. 천천히 숨을 내쉬면서, 등을 활처럼 구부려 척추를 깊게 신전해 준다. 아도 무카 슈바나아사나에서 양손 사이 앞쪽을 응시하다가, 매트 앞쪽으로 시선을 옮긴다. 숨을 내쉬며, 앞에서 설명한 할로우백 물구나무서기로 전환한다(사진 10.9).

이 자세에서는 발끝을 정수리로 가져오지 말고 다리를 곧게 편다. 견고한 팔의 기반을 유지하면서, 몇 번의 호흡 동안 자세를 유지하여 중력의 힘으로 척추와 골반이 열리게 한다. 다리를 조이며 멀리 뻗어 낸다. 척추를 최대한 신전했다면, 양쪽 다리와 발을 열고, 팔로 누르고 어깨와 손바닥의 정렬을 유지하며, 숨을 내쉬면서 부드럽게 우르드바 다누라아사나로 착지한다. 뒤꿈치로는 바닥을 단단히 누른다. 착지할 때 몸무게를 발에 지나치게 실어 버리거나 손목에서 너무 멀리 이동하지 않도록 한다. 골반 기저근은 계속 조인다.

움직임을 제어하며 착지했다면, 발이 바닥에 닿자마자 즉시 숨을 들이쉬며 우르드바 다누라아사나에서 일어설 수 있을 것이다. 꼭 필요한 것이 아니라면 더 나은 위치를 잡기 위해 발이나 손을 이동하지 않도록 한다. 일어설 수 있는 완벽한 위치를 찾기보다는 착지한 지점에서 몇 번의 추가 호흡을 하며 안정감을 찾은 뒤 일어난다. 호흡과 자세의 연결을 통한 자연스러운 흐름에 따라 움직임이 이어지게 한다. 두 번 더 하여 총 세 번 반복한다.

틱톡에 숙련된 수련자라도 이 움직임을 매일 수련에 포함하는 것이 좋다. 틱톡과 다소 다른 동작 원리가 적용되며, 등을 늘여 주고 어깨 안정성을 기르는 데 도움이 되기 때문이다. 틱톡이 아직 수월하지 않은 사람들에게는 이 움직임과 틱톡의 우르드바 다누라아사나로 넘어가는 틱 사이에 별 차이가 느껴지지 않을 것이다.

나는 아도 무카 브릭샤아사나에서 균형도 못 잡는 상태에서 이 움직임 수련을 시작했다. 몇 년 동안, 뛰어오르자마자 바로 우르드바 다누라아사나로 떨어져 버리고는 했다. 처음부터 우아하게 제어된 움직임을 하려고 하지는 말자. 넘어지고 실패하고 털썩 떨어질 수 있는 공간을 자신에게 허락하자. 팔이음뼈(어깨뼈와 빗장뼈)의 힘을 유지하고 후굴이 충분히 열려 있어 부드럽게 착지할 수 있는 한, 안전하게 시도할 수 있다. 그러나 등이 경직되어 있다면, 우르드바 다누라아사나로 넘어가 착지할 때 도움을 받는 것이 좋다. 전통에 따라 수련하여 카포타아사나를 충분히 익힌 뒤에 틱톡을 시도하면, 등이 충분히 열려 있어 안전하게 착지할 수 있을 것이다. 무엇보다 긍정적인 태도를 유지하며, 언젠가는 되리라는 스스로에 대한 믿음을 가지는 것이 중요하다.

타락스바아사나 Taraksvasana / 브리쉬치카아사나 Vrschikasana II
타라카에 헌정하는 자세 / 전갈 물구나무서기
드리쉬티: 나사그라이(코끝)

《바마나 푸라나(Vamana Purana)》에 실린 이야기에서, 카르티케야(Kartikeya)는 샥티(Shakti)라는 무기로 악마 타라카(Taraka)를 죽인다. 산스크리트 어 스바(sva)는 자기 자신 및 내면의 힘을 의미한다. 따라서 타락스바아사나는 내적 자각의 완전한 힘을 일깨우는 자세라고 할 수 있다. 때로는 브리쉬치카아사나 II라고도 불리는 이 자세는 육체적으로도, 영적으로도 유익한 강력한 자세다. 타락스바아사나는 아쉬탕가 요가의 다섯 번째 시리즈에서 최소 두 가지 변형으로 나오는데, 이 시리즈의 후굴 구간에서는 양발 끝이 머리에 닿는 자세 한 가지만 하면 된다.

거리를 단축한 짧은 아도 무카 슈바나아사나에서 점프하거나 몸을 들어 올려 아도 무카 브릭샤아사나로 들어간다(사진 10.7). 앞에서 설명한 대로 먼저 수직선상에서 균형을 잡는다. 숨을 내쉬며 물구나무서기 드랍오버의 할로우백 물구나무서기 자세로 전환한다(사진 10.9). 팔의 견고한 기반을 유지하고 다리를 강하게 뻗어 내며, 몇 번 호흡하는 동안 자세를 유지하여 중력에 의해 척추와 골반이 열리게 한다.

이렇게 힘과 유연성이 균형 잡힌 상태에서, 무릎을 구부려 발끝을 정수리 쪽으로 가져간다. 발끝을 뻗어 낸 상태에서 무릎을 약간 벌리되 적어도 엄지발가락은 붙여서, 발끝을 머리 쪽으로 가져가 타락스바아사나로 들어간다(사진 10.8).

고관절 내회전을 유지해야 하므로 무릎을 너무 많이 벌리지는 않는다. 자세에 더 깊게 들어가려고 오금줄(햄스트링)을 조이지는 말고, 대신에 등근육 힘으로 몸을 지지한 상태에서 척추를 신전시키고 고관절을 열어 낸다. 다리는 그저, 발끝을 앞으로 뻗어 내기 위한 노력을 부드럽게 이완하면서 가볍게 구부린다. 발끝을 머리로 가져가려고 무릎을 너무 강하게 구부리면, 오금줄(햄스트링)에 쥐가 나서 자세에서 나와야 할 것이다.

등 전체를 길게 뻗어 내는 느낌을 유지하고, 더 깊게 가려고 척추에 압박을 가하지 않는다. 골반 기저근을 조여 주고, 척추관절 사이에 공간을 만들어 준다. 손으로 바닥을 강하게 누르고, 어깨는 움츠리지 않는다. 가슴을 들어 올리고, 우르드바 무카 슈바나아사나처럼 등 윗부분의 유연성을 이용하여 자세로 더 깊게 들어간다. 발끝이 머리에 닿지 않으면, 그냥 최대한 신전된 상태를 유지하며 적어도 다섯 번 호흡한다. 발끝이 정수리에 쉽게 닿으면, 발을 모으고 무릎을 가까이 붙인 상태에서 발끝을 이마로 가져가 본다.

자신이 취할 수 있는 가장 깊은 타락스바아사나를 유지하며 적어도 다섯 번 호흡한다. 그다음, 내쉬는 호흡에 발끝을 정수리에서 떨어뜨리며 바닥으로 가져간다. 우르드바 다누라아사나로 넘어가 착지하여 뒤꿈치를 바닥에 단단히 심는다. 숨을 들이쉬면서 곧바로 일어선다. 일어서기에 가장 좋은 위치를 찾으려 하지 말고, 착지한 상태를 안정시키고 거기서부터 움직임을 시작한다.

효과

마음이 안정된다.
어깨와 등이 강해진다.
스태미너가 강화된다.
소화 기능이 향상된다.

티리앙 무코따나아사나 Tiriang Mukhottanasana A and B
강하게 늘이는 후굴 A와 B
드리쉬티: 나사그라이(코끝)

이 깊은 후굴 자세는 아쉬탕가 요가가 제시하는 가장 큰 도전 중 하나다. 후굴에서 발목을 잡기 위해 평생 수련해도 진전이 거의 없는 사람도 있을 것이다. 유연성을 타고난 수련자라도 티리앙 무코따나아사나 B로 더 깊게 들어갈 때는 유연성의 한계를 느끼게 될 것이다. 인터미디어트 시리즈의 후굴 구간에서 마주한 온갖 감정적, 육체적, 영적 도전을 여기서 다시, 때로는 더 강하게 마주하게 된다. 이 자세를 시도할 때 깊은 불안 감정이 자극되더라도 당황하지 말자.

이 내면 여정에서 기억해야 할 가장 중요한 점은 줄곧 마음을 평온하게 하고, 깊이 호흡하며, 기술적 지침을 상기하는 것이다. 어떠한 상황에서도, 자세가 아무리 힘들어도, 도망쳐 버리고 싶은 유혹에 굴복하지 말아야 한다. 깊은 후굴 자세에서 꼭 나와야 할 필요가 있을 때는, 그 자세에 들어갈 때와 같은 수준의 평온한 마음으로, 기술을 자각하면서 나오는 것이 중요하다.

허리 유연성을 타고난 수련자라면 프라이머리 시리즈를 완수하는 시점에 선생님이 적절하다고 판단하면 이 아사나 연습을 시작할 수 있다. 모든 인터미디어트 수련자는 카포타아사나에 숙달한 뒤에 이 후굴 자세 연습을 시작하는 것이 좋다. 그러나 티리앙 무코따나아사나가 오로지 유연성 문제라고 생각하면 오산이다. 다리와 골반 기저근, 코어 근육의 힘으로 자세를 지탱하지 않으면, 아무리 타고난 유연성이 있어도 안전하게 자세를 수행하지 못할 것이다. 실제로 타고난 유연성이 있는 수련자일수록 디리앙 무코따나아사나의 힘 요소에 더욱 중점을 두어야 한다. 만일 우르드바 다누라아사나에서 뒤꿈치를 바닥에 단단히 심은 상태로 손을 걷듯이 움직여 뒤꿈치 쪽으로 가져가서 깊이 호흡할 수 있다면, 티리앙 무코따나아사나를 시도할 준비가 된 것이다(사진 10.16).

손을 걷듯이 움직여 뒤꿈치 쪽으로 가져갈 수 있으면, 손과 발에 무게를 고르게 나누어 싣고 뒤꿈치를 바닥에 단단히 누르는 것이 중요하다. 만일 뒤꿈치를 들거나 양손에 무게를 다 실어 버리면, 신경과 근육의 패턴이 효율적이지 못하게 되어 티리앙 무코따나아사나를 시도할 때 불안정해지거나 부상을 입을 수도 있다. 코어와 다리, 허리를 조여 몸을 지지하면서, 몸 앞면을 길게 늘여 후굴이 깊어질 수 있는 공간을 만들어 주는 편이 좋다.

손을 걷듯이 움직여 발 쪽으로 가져가는 동안 뒤꿈치가 들린다면, 아마 척추 신전이 부족하기 때문일 것이다. 실제보다 자신이 더 깊은 자세를 하고 있다는 착각을 하기보다는 자신이 안전하게 유지할 수 있는 가장 깊은 우르드바 다누라아사나에 그냥 머물면서, 더 깊어지고 싶은 마음을 집착 없이 내려놓는 편이 낫다. 허리 힘이 강해지면 자연스럽게 열릴 것이다.

몸이 열리는 과정을 거치는 동안, 더 깊게 들어가도 안전할 수 있는 움직임 기술을 익히도록 몸을 훈련하는 것이 중요하다. 그리고 후굴은 매일 잘될 때와 잘되지 않을 때가 밀물과 썰물처럼 교차하며 변하기 쉬우니, 그 변동을 열린 마음으로 받아들여야 한다. 티리앙 무코따나아사나가 쉽게 느껴지는 날이 있을 것이고, 불가능하다는 생각이 드는 날도 있을 것이다. 매일 자신의 가장 깊은 후굴의 한계까지 밀어붙이지는 말자. 몸의 소리에 귀를 기울이고, 몸이 더 깊게 들어가도 된다는 신호를 보낼 때 그 신호를 따르자.

사진 10.16

티리앙 무코따나아사나를 시도하는 첫 번째 방법은 자신이 안전하게 할 수 있는 가장 깊은 우르드바 다누라아사나에서 들어가는 것이다. 손이 발에 가까울수록 더 쉽게 들어갈 수 있을 것이다. 그러나 손을 걷듯이 움직여 발에 너무 가까이 가져가는 것보다는 다리 기반을 느끼는 것이 더 중요하다.

대다수 수련자는 티리앙 무코따나아사나를 시도할 때 자격 있는 지도자의 도움이 필요하다. 선생님은 골반을 받쳐 주며 몸무게를 발 쪽으로 이동시켜 줄 것이다. 그 도움에 맞추어 뒤꿈치로 바닥을 강하게 누르며, 골반을 앞으로 보내고, 몸무게를 발 쪽으로 싣기 시작해야 한다. 발목을 잡으려면 몸무게가 손에서 다리와 코어 쪽으로 온전히 이동되어야 한다. 숨을 들이쉬며 왼손으로 약간 기대어 오른 어깨에 공간을 만들고, 숨을 내쉬며 오른손으로 발목을 잡는다. 선생님의 도움을 받을 때 오른팔이나 어깨를 과하게 움직이려고 할 필요 없다. 어깨 움직임은 선생님의 안내에 내맡기고, 골반과 코어, 다리 기반의 힘에 집중하도록 한다.

오른 어깨를 바깥으로 회전한 상태에서, 오른 팔꿈치를 오른 귀 쪽으로 끌어당기며, 발목 쪽으로 손을 뻗는다. 어깨 유연성에만 의지하지 말고, 손을 발목 쪽으로 뻗으면서 후굴이 깊어지게 한다. 손으로 발목을 단단히 감싼 다음, 오른 어깨와 팔, 손가락의 힘을 써 준다. 손가락 끝으로 발목을 잡아, 손가락과 발목의 연결과 자세를 안정시킨다.

그다음, 골반을 앞으로 보내면서 무게를 뒤꿈치 쪽으로 더 실어 준다. 선생님이 최대한 몸무게를 받쳐 주겠지만, 전적으로 그에게 의존하지는 않도록 한다. 숨을 들이쉬면서 몸무게를 다리와 코어 쪽으로 이동시키며, 정신적으로나 육체적으로 준비한다. 가능하면 왼손가락 끝으로 바닥을 받치며 올라와 몸무게를 더 앞으로 이동해 본다. 숨을 내쉬면서 선생님이 왼손을 바닥에서 들어 왼 발목으로 가져가도록 한다. 오른쪽과 마찬가지로 왼 어깨를 바깥으로 회전시켜 팔꿈치를 왼쪽 귀에서 가깝게 유지한다.

손가락으로 왼 발목을 감았으면 단단하게 잡아, 가슴이 무릎 뒤쪽에 가까워지도록 양손으로 당긴다. 균형을 잡기 위해 바닥에 있는 양발 사이의 한 지점을 바라본다. 하지만 나중에는 다시 코끝을 응시한다(사진 10.10.).

골반 기저근을 조이고, 골반을 최대한 앞으로 밀어내며, 계속하여 척추에 공간을 만들어 준다. 엉치뼈(천골)를 더 앞으로 기울이는 한편, 뒤꿈치는 견고하게 뿌리내린다. 숨을 들이쉬면서 공간을 만들고, 그 공간을 이용하여 숨을 내쉬면서—등근육을 부드럽게 조이고 다리는 바닥에 단단히 눌러—더 깊게 들어가 본다. 척추에 압박을 가하지 말고, 공간을 만들어 더 깊어지게 하는 동작을 돕는다. 평온하게 호흡하며 내면의 평화가 있는 곳을 찾아본다.

균형점을 찾는 데 성공하면, 선생님은 잡고 있던 손을 놓아서 수련자 스스로 티리앙 무코따나아사나 A로 서 있게 할 것이다. 다섯 번 호흡한 뒤, 숨을 들이쉬며 선 자세로 돌아온다. 손을 놓을 때는 우르드바 다누라아사나에서 올라올(컴업) 때처럼 근육을 조여 지지하면서 선 자세로 돌아온다.

티리앙 무코따나아사나 A 자세로 혼자 서 있을 수 있으면, 더욱 힘든 아쉬탕가 요가 세 번째 시리즈를 시작할 준비가 되었다는 신호로 볼 수 있다. 따라서 인터미디어트 시리즈를 끝내 가는 수련자라면 반드시 이 움직임을 연습해야 한다. 만일 선생님의 도움으로 바닥에서부터 시작하여 혼자 티리앙 무코따나아사나 A 균형을 잡을 수 있게 되면, 도움 없이 혼자 시도해 보아도 좋다.

혼자 시도해도 좋을 만큼 안정되었다고 느끼면, 일단 다리와 뒤꿈치를 바닥에 견고하게 심어 주고, 자세를 시도하는 내내 이 상태로 유지한다. 준비가 되면, 선생님이 있을 때처럼, 손을 걷듯이 움직여 뒤꿈치 쪽으로 가져간다. 선생님이 당신의 오른손을 들어 인도해 주길 기다리는 대신, 스스로 무게를 뒤꿈치와 왼손 쪽으로 기울인다. 오른손가락 끝으로 올라오며, 바닥에서 카포타아사나로 들어갈 때처럼 오른손가락을 오른발 바깥쪽으로 꼼지락거리며 기어 들어간다. 손이 복사뼈에 이르면, 무게를 뒤꿈치 쪽으로 강하게 실어 누르면서 손가락으로 발을 기어 올라간다. 다리가 몸무게를 제대로 지지하고 있는 것이 느껴지면, 왼손으로도 같은 움직임을 반복한다. 손가락 끝으로 바닥을 받쳐 올라오면, 발목을 잡으려고 할 때 무게를 앞으로 이동하는 데 도움이 된다(사진 10.4).

자세를 시도하는 내내 호흡은 순조롭게 이루어지게 한다. 앞으로 기어가는 동안, 어깨를 바깥쪽으로 회전하고, 팔꿈치는 귀 가까이 붙인다. 팔꿈치를 너무 많이 구부리거나 바닥에 대지 않도록 한다. 팔에도 무게가 어느 정도 실려 있으므로 부상을 방지하려면 어깨 정렬을 유지하는 것이 중요하다. 만일 발목은 잡을 수 있는데 균형을 유지하지 못한다면, 먼저 오른 발목만 잡고 다섯 번 호흡한 뒤 풀어 준다.

다음에는 왼 발목만 잡고 다섯 번 호흡한 뒤 풀어 준다. 어느 날 다리 쪽으로 중심 이동이 느껴질 것이고, 그러면 혼자 양 발목을 잡고 서게 될 것이다.

발목을 잡을 때는 오른손과 왼손 중 어느 쪽에서 시작해도 무방하다. 그러나 늘 같은 쪽에서 시작하고 있다면, 일정 기간 순서를 바꾸어 반대쪽에서 시작하여 유연 성에 균형을 맞추어 본다.

바닥에서 시작하여 이 자세를 유지할 수 있게 되면, 이제 선 자세에서 시도해 보 자. 처음 시도할 때는 자격 있는 선생님의 도움을 받도록 한다. 숨을 들이쉬며 공간 을 만들고, 우르드바 다누라아사나로 들어갈 때처럼 넘어가기 시작한다. 숨을 내쉬 면서 몸을 뒤로 젖히며, 골반을 앞으로 보내고, 뒤꿈치로 바닥을 단단히 누르며, 골 반 기저근을 조이고, 척추를 들어 올린다. 바닥으로 내려가려는 듯이 팔을 풀어 바 닥을 향해 뻗어 내리되, 실제로 내려가지는 않는다(사진 10.6).

안정감이 느껴지면 오른 어깨를 바깥으로 회전한 상태에서, 팔꿈치를 가볍게 구 부려 오른 귀 쪽으로 모아 준다. 오른 팔꿈치가 바깥쪽으로 벌어지지 않게 한다. 몸 무게를 오른쪽으로 조금 기울이되, 척추를 너무 비틀지는 않는다. 숨을 내쉬면서, 후굴이 깊어지게 하고 기반을 강화하여, 선생님이 오른손을 발목 쪽으로 가져갈 수 있게 한다.

만일 뒤꿈치가 들리거나 허리에 압박이 가해지는 느낌이 들면, 즉시 멈추고 더 나아가지 않는다.

오른 발목을 잡은 뒤, 기반을 누르면서, 숨을 들이쉬어 더 많은 공간을 만들어 준 다. 왼쪽으로 살짝 기울이고, 숨을 내쉬면서 선생님이 왼손을 왼 발목 쪽으로 가져 갈 수 있게 한다. 왼 어깨는 바깥으로 회전된 상태를 유지한다. 양 발목을 단단하게 잡았으면, 양손으로 고르게 끌어당겨 중심선을 찾는다. 머리를 종아리 뒤쪽으로 가 져가고, 팔꿈치는 구부려 손으로 당긴다(사진 10.10.). 마지막으로, 다리를 최대한 쭉 편다. 다섯 번 호흡한 뒤, 내적인 몸의 구조적 통합성을 유지하며 선 자세로 돌아온 다.

매일 수련에서 이와 같이 깊은 도움을 받아들이려면 반드시 선생님과 서로 신뢰 하는 관계를 쌓아야 한다.

이 방법도 수월해지면, 이제 선생님의 도움 없이 혼자서 바로 발목을 잡아 보자. 몸을 늘어뜨린 준비 자세에서 발목이 보이면, 혼자 잡을 준비가 되었음을 보여 주 는 신호다. 앞에서 설명한, 자유롭게 늘어뜨린 자세에서, 몸을 약간 오른쪽으로 기 울여, 숨을 내쉬면서 오른 발목 쪽으로 손을 뻗어 본다(사진 10.6). 뻗는 동안 어깨가 바깥쪽으로 벌어지지 않도록 최선을 다한다. 이 자세는 바닥에서 시도할 때처럼 위험하지는 않다. 무게가 팔에 실리지 않기 때문이다. 그러나 어떠한 자세 변형에서도 바른 움직임의 원칙을 익히는 것이 좋다. 오른손을 오른 발목 쪽으로 뻗을 때, 숨을 내쉬며 척추 마디 사이의 공간으로 구부려 들어간다. 견고하고 안정된 기반을 유지한 상태에서, 내부의 깊은 빈 공간으로 들어간다. 오른 발목을 잡는 데 성공하면, 골반을 앞으로 들어 올리고 기반을 뿌리내리며, 숨을 들이쉬면서 더 많은 공간을 만들어 준다.

다음에는 골반을 더 앞으로 밀어내고 다리를 강화한 상태에서 왼쪽으로 기울이고, 숨을 내쉬면서 왼 발목 쪽으로 손을 뻗는다. 어깨 유연성에만 의존하지 말고, 후굴을 심화하여 티리앙 무코따나아사나 A로 들어간다. 바닥에서 시도할 때와 같이, 한쪽 발목만 잡을 수 있다면, 한쪽씩 잡고 자세를 유지하며 다섯 번 호흡한다. 시간이 지나면 서서히 혼자서 양쪽을 잡게 될 것이다. 발목을 잡으면, 다섯 번 호흡한 뒤, 숨을 들이쉬면서 선 자세로 돌아온다.

손을 바닥에 대지 않고 공중에서 바로 발목을 잡는, 티리앙 무코따나아사나 A의 두 번째 방법이 편안한 수련자만 이미 깊은 후굴에서 더 나아가 보도록 한다. 일반적으로 수련자의 몸이 열리고 강해지면, 선생님이 서서히 티리앙 무코따나아사나 B로 이끌어 줄 것이다(사진 10.11). 곧장 이 자세로 가지는 말기 바란다. 위에서 주어진 설명에 따라 먼저 티리앙 무코따나아사나 A를 한 뒤, 선생님이 한 손씩 발목에서 정강이 아래쪽으로 손을 천천히 올려 주도록 한다.

손이 발목에서 종아리를 따라 올라갈 때는 다리를 쭉 펴고 골반을 앞으로 밀어내는 것이 중요하다. 팔은 펴지 않는다. 팔꿈치를 구부려 손가락으로 정강이를 감싸고, 무릎 뒤쪽을 향해 가슴을 당긴다. 정강이를 편안하게 잡을 수 있으면, 선생님이 손을 천천히 무릎 쪽으로 올려 줄 것이다. 티리앙 무코따나아사나 B에서도 선생님과 서로 신뢰하는 관계가 매우 중요하다.

자신이 할 수 있는 가장 깊은 후굴에서 정강이를 잡고, 다섯 번 호흡한 뒤 선 자세로 돌아온다. 유연성이 좋은 일부 숙련자는 뒤로 넘어가 팔을 늘어뜨린 후굴 준비 자세에서 선생님의 도움을 받아 곧바로 티리앙 무코따나아사나 B로 갈 수 있을 것이다. 이를 장기적 목표로 두고 꾸준히 수련해 나가도록 하자. 정강이 위쪽을 잡은 뒤에는 반드시 다리를 펼 수 있어야 한다. 다리를 펼 수 없으면 더 깊게 나아가지 말아야 한다. 왜냐하면 이는 견고한 기반이 부족하거나 고관절 굽힘근의 유연성이 충분하지 않다는 뜻인데, 이 상태에서 시간을 주지 않고 너무 강하게 밀어붙이면 부상으로 이어질 수 있기 때문이다.

티리앙 무코따나아사나 A에서 혼자 수월하게 발목을 잡는 수련자는 손으로 정강이를 걸어 올라가 무릎 가까이 가져가 볼 수 있다. 혼자 할 때는 발목을 놓지 말고, 자세의 힘과 안정성을 유지할 수 있도록 손가락을 꼼지락거리며 정강이를 걸어 올라가 보자. 호흡을 편안하게 하며, 먼저 한쪽으로 걸어 올라간 다음, 반대쪽으로도 올라간다. 척추 신전을 깊게 하여 척추 마디 사이에 필요한 공간을 만들어 주고, 그 공간을 이용하여 손을 무릎 쪽으로 이동시키는 것이다. 티리앙 무코따나아사나 B 에서 바로 무릎을 잡을 수 있는 수련자도 있으나, 무릎 쪽으로 손을 뻗을 때 어깨가 바깥으로 너무 벌어지지 않도록 주의한다. 발목을 잡을 때처럼 종아리 뒷면이 시야에 들어오면, 가장 깊은 위치까지 바로 잡을 수 있을 것이다. 이렇게 잡은 뒤에는 다섯 번 호흡하고 선 자세로 돌아온다.

이 자세는 대다수 사람에게 서커스 묘기처럼 느껴질 수 있지만, 꾸준히 수련하면 생각보다 많은 사람이 성공할 수 있는 깊은 후굴 자세다.

이 정도로 수련이 깊어지면 강력한 에너지가 신경계를 따라 흐르게 된다. 티리앙 무코따나아사나의 자세들 중 어느 하나라도 성공했다면, 잠시 시간을 내어 스스로 축하해 주자. 이 자세는 아쉬탕가 요가에서 가장 깊은 후굴 중 하나이며, 다른 몇몇 자세처럼 힘과 유연성의 한계를 시험한다. 티리앙 무코따나아사나를 꾸준히 수련하면, 집중력이 좋아지고, 하루 내내 에너지 흐름이 증가하며, 소화와 배설 과정이 촉진된다. 깊은 후굴 자세는 감정이 균형 잡히게 하고, 몸의 중앙 통로를 따라 상승하는 영적 에너지의 흐름을 촉진하며, 명상적 평화 상태에 이르게 한다.

혼자서든 선생님의 도움으로든 티리앙 무코따나아사나에 처음 성공하면, 그때부터 수련의 내적 작업에 가속이 붙을 것이다. 깊은 후굴의 모든 효과가 훨씬 커지는 느낌일 것이고, 처음으로 깊은 티리앙 무코따나아사나를 한 다음 날에는 다리와 등에 근육통이 올 수도 있다. 가벼운 후굴만 해도 좋으니 다음 날에도 다시 수련하는 것이 중요하다. 수련이 쌓이면 티리앙 무코따나아사나를 매일 수련할 수 있게 될 것이다.

효과

에너지 흐름이 증가한다.
수슘나 나디가 자극된다.
소화와 배설이 향상된다.
다리와 골반 기저근, 등이 강해진다.
몸 앞면과 어깨가 스트레칭 된다.

감정의 균형이 잡힌다.

파스치마따나아사나 Paschimattanasana
강한 전굴

드리쉬티 : 파당구쉬타(발가락)

파스치마(paschima)는 '서쪽' 또는 '뒤쪽'을 의미하며, 몸의 뒷면을 가리키고, 우따나(uttana)는 '강한 스트레치'를 뜻한다. 따라서 이 자세를 글자 그대로 해석하면 '강한 서쪽 스트레치'가 될 것이다. 하지만 흔히 '앉은 전굴 자세'라고 부른다.

티리앙 무코따나아사나에서 선 자세로 돌아온 다음, 바로 파스치마따나아사나로 앉아도 된다(사진 10.12). 그러나 직전 자세에서 빠져나오는 가장 전통적인 방식은 선 자세에서 파스치마따나아사나를 위한 빈야사를 먼저 해 주는 것이다. 아주 깊은 후굴 다음에 이어지는 전통적인 빈야사는 척추의 안정에 도움이 될 수 있다. 그래서 이 방식은 필요 이상의 추가 노동처럼 보일 수 있지만, 깊은 후굴에서 상반되는 전굴로 전환하는 데 유익한 방식일 수 있다.

이렇게 하려면, 숨을 들이쉬며 양팔을 머리 위로 뻗어 올리고, 숨을 내쉬며 앞으로 숙여 내려간다. 숨을 들이쉬며 고개 들어 위를 쳐다보고, 숨을 내쉬며 뒤로 점프하여 차투랑가 단다아사나로 들어간다. 숨을 들이쉬며 몸을 앞으로 굴려 우르드바무카 슈바나아사나로 들어가고, 숨을 내쉬며 몸을 뒤로 굴려 아도 무카 슈바나아사나로 들어간다. 숨을 들이쉬며 양팔 사이로 점프 스루 하여 다리를 뻗고 앉는다. 양손으로 발을 둘러 잡고, 다시 숨을 들이쉬어 복부에 공간을 만들면서 골반 기저근을 단단하게 만들고, 아랫배는 깊이 끌어당긴다(사진 10.17). 숨을 내쉬면서 파스치마따나아사나로 들어간다(사진 10.12). 바른 전굴 원칙을 지키면서 이 자세를 유지하며 열 번 깊이 호흡한다.

모든 것을 풀어 버리고 끝내면 안 된다. 골반 기저근을 조여 등근육을 지지해 주고, 넓적다리는 안으로 회전시킨다. 등이 말리지 않게 하고, 이 시간을 이용해 등근육을 이완시키며 인터미디어트 시리즈의 깊은 후굴을 풀어 내 보자. 열 번 호흡하는 동안, 마치는 자세 구간으로 접어들며, 강한 후굴 자세와 인터미디어트 시리즈의 다른 자세들을 통해 끌어올린 에너지를 놓아준다. 감정의 몸으로 깊이 들어가다 보면 이런저런 감정이 올라올 수 있다. 긍정적이

사진 10.17

든 부정적이든, 어떤 강렬한 감정이라도 그저 느껴 주고, 집착이나 판단을 일으키지 않으면서 그런 감정을 그저 있는 그대로 지켜보자.

파스치마따나아사나의 효과와 더 자세한 설명은 《아쉬탕가 요가의 힘》 1권을 참조하기 바란다.

자세에서 나올 준비가 되면, 다시 숨을 들이쉬면서 팔을 펴고 상체를 들어 준다 (사진 10.17). 숨을 내쉬며 자세를 안정시키고, 골반 기저근을 단단하게 만들어 준다. 숨을 들이쉬며 두 발을 교차하고, 몸을 바닥에서 들어 올린다. 숨을 내쉬며 뒤로 점프하여 차투랑가 단다아사나로 들어간다. 숨을 들이쉬며 몸을 앞으로 굴려 우르드바 무카 슈바나아사나로 들어가고, 숨을 내쉬며 몸을 뒤로 굴려 아도 무카 슈바나아사나로 들어간다. 숨을 들이쉬며 점프 스루 하여, 뒤꿈치를 붙이고 손은 엉덩이 옆에 둔 상태로 자리에 누워 마치는 자세를 준비한다(사진 10.18). 인터미디어트 시리즈의 깊은 작업에서 '마치는 자세'의 통합 작용으로 넘어가기 전에 몇 번 호흡한다.

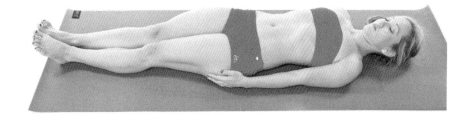

사진 10.18

11

마치는 자세

아쉬탕가 요가의 마치는 자세는 오랜 친구처럼 느껴질 것이다. 프라이머리 시리즈 때부터 매일 수련의 일부였기 때문이다. 이 자세들은 호흡이 깊어지게 하고 내적인 몸을 통해 흐르는 미묘한 에너지에 초점을 두기 때문에 계속 수련하면 여러모로 유익하다. 시간을 들여 마치는 자세를 제대로 수련하면, 인터미디어트 시리즈의 심오한 가르침을 몸으로 온전히 받아들이는 데 도움이 된다. 마치는 자세에서 역자세를 오래 유지하면, 척추에 구조적 안정성이 생기고 강한 후굴로 자극된 에너지를 고르게 하는 데 도움이 된다.

반복 수행하는 다른 모든 자세와 마찬가지로, 자신의 몸과 수련에 대한 호기심과 열린 마음을 유지하는 것이 중요하다. 마치는 자세를 아무 생각 없이 하지는 말자. 할 때마다 신선하고 새롭게 느껴지게 해 보자. 이 자세들을 대충 넘어가 버리면 그 혜택을 온전히 누릴 수 없다. 인터미디어트 수련자라면 반다를 조이고, 호흡을 깊게 하며, 마음을 미묘한 몸으로 향하게 하는 데 중점을 두어, 마치는 자세가 결국 명상하는 듯한 고요한 상태가 되게 해야 한다.

이 자세들에 대한 단계별 설명은 《아쉬탕가 요가의 힘》 1권에서 제공하며, 이 장에서는 요약 형태로만 제시한다. 여기까지 수련이 이르렀으면 그 순서와 수행 방법을 이미 숙지하고 있을 것이다.

살람바 사르방가아사나는 적어도 열다섯 번 호흡하는 동안 유지하는 것을 목표로 해 보자. 특히 깊게 수련한 날에는 자세를 서른 번의 호흡까지 유지하여(사진 11.1) 신경 체계의 균형감을 회복하도록 한다. 살람바 사르방가아사나부터 시작하는 나머지 시퀀스의 자세들은(사진 11.1부터 11.7까지) 각 여덟 호흡씩 유지한다. 이 과정은 서두

사진 11.1

르지 않아야 한다. 할라아사나(사진 11.2)와 우르드바 파드마아사나(사진 11.4)에서 궁둥뼈(좌골)를 들어 올리고 고관절에서부터 접어 내리면, 티띠바아사나에서 더 깊이 들어가는 데 도움이 될 것이다. 카르나피다아사나(귀 누르는 자세: 사진 11.3)와 핀다아사나(태아 자세: 사진 11.5)에서 등을 말고 안쪽으로 나선형 에너지 흐름을 따라 척추가 깊이 구부러지게 하면, 카란다바아사나와 같이 역동적 힘이 요구되는 자세에 필요한 코어 힘을 기르고 척추 위치를 잡는 데 도움이 된다. 이 두 자세는 다리를 머리 뒤로 넘길 때 중요한 허리네모근(요방형근) 이완에도 효과적이다. 마츠야아사나(물고기 자세: 사진 11.6)와 우따나 파다아사나(발 뻗는 자세: 사진 11.7)는 척추를 부드럽게 휘어지게 하며, 후굴 자세를 너무 강하게 밀어붙였을 때 올 수 있는 허리 통증을 완화해 준다. 우따나 파다아사나에서 마지막 호흡 직후, 다리는 계속 들고 있는 채로 등만 바닥에 내려, 차크라아사나를 통해 뒤로 구른다(사진 11.8). 프라이머리 시리즈를 수련할 때 이 빈야사를 제대로 하지 못하고, 차크라아사나를 시도하기 전에 다리를 뻗어 완전히 누워 버리는 경우가 많다. 살람바 사르방가아사나로 시작하는 시퀀스와 빈야사 과정 내내 몸 전체 연결성을 유지하는 것은 육체적 수련과 내적 수련에 일관성을 형성하는 데 중요하다.

사진 11.2

사진 11.3

사진 11.4

사진 11.5

사진 11.6

사진 11.7

사진 11.8

가능하면 쉬르샤아사나 유지 시간을 늘여 본다(사진 11.9). 전통 요가 서적에 의하면, 이 자세의 효과는 최소 3분간 유지했을 때부터 나타난다고 한다. 쉬르샤아사나를 오래 유지하려면, 외부의 근육이나 결과에 관심을 기울이지 않고, 마음이 명상적 상태로 이어져야 한다. 인터미디어트 시리즈에서는 쉬르샤아사나를 오십 번 호흡하는 동안 유지하는 것이 이상적이다. 쉬르샤아사나를 오래 유지하려면, 육체적 힘과 바른 정렬의 복합 적용이 요구된다. 코어를 조이면서 팔이음뼈(어깨뼈와 빗장뼈)의 견고한 기반을 유지한다. 다리를 강하게 위로 뻗어 올리며 서로 붙여 준다. 움직이는 동안 내내 발끝을 뻗어 주고, 시선은 코끝에 둔다. 깊은 호흡에 집중하다 보면 마음이 미묘한 몸을 점점 더 알아차리게 될 것이다. 쉬르샤아사나에 머무는 시간을 이용하여 명상적 마음 상태를 길러 보자.

쉬르샤아사나는 길게 유지하더라도 아르다 쉬르샤아사니(반 머리서기; 사진 11.10)에서는 열 번의 호흡만 하면

사진 11.9

사진 11.10

사진 11.11

사진 11.12

충분하다. 아르다 쉬르샤아사나는 코어 강화 자세로 보면 된다. 배근육을 단단하게 하고, 엉덩이를 뒤로 빼면서 넓적다리는 서로 붙여 준다. 이 자세에서 코어와의 연결성을 찾으면, 카란다바아사나에서 부드럽게 내려오는 데 도움이 된다.

만일 쉬르샤아사나를 안정되게 할 수 있고 핀차마유라아사나 같은 자세를 위한 힘을 기르고자 하면, 우르드바 쉬르샤아사나(들어 올린 머리서기: 사진 11.11)를 해 보자. 반드시 해야 하는 자세는 아니지만, 힘을 길러 주며, 일곱 가지 머리서기를 포함하는 인터미디어트 시리즈를 완수한 수련자에게는 권장되는 자세다. 만일 역자세에 어려움을 느낀다면, 이 자세는 당신의 수련에 필요한 균형 감각과 공간적 방위 감각을 안전하게 기르는 수련 방법이다. 바닥에서 머리를 들어 올리는 과정은

사진 11.13

사진 11.14

사진 11.15

카란다바아사나에서 올라오는 것과 유사하다. 척추가 신전된 상태에서 머리를 들려고 하면 힘을 쓸 수 없을 것이다. 다리를 앞쪽 방향으로 끌어올리는 한편, 머리를 아래로 말고 가슴은 뒤로 밀어낸다. 견고한 어깨 기반으로 누르면서 코어 힘으로 몸을 들어 올린다.

우르드바 쉬르샤아사나에서 열 번 호흡한 뒤, 숨을 내쉬며 머리를 부드럽게 다시 바닥으로 낮춘다. 같은 내쉬는 호흡에 완전히 내려와, 발라아사나에서 적어도 다섯

사진 11.16

번 호흡하는 동안 휴식을 취한다(사
진 11.12). 만일 쉬르샤아사나를 유지
하며 오십 번 가까이 호흡했으면, 체
내 혈액 흐름의 정상화를 위해 발라
아사나에서 열 번 이상 호흡이 필요
할 수 있다. 단순한 아사나이지만 건
너뛰거나 서둘러 지나가지 않도록
한다. 마음의 초점을 내부로 돌리고,
차분히 호흡에 관심을 기울인다.

　모든 아쉬탕가 요가 수련의 마
지막 세 자세는 요가 무드라(사진
11.13), 파드마아사나(사진 11.14)와 우
트플루티히(상승하는 자세; 사진 11.15)
다. 이 세 자세를 유지하는 동안 들
숨과 날숨을 길게 늘이며, 10초 동안

사진 11.17

사진 11.18

숨을 들이쉬고 10초 동안 내쉬는 것을 목표로 한다. 이 자세들을 통해 프라나야
마 수련을 준비할 수 있다. 마지막으로 힘을 요구하는 자세인 우트플루티히를 적

사진 11.19

어도 스무 번 호흡하는 동안 유지할 수 있으면 더욱 좋다.

아쉬탕가 요가를 얼마나 오래 수련하든 우트플루티히는 그 수련의 행복한 순간이다. 이 자세는 그날 요가 수련의 완료를 뜻하기 때문이다. 이 마지막 자세를 생략해 버리고 싶은 마음이 들 수 있지만, 우트플루티히의 강력한 활성화는 마음과 몸이 휴식을 취하는 자세에서 완전히 이완되도록 돕는다.

우트플루티히를 열 번에서 스무 번의 호흡으로 유지한 다음, 숨을 내쉬면서 뒤로 점프하여 차투랑가 단다아사나로 들어간다. 파드마아사나에서 뒤로 점프하는 방법에 대한 자세한 설명은 《아쉬탕가 요가의 힘》 1권을 참조하기 바란다. 숨을 들이쉬며 몸을 앞으로 굴려 우르드바 무카 슈바나아사나로 들어가고, 숨을 내쉬며 몸을 뒤로 굴려 아도 무카 슈바나아사나로 들어간다. 숨을 들이쉬며 앞으로 점프하여 삽타(사진 11.16)로 가고, 숨을 내쉬며 몸을 앞으로 접어 아쉬토(사진 11.17)로 들어간다. 숨을 들이쉬며, 팔을 머리 위로 들어 올리지 말고, 바로 사마스티티로 돌아온다(사진 11.18).

이 자세로 서서 마치는 기도문을 암송한다(2장 참조). 기도문을 마치면, 숨을 들이쉬며 수리야 나마스카라 A와 같은 방법에 따라 양팔을 들어 올린다. 숨을 내쉬며 몸을 앞으로 접고, 숨을 들이쉬며 고개 들어 위를 쳐다본다. 숨을 내쉬며 뒤로 점프하여 차투랑가 단다아사나로 들어간다. 숨을 들이쉬며 몸을 앞으로 굴려 우르드바 무카 슈바나아사나로 들어간 뒤, 숨을 내쉬며 몸을 뒤로 굴려 아도 무카 슈바나아사나로 들어간다. 숨을 들이쉬며 양팔 사이로 점프 스루 한 뒤, 누워서 수카아사나 (편안한 자세; 사진 11.19)로 휴식한다. 이 마지막 자세에서 적어도 5분에서 최대 15분 까지 머무른다. 모든 노력을 내려놓고, 반다를 풀고, 호흡이 자연스러워지게 한다. 가슴 중심에서 흘러나오는 잔잔한 물결처럼 자신을 적셔 주는 기쁨과 행복감에 마음을 열어 놓자. 준비가 되면 다시 편안히 앉은 자세로 돌아온다. 몸과 마음의 명상적 고요를 느끼며, 요가 수련자의 평화로운 마음이 매 호흡에 배어들도록 잠시 머물러 보자. 자신의 가슴이 수련에서도, 삶에서도 용감하고 강인하고 열려 있게 하자.

사르방가아사나
최소 열 번 호흡

할라아사나
여덟 번 호흡

카르나피다아사나
여덟 번 호흡

우르드바 파드마아사나
여덟 번 호흡

핀다아사나
여덟 번 호흡

마츠야아사나
여덟 번 호흡

우따나 파다아사나
여덟 번 호흡

쉬르샤아사나
최소 열다섯 번 호흡

아르다 쉬르샤아사나
열 번 호흡

우르드바 쉬르샤아사나
열 번 호흡

발라아사나
다섯 번 호흡

요가 무드라
열 번 호흡

파드마아사나
열 번 호흡

우트플루티히
열 번 호흡

수카아사나
5분에서 10분

파샤아사나

크라운차아사나

살라바아사나 A

살라바아사나 B

베카아사나

다누라아사나

파르쉬바 다누라아사나

우슈트라아사나

라구바즈라아사나

카포타아사나 A

카포타아사나 B

숩타 바즈라아사나

바카아사나 A

바카아사나 B

바라드바자아사나

아르다 마첸드라아사나

에카 파다 쉬르샤아사나 A

에카 파다 쉬르샤아사나 B

드위 파다 쉬르샤아사나 A

드위 파다 쉬르샤아사나 B

요가니드라아사나

티띠바아사나 A

티띠바아사나 B

티띠바아사나 C

티띠바아사나 D

핀차마유라아사나

카란다바아사나

마유라아사나

나크라아사나

바타야나아사나

파리가아사나

고무카아사나 A

고무카아사나 B

숩타 우르드바 파다 바즈라아사나

묵타 하스타 쉬르샤아사나 A

묵타 하스타 쉬르샤아사나 B

묵타 하스타 쉬르샤아사나 C

밧다 하스타 쉬르샤아사나 A

밧다 하스타 쉬르샤아사나 B

밧다 하스타 쉬르샤아사나 C

밧다 하스타 쉬르샤아사나 D

파샤아사나

7 삽타	들숨, 앞으로 점프
	날숨, 왼쪽으로 비틀고
8 아쉬토	오른쪽으로 비틀고
9 나와	들숨, 몸을 들어 올리고
10 다샤	날숨, 점프 백, 차투랑가 단다아사나
11 에카다샤	들숨, 우르드바 무카 슈바나아사나
12 드와다샤	날숨, 아도 무카 슈바나아사나

크라운차아사나

7 삽타	들숨, 점프 스루, 양손으로 왼발을 둘러 묶고, 팔을 펴고
8 아쉬토	날숨, 턱을 정강이로
9 나와	들숨, 팔을 펴고
	날숨
10 다샤	들숨, 몸을 들어 올리고
11 에카다샤	날숨, 점프 백, 차투랑가 단다아사나
12 드와다샤	들숨, 우르드바 무카 슈바나아사나

13 트라요다샤	날숨, 아도 무카 슈바나아사나
14 차투르다샤	들숨, 점프 스루, 양손으로 오른발을 둘러 묶고, 팔을 펴고
15 판차다샤	날숨, 턱을 정강이로
16 쇼다샤	들숨, 팔을 펴고 날숨
17 삽타다샤	들숨, 몸을 들어 올리고
18 아쉬타다샤	날숨, 점프 백, 차투랑가 단다아사나
19 에쿠나빔샤티히	들숨, 우르드바 무카 슈바나아사나
20 빔샤티히	날숨, 아도 무카 슈바나아사나

샬라바아사나

4 차트와리	유지, 날숨, 내려가고
5 판차	들숨, A 자세에서 5번 호흡
6 셋	들숨, B 자세에서 5번 호흡
7 삽타	들숨, 우르드바 무카 슈바나아사나
8 아쉬토	날숨, 아도 무카 슈바나아사나

베카아사나

4 차트와리	유지, 날숨, 내려가고
5 판차	들숨, 자세 취하고, 5번 호흡
6 셋	들숨, 우르드바 무카 슈바나아사나
7 삽타	날숨, 아도 무카 슈바나아사나

다누라아사나

4 차트와리	유지, 날숨, 내려가고

5 판차	들숨, 자세 취하고, 5번 호흡
6 셋	들숨, 우르드바 무카 슈바나아사나
7 삽타	날숨, 아도 무카 슈바나아사나

파르쉬바 다누라아사나

4 차트와리	유지, 날숨, 내려가고
5 판차	들숨, 활 자세 취하고, 들어 올리고, 1번 호흡
6 셋	날숨, 오른쪽으로 굴러 5번 호흡
7 삽타	들숨, 돌아오기
8 아쉬토	날숨, 왼쪽으로 굴러 5번 호흡
9 나와	들숨, 활 자세로 돌아와, 5번 호흡
10 다샤	들숨, 우르드바 무카 슈바나아사나
11 에카다샤	날숨, 아도 무카 슈바나아사나

우슈트라아사나

7 삽타	들숨, 앞으로 점프, 손을 허리에 얹고
	날숨, 골반 기저근 조이고
	들숨, 척추를 골반에서 들어 올려 준비하고
8 아쉬토	날숨, 뒤꿈치를 잡아 자세로 들어가고, 5번 호흡
9 나와	들숨, 올라와, 손을 허리에 얹고,
	날숨
10 다샤	들숨, 몸을 들어 올리고
11 에카다샤	날숨, 점프 백, 차투랑가 단다아사나
12 드와다샤	들숨, 우르드바 무카 슈바나아사나
13 트라요다샤	날숨, 아도 무카 슈바나아사나

라구바즈라아사나

7 삽타	들숨, 앞으로 점프, 손을 허리에 얹고
	날숨, 골반 기저근 조이고
	들숨, 척추를 골반에서 올려 준비하고
8 아쉬토	날숨, 발목 잡고, 뒤로 넘어가 자세 취하고, 5번 호흡
9 나와	들숨, 올라와, 손을 허리에 얹고
	날숨
10 다샤	들숨, 몸을 들어 올리고
11 에카다샤	날숨, 점프 백, 차투랑가 단다아사나
12 드와다샤	들숨, 우르드바 무카 슈바나아사나
13 트라요다샤	날숨, 아도 무카 슈바나아사나

카포타아사나

7 삽타	들숨, 앞으로 점프, 손을 허리에 얹고
	날숨, 골반 기저근 조이고
	들숨, 척추를 골반에서 올려 준비하고
8 아쉬토	날숨, 뒤꿈치 잡고, 5번 호흡
9 나와	들숨, 팔을 펴고, 5번 호흡
10 다샤	들숨, 올라와, 손을 허리에 얹고
	날숨
11 에카다샤	들숨, 몸을 들어 올리고
12 드와다샤	날숨, 점프 백, 차투랑가 단다아사나
13 트라요다샤	들숨, 우르드바 무카 슈바나아사나
14 차투르다샤	날숨, 아도 무카 슈바나아사나

숩타 바즈라아사나

7 삽타	들숨, 점프 스루, 다리 펴고 앉는다

8 아쉬토	파드마아사나
9 나와	날숨, 정수리를 바닥에 대고, 5번 호흡
	3번 오르내리고,
	내려가서, 5번 호흡
10 다샤	들숨, 머리를 들어 올려 밧다 파드마아사나로 돌아오고
	날숨, 골반 기저근을 조이고 다리를 풀어 내고
11 에카다샤	들숨, 파드마아사나 들어 올리고
12 드와다샤	날숨, 점프 백, 차투랑가 단다아사나
13 트라요다샤	들숨, 우르드바 무카 슈바나아사나
14 차투르다샤	날숨, 아도 무카 슈바나아사나

바카아사나 A

7 삽타	들숨, 앞으로 점프하여, 쪼그리고 앉아 준비하고
8 아쉬토	들숨, 들어 올리고
9 나와	날숨, 점프 백, 차투랑가 단다아사나
10 다샤	들숨, 우르드바 무카 슈바나아사나
11 에카다샤	날숨, 아도 무카 슈바나아사나

바카아사나 B

7 삽타	들숨, 점프하여 자세 취하고
8 아쉬토	들숨, 들어 올리고
9 나와	날숨, 점프 백, 차투랑가 단다아사나
10 다샤	들숨, 우르드바 무카 슈바나아사나
11 에카다샤	날숨, 아도 무카 슈바나아사나

바라드바자아사나

7 삽타	들숨, 점프 스루, 다리 펴고, 앉고
8 아쉬토	오른쪽으로 자세 잡아, 5번 호흡
9 나와	들숨, 몸을 들어 올리고
10 다샤	날숨, 점프 백, 차투랑가 단다아사나
11 에카다샤	들숨, 우르드바 무카 슈바나아사나
12 드와다샤	날숨, 아도 무카 슈바나아사나
13 트라요다샤	들숨, 점프 스루, 다리 펴고, 앉고
14 차투르다샤	왼쪽으로 자세 잡아, 5번 호흡
15 판차다샤	들숨, 몸을 들어 올리고
16 쇼다샤	날숨, 점프 백, 차투랑가 단다아사나
17 삽타다샤	들숨, 우르드바 무카 슈바나아사나
18 아쉬타다샤	날숨, 아도 무카 슈바나아사나

아르다 마첸드라아사나

7 삽타	들숨, 점프 스루, 다리 펴고, 앉고
8 아쉬토	오른쪽으로 자세 취하고, 5번 호흡
9 나와	들숨, 몸을 들어 올리고
10 다샤	날숨, 점프 백, 차투랑가 단다아사나
11 에카다샤	들숨, 우르드바 무카 슈바나아사나
12 드와다샤	날숨, 아도 무카 슈바나아사나
13 트라요다샤	들숨, 점프 스루, 다리 펴고, 앉고
14 차투르다샤	왼쪽으로 자세 취하고, 5번 호흡
15 판차다샤	들숨, 몸을 들어 올리고
16 쇼다샤	날숨, 점프 백, 차투랑가 단다아사나
17 삽타다샤	들숨, 우르드바 무카 슈바나아사나
18 아쉬타다샤	날숨, 아도 무카 슈바나아사나

에카 파다 쉬르샤아사나

7 삽타	들숨, 오른 다리 걸며 점프
8 아쉬토	날숨, 오른 다리 걸고, 몸을 앞으로 접고, 손목 잡고, 5번 호흡
9 나와	들숨, 올라오고, 양손 합장 날숨
10 다샤	들숨, 몸을 들어 올리며, 턱을 정강이로
11 에카다샤	날숨, 점프 백, 차투랑가 단다아사나
12 드와다샤	들숨, 우르드바 무카 슈바나아사나
13 트라요다샤	날숨, 아도 무카 슈바나아사나
14 차투르다샤	들숨, 왼 다리 걸며 점프
15 판차다샤	날숨, 왼 다리 걸고, 몸을 앞으로 접고, 손목 잡고, 5번 호흡
16 쇼다샤	들숨, 올라오고, 양손 합장 날숨
17 삽타다샤	들숨, 몸을 들어 올리며, 턱을 정강이로
18 아쉬타다샤	날숨, 점프 백, 차투랑가 단다아사나
19 에쿠나빔샤티히	들숨, 우르드바 무카 슈바나아사나
20 빔샤티히	날숨, 아도 무카 슈바나아사나

드위 파다 쉬르샤아사나

7 삽타	들숨, 양다리를 팔 주위로 걸어 점프, 양다리를 머리 뒤로 걸고, 5번 호흡
8 아쉬토	들숨, 몸을 들어 올리고, 5번 호흡
9 나와	바카아사나
10 다샤	날숨, 점프 백, 차투랑가 단다아사나
11 에카다샤	들숨, 우르드바 무카 슈바나아사나
12 드와다샤	날숨, 아도 무카 슈바나아사나

요가니드라아사나

7 삽타	들숨, 점프 스루, 눕고
8 아쉬토	양다리를 머리 뒤에 걸고, 5번 호흡
9 나와	들숨, 차크라아사나, 차투랑가 단다아사나로 착지
10 다샤	들숨, 우르드바 무카 슈바나아사나
11 에카다샤	날숨, 아도 무카 슈바나아사나

티띠바아사나

7 삽타	들숨, 티띠바아사나 A, 5번 호흡
8 아쉬토	양손을 등 뒤에서 잡아 묶고 다리 펴서 티띠바아사나 B, 5번 호흡
9 나와	5번 앞으로 걷고, 5번 뒤로 걷고
10 다샤	손가락으로 발목을 감싸고, 5번 호흡
10 다샤	들숨, 몸을 들어 올리고, 티띠바아사나 A
11 에카다샤	날숨, 바카아사나
12 드와다샤	날숨, 점프 백, 차투랑가 단다아사나
13 트라요다샤	들숨, 우르드바 무카 슈바나아사나
14 차투르다샤	날숨, 아도 무카 슈바나아사나

핀차마유라아사나

7 삽타	준비
8 아쉬토	들숨, 들어 올리고, 5번 호흡
9 나와	날숨, 점프 백, 차투랑가 단다아사나
10 다샤	들숨, 우르드바 무카 슈바나아사나
11 에카다샤	날숨, 아도 무카 슈바나아사나

카란다바아사나

7 삽타	준비
8 아쉬토	들숨, 핀차마유라아사나로 들어 올리고
9 나와	파드마아사나, 내려와서, 5번 호흡
10 다샤	들숨, 다시 올라가고, 유지하고(점프 백은 하지 않음)
11 에카다샤	날숨, 점프 백, 차투랑가 단다아사나
12 드와다샤	들숨, 우르드바 무카 슈바나아사나
13 트라요다샤	날숨, 아도 무카 슈바나아사나
14 차투르다샤	들숨, 앞으로 점프하여, 앞으로 숙인 선 자세에서 고개 들고
15 판차다샤	날숨, 앞으로 접고, 들숨, 선 자세로 돌아오고 사마스티티

마유라아사나

1 에캄	양발 골반 너비로 벌리고, 앞으로 접고, 손끝을 뒤로 하여 바닥을 짚고, 고개를 들고
2 드웨	앞으로 접고, 머리를 양팔 사이로
3 트리니	들숨, 고개를 들고
4 차트와리	점프 백
5 판차	들숨, 자세를 취하고, 5번 호흡
6 셋	들숨, 우르드바 무카 슈바나아사나
7 삽타	날숨, 아도 무카 슈바나아사나
8 아쉬토	들숨, 앞으로 점프하여, 고개 들고
9 나와	날숨, 앞으로 접고, 머리를 양팔 사이로 들숨, 사마스티티

나크라아사나

1 에캄	들숨, 양손을 들어 올리고, 고개를 들고
2 드웨	날숨, 앞으로 접고
3 트리니	들숨, 고개를 들고
4 차트와리	날숨, 점프 백, 차투랑가 단다아사나, 유지하고
5 판차	앞으로 5번, 뒤로 5번 점프
6 셋	들숨, 우르드바 무카 슈바나아사나
7 삽타	날숨, 아도 무카 슈바나아사나
8 아쉬토	들숨, 앞으로 점프하여 서서, 고개 들고
9 나와	날숨, 앞으로 접고
	들숨, 사마스티티

바타야나아사나

1 에캄	들숨, 오른 다리 반연꽃 자세로 접고, 손으로 오른발 잡아 묶고
2 드웨	날숨, 앞으로 접고, 손은 바닥에
3 트리니	들숨, 고개를 들고
4 차트와리	날숨, 점프 백(반연꽃 자세 발은 바닥에 닿지 않도록)
5 판차	들숨, 우르드바 무카 슈바나아사나
6 셋	날숨, 아도 무카 슈바나아사나
7 삽타	들숨, 앞으로 점프, 오른쪽 자세를 취하고, 5번 호흡
8 아쉬토	들숨, 몸을 들어 올리고
9 나와	날숨, 점프 백
10 다샤	들숨, 우르드바 무카 슈바나아사나
11 에카다샤	날숨, 아도 무카 슈바나아사나
12 드와다샤	들숨, 앞으로 점프, 왼쪽 자세를 취하고, 5번 호흡
13 트라요다샤	들숨, 몸을 들어 올리고
14 차투르다샤	날숨, 점프 백
15 판차다샤	들숨, 우르드바 무카 슈바나아사나

16 쇼다샤	날숨, 아도 무카 슈바나아사나
17 삽타다샤	들숨, 앞으로 점프, 고개 들고, 손으로 왼발 잡아 묶고
18 아쉬타다샤	날숨, 앞으로 숙이고
19 에쿠나빔샤티히	들숨, 고개를 들고
20 빔샤티히	날숨, 일어서고
	들숨, 사마스티티

파리가아사나

1 에캄	들숨, 손을 들어 올리고, 고개를 들고
2 드웨	날숨, 앞으로 접고
3 트리니	들숨, 고개를 들고
4 차트와리	날숨, 점프 백, 차투랑가 단다아사나
5 판차	들숨, 우르드바 무카 슈바나아사나
6 셋	날숨, 아도 무카 슈바나아사나
7 삽타	들숨, 점프 스루, 다리를 펴서 앉고
8 아쉬토	들숨, 손을 허리에 얹고
	날숨, 오른 무릎을 구부리고, 왼쪽으로 기울여, 자세로
	들어가고
9 나와	들숨, 손을 허리에 얹고
	날숨
10 다샤	들숨, 몸을 들어 올리고
11 에카다샤	날숨, 점프 백, 차투랑가 단다아사나
12 드와다샤	들숨, 우르드바 무카 슈바나아사나
13 트라요다샤	날숨, 아도 무카 슈바나아사나
14 차투르다샤	들숨, 점프 스루, 다리를 펴서 앉고
15 판차다샤	들숨, 손을 허리에 얹고
	날숨, 오른 무릎을 구부리고, 오른쪽으로 기울여, 자세로
	들어가고
16 쇼다샤	들숨, 손을 허리에 얹고
	날숨

17 삽타다샤	들숨, 몸을 들어 올리고
18 아쉬타다샤	날숨, 점프 백, 차투랑가 단다아사나
19 에쿠나빔샤티히	들숨, 우르드바 무카 슈바나아사나
20 빔샤티히	날숨, 아도 무카 슈바나아사나

고무카아사나

7 삽타	들숨, 점프 스루, 다리를 펴서 앉고
	오른쪽 자세를 취하고, 5번 호흡
8 아쉬토	팔을 들고, 5번 호흡
9 나와	들숨, 몸을 들어 올리고
10 다샤	날숨, 점프 백, 차투랑가 단다아사나
11 에카다샤	들숨, 우르드바 무카 슈바나아사나
12 드와다샤	날숨, 아도 무카 슈바나아사나
13 트라요다샤	들숨, 점프 스루, 다리를 펴서 앉고
	왼쪽 자세를 취하고, 5번 호흡
14 차투르다샤	팔을 들고, 5번 호흡
15 판차다샤	들숨, 몸을 들어 올리고
16 쇼다샤	날숨, 점프 백, 차투랑가 단다아사나
17 삽타다샤	들숨, 우르드바 무카 슈바나아사나
18 아쉬타다샤	날숨, 아도 무카 슈바나아사나

숩타 우르드바 파다 바즈라아사나

7 삽타	들숨, 점프 스루, 자리에 눕고
8 아쉬토	다리를 들어, 오른 다리 반연꽃 자세로 접고, 손으로 발을 잡아 묶고
	날숨
9 나와	들숨, 굴러 일어나고, 오른쪽으로 비틀고, 5번 호흡
10 다샤	들숨, 몸을 들어 올리고

11 에카다샤	날숨, 점프 백, 차투랑가 단다아사나
12 드와다샤	들숨, 우르드바 무카 슈바나아사나
13 트라요다샤	날숨, 아도 무카 슈바나아사나
14 차투르다샤	들숨, 점프 스루, 자리에 눕고
15 판차다샤	다리를 들어, 왼 다리 반 연꽃 자세로 접고, 손으로 발을 잡아 묶고
	날숨
16 쇼다샤	들숨, 굴러 일어나고, 왼쪽으로 비틀고, 5번 호흡
17 삽타다샤	들숨, 몸을 들어 올리고
18 아쉬타다샤	날숨, 점프 백, 차투랑가 단다아사나
19 에쿠나빔샤티히	들숨, 우르드바 무카 슈바나아사나
20 빔샤티히	날숨, 아도 무카 슈바나아사나

묵타 하스타 쉬르샤아사나 A

7 삽타	준비
8 아쉬토	들숨, 들어 올리고
9 나와	날숨, 점프 백, 차투랑가 단다아사나
10 다샤	들숨, 우르드바 무카 슈바나아사나
11 에카다샤	날숨, 아도 무카 슈바나아사나

묵타 하스타 쉬르샤아사나 B

7 삽타	준비
8 아쉬토	들숨, 들어 올리고
9 나와	날숨, 점프 백, 차투랑가 단다아사나
10 다샤	들숨, 우르드바 무카 슈바나아사나
11 에카다샤	날숨, 아도 무카 슈바나아사나

묵타 하스타 쉬르샤아사나 C

7 삽타	준비
8 아쉬토	들숨, 들어 올리고
9 나와	날숨, 점프 백, 차투랑가 단다아사나
10 다샤	들숨, 우르드바 무카 슈바나아사나
11 에카다샤	날숨, 아도 무카 슈바나아사나

밧다 하스타 쉬르샤아사나 A

7 삽타	준비
8 아쉬토	들숨, 들어 올리고
9 나와	날숨, 점프 백, 차투랑가 단다아사나
10 다샤	들숨, 우르드바 무카 슈바나아사나
11 에카다샤	날숨, 아도 무카 슈바나아사나

밧다 하스타 쉬르샤아사나 B

7 삽타	준비
8 아쉬토	들숨, 들어 올리고
9 나와	날숨, 점프 백, 차투랑가 단다아사나
10 다샤	들숨, 우르드바 무카 슈바나아사나
11 에카다샤	날숨, 아도 무카 슈바나아사나

밧다 하스타 쉬르샤아사나 C

7 삽타	준비
8 아쉬토	들숨, 들어 올리고
9 나와	날숨, 점프 백, 차투랑가 단다아사나

| 10 다샤 | 들숨, 우르드바 무카 슈바나아사나 |
| 11 에카다샤 | 날숨, 아도 무카 슈바나아사나 |

밧다 하스타 쉬르샤아사나 D

7 삽타	준비
8 아쉬토	들숨, 들어 올리고
9 나와	날숨, 점프 백, 차투랑가 단다아사나
10 다샤	들숨, 우르드바 무카 슈바나아사나
11 에카다샤	날숨, 아도 무카 슈바나아사나

참고 문헌

Andrews, Karen. "Avalokitesvara and the Tibetan Contemplation of Compassion." www.sacred−texts.com/bud/tib/avalo.htm. Accessed November 3, 2014.

Bryant, Edwin, trans. The Yoga Sutras of Patanjali: A New Edition, Translation, and Commentary. New York: North Point Press, 2009.

Feuerstein, Georg. The Deeper Dimension of Yoga: Theory and Practice. Boston: Shambhala Publication, 2003.

Frawley, David. Ayuveda and Marma Therapy: Energy Points in Yogic Healing. Twin Lakes, WI: Lotus PRess, 2003.

Freeman, Richard. The Mirror of Yoga: Awakening the Intelligence of Body and Mind, Boston: Shambhala Publication, 2012.

Jois, Sri K. Pattabhi. Yoga Mala: The Original Teachings of Ashtanga Yoga Master Sri K. Pattabhi Jois, 2nd ed, New York: North Point Press, 2010.

Long, Ray. The Key Muscles of Yoga. 3rd ed. BandhaYoga, 2009. www.bandhayoga.com

Satchidananda, Swami. The Living Gita: The Complete Bhagavad Gita. Yogaville, Spoken Sanskrit. http://spokensanskrit.de.

아사나
찾아보기

옮긴이 서여진

2015년 아쉬탕가 요가 수련을 시작하였다. 현재는 전체 인터미디어트 시리즈를 키노 맥그레거의 구령에 맞추어 주 2~3회 수련하고 있다. 티엘서비스 대표 변호사로 근무하며 요가 수업은 비정기 특강으로 진행한다. 미국 시카고에서 Cyoga 지도자 과정을 수료하였고, 인스타그램 Cyoga 챌린지를 보조하고 있으며(jinny.suh.00), Carmen Aguilar, Baron Baptiste 등 해외 선생님의 국내 수업 통역을 담당하였다.

아쉬탕가 요가의 힘 2

초판 1쇄 발행 2020년 7월 24일
    2쇄 발행 2022년 1월 12일

지은이 키노 맥그레거
옮긴이 서여진

펴낸이 김윤
펴낸곳 침묵의 향기
출판등록 2000년 8월 30일. 제1-2836호
주소 10401 경기도 고양시 일산동구 무궁화로 8-28,
    삼성메르헨하우스 913호
전화 031) 905-9425
팩스 031) 629-5429
전자우편 chimmukbooks@naver.com
블로그 http://blog.naver.com/chimmukbooks

ISBN 978-89-89590-83-5 03690

*책값은 뒤표지에 있습니다.